他们和他们

作家眼中的编辑

李清川　陈仓　主编

上海远东出版社

图书在版编目（CIP）数据

他们和他们：作家眼中的编辑 / 李清川，陈仓主编. —上海：上海远东出版社，2022
ISBN 978-7-5476-1853-0

Ⅰ.①他… Ⅱ.①李…②陈… Ⅲ.①文化-名人-访问记-中国-现代 Ⅳ.①K825.41

中国版本图书馆CIP数据核字（2022）第166761号

责任编辑 李 敏
封面设计 徐羽心

他们和他们：作家眼中的编辑

李清川 陈 仓 主编

出　　版	上海遠東出版社
	（201101 上海市闵行区号景路159弄C座）
发　　行	上海人民出版社发行中心
印　　刷	上海锦佳印刷有限公司
开　　本	890×1240　1/32
印　　张	11.125
插　　页	1
字　　数	235,000
版　　次	2023年3月第1版
印　　次	2023年3月第1次印刷
ISBN	978-7-5476-1853-0/K・194
定　　价	58.00元

目 录

野生的王十月 ………………………………… 欧阳露　1

老实人王春林 ………………………………… 孙　频　8

付秀莹：陌上花开 …………………………… 李少君　16

隽永的美 ……………………………………… 邵　丽　20

石华鹏的真性情 ……………………………… 杨少衡　25

讲操守的批评 ………………………………… 施晓宇　30

朱辉的心跳 …………………………………… 范小青　33

雨花里 ………………………………………… 王　尧　39

青梅竹马朱燕玲 ……………………………… 毕飞宇　43

我的"贵人" ………………………………… 陈　仓　48

管窥刘醒龙 …………………………………… 李　浩　52

他的醒 ………………………………………… 胡竹峰　59

刘川的诗心 …………………………………… 徐　江　64

一个好玩的人 ………………………………… 凸　凹　69

说说我们的玉栋兄 …………………………… 赵月斌　74

李少君二三事 ………………………………… 林　森　81

给肖洛霍夫画像的寂荡兄	徐则臣	88
李佳怡：小丫办大刊	杨晓升	95
芒种看今日，螳螂应节生	老　藤	99
危崖之云	洪　放	103
李云是朵什么云	余同友	108
清流汪惠仁	鲍尔吉·原野	113
"老艺术家"汪兄惠仁	徐晨亮	117
闲话何子英	韩永明	121
张燕玲的行动美学	郜元宝	128
广西崇左——写给张燕玲	林　白	136
张菁的情怀	李　浩	138
追星星的人	李晓晨	143
阿霞和她的草原	兴　安	146
一株植物陆梅	潘向黎	153
陆春祥是一口深井	苏沧桑	161
论吹萨克斯对写作的益处	周华诚	166
东捷老友记	晓　航	170
"三好先生"陈新文	彭国梁	178
今生幸识宗仁发	刘　庆	186
我所认识的杨晓升	马津海	193
林森的海角天涯	符　力	200

活色生香林那北	袁山山	207
越来越晚熟的人	艾 伟	211
周明全：悲观的理想主义者	王晶晶	215
他是"野狐禅"	雷杰龙	219
钟求是的那一面	哲 贵	224
剃了头的胡弦	霍俊明	232
我的同事赵丽宏	甫跃辉	240
赵宏兴的笑	洪 放	248
在宁静的地方	胡竹峰	252
我认识的徐则臣	傅小平	256
诗人底色徐晨亮	汪惠仁	264
恰逢同学少年时	张 莉	268
浓淡之间贾梦玮	潘向黎	272
梦玮和"贾书记"	朱 辉	276
阎安先生其人其事	弋 舟	281
梁鸿鹰印象	季亚娅	288
龚学敏和他的山姿水色	杨献平	295
程永新的风	苏 童	303
远与近	张 楚	308
我和葛一敏	甘以雯	312
熊焱的三把火	宋 尾	320

豪爽又豪迈的潘灵	段爱松 327
三说穆涛	贾平凹 335
不薄旧雨魏建国	何启治 342
如果没有那个秋天	刘国欣 347

野生的王十月

□ 欧阳露

野生,生物在自然环境里生长而不是由人饲养或栽培。(见《现代汉语词典》)在自然环境里,野生动物汲天光地材,自由蓬勃地生长。不受饲料对身心的"污染",不受笼舍的限制,野生是一种由本性、听天命的生存状态。在人情环境里,我们受各种处世哲学与世俗规范的"饲料"喂养,为爵禄奉行中庸谨慎、和光同尘、上施下效。一头"野生动物"闯进来,其放达生猛、直性而行,显得有点不合规矩,不够"世故练达",但也因不假饰不伪巧,而尤为天真可贵。

王十月便是这样一个闯入者。从一个务农的乡村少年,到流水线上的打工仔,到文坛重要作家,现又涉足画坛,在北京开个人画展。他的经历颇富传奇色彩。就像一个不知门派的乡间高手,出招不凡,身法见奇,一路杀到了江湖的中心。王十月只有初中学历,却拿了鲁迅文学奖、人民文学奖等文坛大奖;没有受过绘画的专业训练,却水墨油画兼执,被行家看好。十月的命理八字里大约写好了"逆袭"二字,总有出奇之处。

要谈王十月，绕不开他"打工文学标杆性作家"这个身份。在中国城市化进程中，"打工大军"是一道宏大又五味杂陈的时代景观，"打工文学"是中国文学史上无法绕开的一章，而十月是其中最重要的代表符号之一。从这个意义讲，十月虽然年轻，但已经在文学史上有了一席之地。十月的经历，可以看作是"文学改变命运"或"实现梦想"的范本，但底层的艰辛心酸，不足为外人道。只有初中文凭的农村孩子，唯一的梦想，或者说唯一的出路，就是进城打工。农民工需要摆脱面朝黄土背朝天的命运，而城市需要他们的劳动力。与所有底层的打工仔一样，十月在不同的城市、乡镇、流水线、烂尾楼、出租屋间颠沛流离。因为没有通行证，被一座城市拒之门外；在天桥底下摆摊卖菜被城管驱赶；因为没有暂住证，半夜惊醒在城中村的楼顶间仓皇奔逃……十月在散文《关卡》里写道："印刷车间里弥漫着刺鼻的天那水气味。苯已深入到了我的身体里，融入了血液中，成为了我们身体的一部分。无论走到哪里，别人都能从我身体里弥漫出来的刺鼻气味判断出我的职业。甚至在离开工厂一年后，我的身体里还散发着天那水的味道。"正如天那水对血液的侵蚀，底层经历成就了十月的写作，也在他的性情中垫上一层草根的底色，在他身上散发一股"野生"的味道。

凭着写作上的才华与成绩，十月在体制内谋了个身份。但十月依然保留着他的草根本色，这让他在日常里显得可爱而有趣。他爱摆出一副自嘲的做派，常叨叨自己要"回炉读初中"；帮同事搬桶装水，他就自诩专业搬运工，一次能抬两百斤水泥；他传授如何在"僧多粥少"

的工厂食堂里抢到第二碗饭的技巧;午饭后,他不顾办公室里有女同事,直奔沙发上"挺尸";他掰着手指头,笑数他拥有 25 种糊口技能,种田、养猪、砌墙、养蝎子、发豆芽、做鱼糕鱼丸、卖菜、卖衣服、油漆配色等等;他还爱"嚎叫",在单位的春节联欢会上对着麦克风嘶吼不着调的《忐忑》,用音量直接把一些同事轰出会场,而他完全陶醉在自己的"歌声"里;在医院住院,他又怂恿同室的病友跟他一起"嚎叫"(据他说,那个病友因为没有人关心探访而闷闷不乐,他引导病友发泄心情),结果吓坏了一层楼的医生护士,以为出了什么人命关天的事故,纷纷跑来;他喜欢显得自己锱铢必较,爱把"钱"字挂在口头;他还喜欢很赤裸地表扬自己:"我其实真的读了很多书""我这个人是很聪明的"。如此种种,不够委婉、不够谦卑、不够温文尔雅、不够文质彬彬、不够符合机关单位的"体统"。

在"机关单位"的人情环境里,尤显其"野生"的是,他很透明,不掩饰,喜恶溢于言表。对于自己认定的人和事,直抒己见,执意坚持,即便遇到反对,也有种"自反而缩,虽千万人,吾往矣"的执拗。而对于所恶之人和事,则不惮于白眼向天,绝不虚与委蛇,不做一团和气的表面功夫。他这种不够"人情练达""明哲保身"的为人处世,容易得罪人,也惹来一些非议,但他不在意,不解释,笑骂由人。我有时候出于好意提醒十月"注意些",但他多数会回我一句"管他呢"。笔者自认是"笼舍动物",被各种"饲料"喂大的,吃出了习以为常,自动俯就于所谓人情世故。十月的撒脱让我汗颜,觉出自己身上的"饲料气""笼舍气"。

十月的这些做派,是一种"我本如是"的态度,不想因为环境身份的改变而受太多约束,懒得刻意"得体"来迎合周遭。他活得天然本色、真实率性、大开大合、大俗大雅。

"画者,心印也"。十月在日常里"大俗",但他治艺,有"大雅"的格局。他的画,也有一股"野生"之气。

十月的写意花鸟,饱满蓬勃,淋漓酣畅,墨色深重铺张,线条密集纵放,花草树木粗壮横蛮,不受拘束敞开着生长,旺盛的枝叶仿佛要抢占所有的空间,肆意地争取更多的阳光和养分。凤凰树树干遒劲老倔,花团如血泼染,是一种舍我其谁的拼命怒放;紫藤枝条狂舞,手脚伸张,形态饱胀;牡丹设色独特,不拘成法,滋润厚朴。十月笔下的花草,既非瘦树疏花的萧条淡泊,又非花团锦簇的富贵严谨,而是像野生植物一样,天然质朴,还原了生命的本来面目。而生命力的最可贵处,就在于"野生"的状态,生趣盎然、蓬勃顽强、不经人为扭曲修葺,随本性自由生长。而这也正是他写任乎性情之意,既不刻意清高风雅,也非故作狂傲放诞,呈现本真的状态。在技法上,他还有不够成熟老到之处,但他胆子很大,敢抛开前人的套路,把花草植物画出一种大开大合的气势,让不少专业画家也自叹不如。

艺术贵有个性和新意。唐代书法家李邕说"似我者欲俗,学我者死",齐白石也说过类似的话。但国画圈子里,常有像谁谁,或得某某遗风的说辞,以病气、死气为趣。而画评语系里,"隐逸""超脱""清高"等成了八股境界,套谁身上都适用,既不对了什么也不错了什么。窃以为,在竞争激烈、物欲最盛的后工业时代,"淡泊明志""宁静致远"一类挂在墙上的口号,是缺什么补什么的心灵钙片。所谓"天人合一,物我两忘"的境界也容易令人生疑,不过是蹈袭古人的精神复制品,一种附庸风雅的统一姿势,在当下时代语境里,既不及物,又不及心。这种缺乏个性和体温的作品,塑料花一样,再精致优雅,也很难打动人。

"创新就像一条疯狗,追得作家一路狂奔",作家王十月画画,也自觉选择被这条"疯狗"追赶。他的写意花鸟,努力做到"不像",他在"知"前人的基础上,琢磨如何绕开,另辟蹊径。比如用赭石点染牡丹的花色,一反常规,难觅先例,让牡丹开得雍容而不浮艳,厚朴大气。而更具突破性的,更让人惊异的,是他的新野性水墨。这批画"密不透风",几无留白,画纸被浓厚的黑、红、蓝、黄满满地填充,画中密布纵横交错的几何形状,黑暗、压抑、强烈、动荡、混乱,当中有扭曲的人脸,怒睁一双空无一物的眼眶,仿佛被黑暗吞噬前最后的嚎叫,仿佛从地狱升起的景象。另有看似佛或罗汉的抽象的形象,又把黑暗破开,可能是出路,也可能是幻象。这批画,灵感或许源于十月的底层经验,表现的是复杂、冲突、挤迫的当代生活,有剑挑水墨传统的反叛,异常大胆。传统水墨是表现"天"的,"超然"的,而十月的野性水墨几乎没有具体的物象,谈不上"似与不似",而所写之"意",让人联想到地狱、欲望、绝望、焦虑,令人心惊胆战。

十月自号"知否堂主人",这可以看出他的治艺态度。在文学上,他对"打工作家领军人物"的名衔持"不拒绝不拥抱"的态度,对自己的位置有客观理性的"知"和"否"。个人的打工经历和底层关怀的社会风潮使他被符号化,但他心气很高,不满足于做某个阶层的代言人。他在写作上要表达的,不仅是某个时代的横截面,更是要纵深到更广阔更普世的人性底色和生存本质。在绘画实践上,实验不是故弄玄虚,狂野也不是乱来。对此十月是"知"的,他说:"想将德国的新表现主义和中国的水墨实验融在一起。一要独特,二要表现我对世界的认知,三要在美术上站得住脚。这中间有很远的路要走,现在是草创时期,废画三千。"最后一句是对自己的"否",说明他的创新并不盲目,更非哗众取宠。有这种"知"的能力和"否"的胆气,殊为难得。

十月这个闯入者,生猛热辣,横冲直撞,胆子忒大,闯入文坛,又闯入画坛。文而优则画,作家画画的很多,但大部分是玩票性质,像十月这样,真正对绘画有深入学习,有高的眼界,有大追求的并不多。十月在艺术感受力、领悟力和表现力上天赋很高,他敢于突破法度率性而为,其才情、心气与胆量,使其已具备"非池中物"的气象。而他的水墨探索,不仅是技法形式层面的,更是对世界面目、对人的精神体验、生存状态的深思与发现,尤其值得期待。

欧阳露,曾任《作品》杂志社副社长,现任职于广东省作家协会。出版有诗集《把水,泼回水中》《不是每个结果都曾经开花》等。有诗作入选《广东青年诗选》《中国新诗年鉴》《珠江诗派——广东百年珠江诗派诗人作品选析》等选本。

王十月，《作品》杂志社社长、总编辑，广东省作家协会副主席。主要作品有长篇小说《收脚印的人》《如果末日无期》，中篇小说集《国家订单》等数十种。曾获第五届鲁迅文学奖。

老实人王春林

□ 孙　频

交城和文水在地图上看上去微小得如尘埃一般，在现实中也确实是弹丸之地，是中国版图上两个平凡得不能再平凡的小县城。两个县城在古代曾是一个县城，后来分开，互为邻居，唇齿相依，共饮一条叫文峪河的河水，历史上还曾因为用水的问题打过架，打完架又很快和好了，这段轶事还被载入民歌。因为两个县城紧紧靠在一起，实在难分彼此，从饮食习惯到风俗几乎都没有区别，就是步行也能从交城走到文水。但还是有些细微的区别，比如方言，交城话都是前鼻音，而文水话都是后鼻音，像是故意唱反调。还有就是人的性情略有不同，文水人的性格向来以倔强、固执、坚忍不拔而著称，官员们最发愁来文水做县官，因为说了话没人听。这里的女人更厉害，曾出过武则天和刘胡兰，而一步之遥外的交城从没有出过这样的女性，可见两个县城的性情还是稍稍有别。

交城是我的家乡，文水则是王春林老师的家乡，作为邻县人，同饮一条文峪河，共靠一座关帝山，不觉得亲切都不行。春林老师的性格中显而易见有吕梁人民的淳朴厚道和低调，没办法，就是这么一方水土，想高调也高调不起来，另外他身上也有很明显的文水人的特质，就是那种九头牛都拉不回来的坚忍不拔。文水人想做事，没人能拦得住。有一次跟着春林老师去文水玩，我们去他家的老院子看了看，院子废弃多年，杂草丛生，只有一棵枣树孤独却生机盎然地生长着。整理旧物时，他从屋里搬出一箱箱布满灰尘的老杂志，我一看，全是二十世纪八九十年代的《收获》《十月》《当代》《小说月报》等文学杂志，再放些年都可以当文物了。他从高中时代就开始看这些文学杂志，上了大学之后，更是把每个月微薄的一点生活费挤出来去买每期的文学杂志。一拿到手便放不下了，走路也要看，吃饭也要看，晚上熬夜也要看。我感叹，你对文学的热爱也够久远的。他一边把杂志上的灰尘轻轻抹掉，一边以文水人的淡定和倔强说，就是喜欢，没办法。有一次我好奇地问他，王老师，你有那么多时间看那么厚的小说吗？他也是这么回答，就是喜欢，没办法。

一天不看小说就觉得寝食难安，读小说对他来说，已经变成了生活本身，似乎他生来就应该如此。在我看来，正是这种内心对文学的热爱和依恋才支撑了他几十年如一日地苦读苦写，支撑起他令人叹为观止的磅礴阅读量，也支撑着他从吕梁山深处走出来，不断走向更开阔的空间。任何没有真正热爱在里面的事情都是难以长久的，一点功名利禄恐怕也难以支撑穷其一生倾其所有为之去付出的事业。说到底了，还是要有真正的热爱和依恋在里面，就像是，这只是一种生命的必需品。有人说他读得太多，写得也多，我倒认为，这种长年累月地读写本身就是一个艰苦卓绝的自我磨砺和成长过程，不读不写就能很快成熟的天才毕竟是少数。正是在不断地读与不断地写的过程中，在这个充斥着思考与反省追问的过程中，一个评论家或一个作家才可能逐渐地发现和认识自我，同时也在这个过程中慢慢理解了文学的真谛，这种理性的理解与原始的热爱还是有所不同的，这个过程伴随着艰辛与快乐，伴随着每成长一点所带来的欣慰，伴随着由自我怀疑引发的痛苦，伴随着从精神深处析出宝贵结晶体时的巨大喜悦。这个过程的本质就是成长与发现，执着与坚守。这也是任何一个最终走向成熟的人所无法绕开的过程，大约也是佛教中所谓的"觉"。如春林老师这样，在文学之路上，从十六七岁一直坚守到五十多岁，把大半生心血付诸其中的人并不在少数，正是有他们这样的坚守者，严肃文学才能一直保持着纯粹而明净的光芒，才能始终照亮和温暖不同时代的平凡而渴望美好的人们。

春林老师是个实诚人，也很磊落，从不避讳和遮掩自己的出身，相反，他对自己的母校吕梁学院有很深的感情，提起偏远的母校时总是有种由衷的喜悦，全无半点欲美化自己的意思。吕梁学院的前身是吕梁师专，地处黄土高原上一座叫离石的山城，三面环山，紧靠黄河，是中国诸多偏僻师专中的一所，正是这些师专贡献了大量的教师。在同样是在黄土高原上长大的我看来，正是这样一所偏远的学院赋予了春林老师很多宝贵的东西，比如淳朴踏实，比如真诚重义，比如低调安静，比如始终无法泯灭的理想主义精神。从小到大我数次去过离石，从交城一路走到离石，就是一个渐渐走入吕梁山深处的过程，沿路可以看到，黄土高原沟壑纵横的地貌越来越明显，植被越来越稀少，满目都是黄土，在阳光下看过去，两边的黄土山都是金色的，鲜有绿色。黄土坡上布满窑洞，外地人不知道这些窑里面其实十分宽敞，一间套着一间，还有的窑洞像楼房一样层层摞起来，摞了有三四层。就在这黄土山的拥抱中，古老的黄河奔腾而过，日夜不息，滋养着两岸的人们。这里的百姓也朴实得像黄土一样，热情爽朗，有些地方至今像古人一样，一天只吃两顿饭。

当年，十七岁的春林老师就是来到这里开始读大学，也是在这里真正开始了自己的文学之旅。因为我自己的母校兰州大学同样地处偏远，在读大学时我有点羡慕那些在大城市里上大学的同学们，觉得人家眼界开阔，见多识广，在后来的岁月里我慢慢把这个问题想清楚了，其实我那偏远的母校给了我一些大城市给不了的东西，而这些东西同样宝贵。那种简单与纯粹，那种天地之间的自由与孤寂，那种没有任何诱惑的宁静与沉潜，对心性亦是一种锤炼。我想，当年的春林老师，精神所得要比我更为丰厚，因为他读大学的时候，正是一个理想主义的时代，虽然离开离石多年，但至今他在离石还有诸多挚交，而这些珍贵的友谊，从不曾因为岁月和距离而变淡。

他和离石的那些挚友们正是相识于那个理想主义的年代，这是他们之间深沉的根基。他有一位挚友赵君，赵君现在也已经五十多岁了，仍然纯粹明净得如同白马少年，还颇有魏晋时代的名士风度，他曾独自躺在深夜的雪地里，就为了仰望璀璨的星空。他从年轻时候就写诗，直到现在还在一首一首地写，写出来也不求发表，只给三五知己看看，任友人褒贬，一笑而过。他有一种靠近天地和万物的风雅，精通天文与《周易》，有时能一语道破命运的神秘与玄机，又有多识于草木鸟兽的意趣，每认识了一种新的植物，便隆重地介绍给他人，还要为植物们再赋诗一首，是那种与大地和大地上的草木真正有情感联结的人。他年轻时就喝酒，一喝酒就不吃饭，只是专心喝酒抽烟与专心谈论文学，到现在一把年纪了，喝酒时还是不吃饭，还是只喝酒抽烟和专心地与人探讨文学，仿佛还在当年。时光在他们身上没有留下任何痕迹，他们把那个已经消逝的属于理想主义的时代完整地保存了下来。

春林老师与这位挚友性情其实不同，他更为低调内敛，有时候还有点羞涩，但他们恰恰能互补。他们之间有诸多趣事，我听了却觉得十分感动。他们刚刚留校任教的时候，就在吕梁师专的单身宿舍里，两个人一边喝着酒，一边通宵达旦地讨论文学，经常会讨论到天亮仍是争执不休。讨论到激烈处干脆就吵起来，然后有一段时间就像仇人一样谁也不理谁，再然后又通过谈判和好，然后又在一起开始讨论文学，再然后又开始争吵不休，谁也无法说服谁，只好好一阵子吵一阵子，又好一阵子又吵一阵子，全部的理由就是文学，没有别的。但这丝毫没有影响过他们的友谊。还有一次，两个人一起在武汉坐公交车，就在挤得水泄不通的公交车上探讨起诗歌来。他们身边的一位大妈拎着一桶菜籽油，因为过于拥挤加上高温，那桶油忽然间爆炸了，菜籽油溅了他们一脸一身。周围水泄不通的人群居然"哗"地为他们让出一个圈来，都恨不得离他们远一点，但两个人顶着一脸一身的油，站在忽然就开阔起来的空间里，继续若无其事地大声讨论诗歌，下车后顶着一脸的菜籽油继续讨论，直到回到宿舍。

这种颇有魏晋名士气的行为也只能属于那个理想主义的时代，在今天这个充斥着欲望和快节奏的时代里显得如此稀有和珍贵。所以，春林老师和他的挚友们是经历过真正的理想主义的洗礼的，就算那个时代已经随风而去，但那种理想主义的精神早已经沉淀在他们的骨子里，变成了他们身上的一部分。我想，这也是春林老师几十年里每天都在读小说，把一切的时间挤出来读小说，在深夜里熬夜写文学评论的原因。有些东西一旦拥有了就永远都不会失去了，即使是时间和空间里的那个形消散了，其魂魄却已经化为人的精神的一部分，陪伴了一个人的生命，滋养和完善了一个人的人格。一想起他们之间的友谊，我便会想起一句诗，"落花时节又逢君"，这好像是专门为他们写的。

和他那些挚友们在一起的时候，除了那种理想主义光芒对人的感染，我还能从他身上看到可爱和天真的一面，与他北方大汉的形象真是相去甚远。在我们两个县城共有的关帝山上，古代一直就有匈奴、鲜卑等民族居住，三国时代，曹操还曾向交城文水一带迁入了五千匈奴，所以这一带可能本身就带有一些草原民族的风骨。但重要的是一方水土确实养育了一方人，再加上文水的另一边还靠着酿汾酒的杏花村，所以盛产性情中人，酒量也十分了得。春林老师正是这样的性情中人，守信诺，重情义，身上颇有侠气，这样的性情与他北方大汉的形象倒是一致的，那可爱和天真的一面也不会轻易见到，只有在他觉得很放松很愉悦的时候，那一面才会悄悄流露出来。比如在他去离石看老朋友的路上，比如说起自己家乡的豆腐皮是如何好吃的时候，比如说起自己最近读到什么好小说的时候，那一面就会不自觉地展现出来。

有一次我们几个友人一起进关帝山游玩，在山路上忽然看到一树白花，那满满的一树花朵挤在一起，使那李子树看起来像枝蜡烛一样，把周围都照亮了，微风过处，白花像雪一样纷纷扬扬。春林老师下了车，爬到高处，对着这一树白花左看右看，赞叹不已，又站在落花里拍照，还把拍好的照片向旁人炫耀，都不愿走了。我看着站在落花里的春林老师，忽然想起他的挚友赵君，如果他也在这里看落花就好了，但落花之约本身就是一种默契，一种信诺，形式不形式倒也不重要了。

他对一切美的东西敏感而迷恋，一路上都在努力抓住那些美的瞬间，看到河流激石要拍下来，看到路边有棵大树要拍下来，看到路边巨大的沉积岩要拍下来，因为沉积岩代表着时间。他没有专业相机，就用手机不停拍这些美的瞬间，他用自己的文学审美去理解和赞叹它们，甚至于流连忘返，不知归途。

我忽然想起有一年春天，我们几个人走进了关帝山上的原始森林公园，树木刚开始发芽，整个森林公园里只有我们几个人。春林老师从山坡上像滑滑梯一样滑下去，我们一开始不敢，后来也纷纷跟着他滑下去，简直像一群孩子。他一路赞叹大自然之美，走到一块绿色的草甸时，看到有几只牛正温顺地卧在那里吃草，他又不肯走了，坐在了草甸上，后来干脆躺在了草甸上，头枕着胳膊，目送着巨大的白云从我们头顶奔腾而过。过了好久好久他才躺在那里说了一句，太美了，还有什么比这更美的？

这话像是说给他自己听的,也像是说给赵君听的,意思是,如此美景怎么能没有你?

孙频,出版有小说集《我们骑鲸而去》《松林夜宴图》《鲛在水中央》《以鸟兽之名》,以及《疼》《盐》《裂》三部曲等。

王春林,时任《小说评论》主编,中国小说学会副会长,山西省作家协会副主席,山西大学文学院教授。第八届、第九届茅盾文学奖评委,第五届、第六届、第七届鲁迅文学奖评委。

付秀莹：陌上花开

□ 李少君

一直不清楚付秀莹的具体年龄，我对她的印象一直定格在很多年前：飘逸的秀发，白衫长裙，清丽柔美的脸上，是她招牌式的淡淡微笑。多少年过去，她一直是这个样子，没有什么变化，或者说，无论世事如何改变，她无意于改变，关于这一点，最近我才想清楚，这其实是细腻深沉的一种涵养。

我其实也记不清楚什么时候认识付秀莹的了，似乎是她的小说《爱情到处流传》正到处流传之时，也许是一个明媚的晴天吧，但一见就觉得清爽亲切，恬静的脸上总带着淡淡的微笑，虽然也没有交流几句，但似乎有默契，一说什么彼此都懂，不用啰唆废话。然后，发现她的清雅温婉，如邻家小妹，是那种可以一起到处晃悠，可以嘻嘻哈哈大大咧咧调侃说笑的同类。但问题又出现了，这样的事情从来没有发生过，反倒每次见面都是严肃的时刻或场合，因此也并没有过深入的交流，我对她的生活一无所知。但奇怪的是，还是有天生的好感，这是因为她的某种气质或品质导致的吗？还是因为她本身智商情商极高，让人本能地信任？

我不太喜欢去打听别人的故事，所以，我脑海里付秀莹形象的建构确立，一是直觉，二是来自她自己或关于她的文字，比如她的小说、创作谈及访谈等等。作为一个文字工作者，比起现实或传闻，我有时更愿意相信文字，毕竟，修辞立其诚。

关于直观，王尔德有句话说得好：所见即所有。没有什么不可见的隐秘。容貌呈现所有。因此，我从未和付秀莹聊过她个人之事，即使我们后来成了楼上楼下的同事。但我莫名其妙地自认为和她很熟，对她很了解，有人要找她，我就大包大揽地牵线搭桥。其实，平时在单位楼道或食堂或会议室见到，仍然只是点点头，看见她从容轻盈的步履，招牌式的淡淡微笑，随意地摆摆手或挥挥手，就觉得她应该什么都挺好，不用特别问候或关心。

另外则是读她的访谈及文字，也有一些加深固有形象的联想。平原上长大的女孩子，从小就是优秀生，因为高考没考好，心中不服，考研究生到北京，然后为了理想，到了作协，从事自己喜爱的文学工作，当《长篇小说选刊》主编也当得举重若轻，驾轻就熟，虽然也要拼搏付出，但因为一直在前程似锦的文学道路上行走，其人生就如她的小说般云淡风轻。

不过，也有一些小小的意外，因为也看到了她不淡定的一些面向，虽然来自小说的细节和情节，但也许有个人体验吧。记得读《他乡》时，里面写到女主翟小梨喝醉酒在大街上哭，给相好的男子打电话，让我好一阵疼惜。我刚来北京时，虽无类似经历，但也有过类似感受。

尤其我住在团结湖期间，经常在三里屯的路灯底下，看到有人喝醉了号啕大哭，大喊大叫，颇有同病相怜之感。所以我能体会这种都市里人心的慌乱，于我心有戚戚然。每个人初到北京，都难免有一段难以释怀难以排遣的纠结时日吧。不过，我在付秀莹小说中读到时，还是有些意外，原以为她靠一支笔闯天下，从《爱情到处流传》到《旧院》，从《陌上》到《他乡》，应该是广为瞩目，一帆风顺，没想到也有过如此艰难时刻。不过也想通了，所有淡定从容，其实是经历风雨自我排解自我超脱后的风平浪静。没有人真正关心你经历过什么，人们只想看到你最后所呈现的，你的文字，你这个人本身。

这也使得付秀莹有些神秘感，这种神秘，就如我曾在她的小说里读到主人公的诗歌，感觉极好，问是不是她自己写的，她说保密。好吧，我也没有继续追问，她语言这么好，行云流水般，肯定是写过诗的，写诗才能使人对语言真正敏感。她还特别擅长写风景，满园锦绣，这一功力现在很多作家丧失了。风景是人内心的呈现，而她自己的形象，就是她小说最好的风景……好，不深究了，那就还是保持一点神秘感吧。

写到这里，其实可以呼应我前面说过的，清雅恬静，是经过岁月煎熬出来的一种涵养。美，其实都是慢慢涵养出来的。就像精粹的诗句需要白天黑夜的雕琢提炼，优秀之人也是如此，背后如何艰辛不与人道，只要站在人前，无论春秋寒暑，路途凸凹不平，风度依旧，陌上花开，她缓缓而行。

这里说的，就是这个叫付秀莹的女子，虽然她刻意低调，却迟早会崭露光芒;或者,她早已满世界皆知,但我却浑然不知,仍然只是把她当作多年前见过的那个清清爽爽的女子,秀丽妩媚的脸上,隐隐约约总是掠过一缕淡淡的微笑。多少年过去,好像什么事都没有发生过,只是小说出了一本又一本。

李少君,著名诗人,《诗刊》主编。著有诗集《自然集》《草根集》《海天集》《神降临的小站》《应该对春天有所表示》等。

隽永的美

□ 邵　丽

付秀莹人美，在文坛是有口皆碑的事。

这美，一目了然在外貌，却更在其内里的娴静与从容。在我看来，秀莹的美，全然是"中国式"的，有根底，有来路，一如她的名篇《爱情到处流传》的起始句："那时候，我们住在乡下。"这个句子，不啻是秀莹对自己的认领，开宗明义，她道明了自己从哪儿来，根底何在，最终朝向哪儿去。

时风中的美，我们领略过无数了，那种"大张旗鼓"的、"来历未明"的、"虚张声势"的，从来不令人踏实。相较之下，一句"那时候，我们住在乡下"，却美得葆有尊严，在不事声张的平静中，有着对自己、对出生之地的信心。同样，在《爱情到处流传》这个短篇中，秀莹所处理的那个乡间爱情故事，在我们的文学经验中也许并不鲜见——它们大多会以邪僻的气息营造出人性的绝望。而秀莹则以一个孩子的视角，写出了大地之上人的宽厚与善意。这很了不起，毋宁说便是一个作家世界观的彰显。她视世间为美，由之表里如一，美出了可靠性。

也是从这篇小说开始,我记下了付秀莹这个名字。

文坛就这么大,随后我们便有了多年的交往。具体第一次因何相见,却已经记不得了。这个"记不得",倒也暗合秀莹的气质,她不是那种初见时分便给你"刻下"疤痕一般记忆的女性。现在想一想,许多记忆深刻的初见,原来大多是借由"因何"而达成的,是事情的由头大过了初见之人,于是便"深刻地记得了";而有些人,是大过"事由"的,他(她)们本身就是鲜明的存在,即便无所事事地来到了你的面前,你也会记得那不用使劲儿留存竟也无从抹去的印象。那是风拂面、水绕指的记忆——

她娇小,披一头如瀑的长发,穿一件紧身的麻料斜襟白色小上衣,下面配一条粉紫色的长到脚踝的喇叭裙,走一步,会晃出一点点的手工做的棉布鞋尖儿。像极了一朵倒开的玉兰花。

这般风韵,可不全然便是"中国式"的吗?当然是。但中式的扮相,于今我们也见得多了,如实说,十有八九,扮出了"戏装"的架势,人和行头是"隔着"的,将雅致弄出了戏谑的味道。而秀莹,人生得古典,心亦生得古典。

看看她写下的那些篇章:《旧院》《笑忘书》《锦绣年代》《小米开花》《翠缺》《迟暮》《六月半》《苦夏》……直至最近的《陌上》。仅从这些篇名,便能领受到古典精神的韵致。这肯定不只是一种命名上的策略,若是如此,亦是"戏装"扮相的一路;秀莹是将此种精神孕化为根本审美了的,在一定意义上,"策略"是小说技术的要求,而秀莹的美学观在我看来多少则是有些"反技术"的。她的作品几无戏剧化的激烈冲突,多在寻常中着墨,比起情节的跌宕起伏,她更信任语言本身的能量。这种对于母语的信心,同样可以用那句"那时候,我们住在乡下"来比拟,她忠诚地承续着自己的文明,不为时风所动,中国古典美学中那些以韵味取胜的魅力,附丽于她的写作,让她突出地将自己与同辈作家区别了出来,也将自己与所有热衷于扮上戏装的女子区别了出来。

她是真的自信,是真的文化自信。

这种自信,让她娇小的身量内藏活力。她绝不纤弱,甚至时时会令人感到某种饱满的力量感。这便又是一奇了。要知道,所谓古典、所谓淑静,千百年下来,已经令人遗憾地与"羸弱"乃至"软弱"挂上了钩,被如此定义了的女子,何堪大任呢?但发生在秀莹身上的事实却是:除了自己写得好,还在《小说选刊》做编辑,继而又被委以重任,挑起了《长篇小说选刊》主编的担子。想想也是有趣,《长篇小说选刊》,天然便是一个大块头的架势,而秀莹这样一个娇小的女子,却能负荷在肩。

有一年去山西晋城,八月天,我们两只穿了薄裙子,旅游鞋都没带,结果山中极冷,又适逢下雨,于是我俩把所有的衣服都套在了身上。那天,我们没有去看那著名的王莽岭挂壁公路,而是窝在被子里喝茶。风景就在不远处,但不去领略又如何呢?原来,我们都是相信风景亦在心田的人。不去努着劲儿地走形式,守着内心真实的天地,是两个女性得以相互辨认的根本。那天的茶喝得不亚于王莽岭挂壁公路吧,像凿通天堑一般,我们也开凿着自己的情谊。

这些年来,我们聚在一起时很少谈论文学,谈的多是些闺中密语。其实这并不奇怪,身为女性,那种体己的情感从来都是更加值得珍惜的。我并不觉得去做一个合格的作家会比做一个良善的女性更重要,想必秀莹也会赞同。她的作品从来都不是那种"野心勃勃"的味道,她只倾心于顺其自然式的表达。写作这件事,在她,大约也不会重要到"压倒一切",她不是那种"斗士"一般以血为墨的作家,或许,在一定意义上,她还是偏于"消极"的。但这种"消极"并不负面,而是一种认领自己命运的、"宿命"一般的安宁。不强求,她不强求,就像我们不强求冻得发抖也要去看看王莽岭著名的挂壁公路一样。

不强求,于是也就不拧巴,于是让年轻的秀莹处事极为通透。她长得娇小,却毫无娇骄之气,相反还表现得落落大方,有一种了不起的大气。多年相识,我都要佩服她什么场合都应付得来的那份得体。这得体,其实原本也简单,不过是"不装"而已。秀莹不装,因为她不强求什么,也因为她对自己葆有信心——那些伟大的古典传统,那些唐诗和宋词构成的母语,那些广袤的乡村与田地,怎么会是白给的呢?

你看,遇到酒局她也能爽快地喝几杯,喝了酒后,细嫩光洁的脸上就飞出花来。美,真的是很美,真的是美得很中国。这份"中国美"令秀莹别具周全的体面。

秀莹从她的芳村走来,写了她的芳村十多年。十多年来,她似乎几无变化,她写作的主题与风貌,好像也稳定而恒久。但我知道,时光一定会留下它的重量，在秀莹依然年轻的形象之下，她的内心必然更加富有了生命本身的阅历；而她的小说，于"不变"之下，实有万千的变化，从最初那种"朝向文学"，朝向了无尽的人民与广袤的大地。

这便是隽永了，她有隽永的美。我想，再一个十多年过去，时光淘洗，许多人与事水落石出，而秀莹将依然隽永地美着。

邵丽，河南省文联主席、作协主席。著有长篇小说《我的生活质量》《我的生存质量》，中篇小说《刘万福案件》《第四十圈》《明惠的圣诞》等。曾获第四届鲁迅文学奖。

付秀莹，现任《中国作家》副主编，时任《长篇小说选刊》主编。著有长篇小说《陌上》《他乡》《野望》，小说集《爱情到处流传》《锦绣》等，曾获第三届蒲松龄短篇小说奖、第五届汪曾祺文学奖、第三届施耐庵文学奖等。

石华鹏的真性情

□ 杨少衡

我在21世纪初从家乡小城调到省城,供职于省文联,当时石华鹏已经在《福建文学》当编辑,还不到三十岁。此前我知道他,却没有多少接触。记得最初印象来自章武老师,他告诉我单位里有几位年轻人很好,很有潜力,特别提到了石华鹏。章武是老领导,著名散文家,他看人重德亦重才,凡得他夸奖的,日后个个成就,可见其准确。我在省文联呆了十多年,直到退休,这期间与石华鹏虽经常见面,接触实也不多,他总让我有一种好奇感。我们之间聊过的最私人性质的话题应该是他的来历,似乎是在某个文友作品讨论会后的聚餐场合,我问他怎么会到福建工作。他给我讲了一个爱情故事,其结局像是一部小说写着写着跑偏了,后果就是一个湖北才子在福建落地生根。我听后颇有感触,即点赞:"来得好!"感觉我们和他都得感谢那段经历。

当时石华鹏已经声名鹊起,颇为福建青年作家长脸。他更多地被认为是一个评论家,其实他还多有创作作品,诗歌、散文和小说均涉猎,散文为多,小说尤重。无论哪类作品,凡我看到的,都会认真一读,总是感觉津津有味。我读得最多的还是他的批评文章,这应当也是他的主要作品。他的批评文章上过许多重要报刊,他也出版过数本有分量的批评专著。尤其难得的是他还非常关注本省作家的创作,写了大量评论文章,我本人有数篇小说得其评介,那些评论文字篇篇妙笔生花。有相当长一段时间,《文学自由谈》几乎每期都有他的文章,作为这家刊物的老读者,每看到他的名字我都感到特别欣喜。当时他还只有三十多岁,不说在福建同辈作家中,即便摆到全国一比,如他那样势头强劲的青年评论家确也为数不多。但是他的批评文章之受注意,实与年龄、地域无关,更多的是因为他的敏锐与坦诚。他有几篇影响很大的批评文章,分别评说几位当代著名作家的新作,其评说立意高远,观点鲜明,有话直说,绝不绕圈子,说理透彻,言辞不乏尖锐,发乎真性情,却又透着一种善意。在当时纷繁种种的讨论文章中独树一帜,让人读之难忘。时过境迁之后,我还一直记着阅读时的印象:这文章真棒!这石华鹏有意思啊!

我所谓的"有意思"是印象中的某种反差。石华鹏出自内陆湖北江汉平原,却生活、工作、创作于沿海多山的闽地,这个只是表象。他针砭当今文坛,对大人物大作家不存顾忌,对本省的小人物普通作者却又相当宽容,见诸批评文字也属和风细雨,循循善诱。这个很明显。他剪短发,戴眼镜,面带笑容,很阳光很厚实,众生皆宜,他的文字却有一种灵动和独到,广征博引,不时力透纸背。这无疑有其缘故。

我发觉自己对石华鹏文字的印象要多于对他这个人,反差感或许因此而出。关于他的文字，我记得他曾经写过一篇文章，大意是他在大学时醉心于文论，对创作并没有太多注意。初到文学杂志当编辑时，对如何选稿相当茫然。那时他读大量经典文学作品，了解大师们的创作，这让他知道了什么是好作品，却又困于如何面对距经典还相当遥远的本地作者与稿件。他告诉自己，或许这就是他供职的文学杂志以及他作为其编辑存在的理由。阅读大量经典作品和大量普通作者的自发来稿让他大有感触，他把它写下来，就成了一篇篇评论文章。如此自述不乏自嘲调侃，却也让我感觉到一种脚踏实地。显然是他的理论准备和阅读准备，以及实际工作的需要把他推上了文学评论之路。石华鹏从大学毕业来到福建后，二十多年如一日，就呆在一个单位没有挪窝，从年轻编辑一直干到如今的常务副主编。他所在的《福建文学》是一本历史悠久的文学期刊，自创办以来培养了大批作者，一代代福建作家从那里起步、成长，包括我本人也是受其无尽恩惠。这家刊物有着非常可贵的办刊传统和编辑传承，对读者的重视，对新作者的热心栽培、扶植一以贯之。石华鹏进入杂志社以后成了传承中的一环，他始终具有双重身份，作为评论家他可以指点江山，作为编辑他要为某一位作者的提升倾注心血，如今作为常务副主编更得为刊物的发展负责。以此或能理解他的批评文字对普通作者的引导与宽容。

  关于石华鹏本人，除了印象中身边几乎所有认识的人对他都是好评外，我所知便屈指可数。我知道石华鹏曾经有过若干机会，可以到其他文学单位高就，但是他选择留在编辑部里，面对作者、读者，承受办刊压力。这方面他表现得很执着。我还知道石华鹏是湖北天门人，其家乡旧称竟陵,设县早在秦时,是人杰地灵之所,历代文化名人众多,例如茶圣陆羽,再如晚明著名的以钟惺、谭元春为代表的竟陵派,其诗风注重抒发人的真性情,明末清初盛行一时。这样的地域文化背景对从那里走出来的当代作家肯定会有影响,潜移默化,甚至化入基因。石华鹏的评论文字在我感觉里确也是抒发真性情,令人联想起其故乡前辈竟陵派大师们的文学主张。我还猜想茶圣陆羽应当会让石华鹏对福建感觉较为亲切,因为这里以铁观音和大红袍闻名于世,茶圣香火最盛。我的这些印象或称感觉更多的属于推测,因为自感所知不多,让我不禁为当年未能找机会与华鹏深谈而惋惜。

有趣的是借写这篇短文聊说印象之际,我找到一些他的旧日文章,竟然略补往昔之憾,对他有了更多的了解。现在我知道石华鹏家乡那个村庄叫作"九湾"。石华鹏的父亲是一位木匠,以他们村子为中心,半径20公里,画个圆,在这个圆圈里,他父亲大名鼎鼎,打制的桌椅床柜,既漂亮又结实,出活儿快,还省木料,人们都说手艺好。石华鹏有三兄弟,在父母年迈之际,兄弟仨合力翻盖了曾是父母辉煌人生表现的大瓦房。石华鹏常年在外,春节回家要经"春运","在汹涌的人潮中犹如一片树叶被裹挟两天,才能落在故乡的土地"。每次到家的第一个晚上,母亲都会来到他的床前,他靠在床头,捂着被子对付寒冷,母亲坐在床沿,照例穿着不多,问这问那,说这说那。石华鹏觉得,那一刻是他在世上拥有的最幸福的时光。

我还记住了一个故事:石华鹏读小学时,学校里有一位女英语老师姓代,是民办教员,长得标致妩媚,却不太合群、孤傲。学校里唯一一位公办老师是教数学的章老师,城里人,瘦长潇洒,皮肤白嫩,很文弱,穿着也很好,从不用教鞭打学生,很为孩子们喜欢。两位老师谈起恋爱,孩子们看见他们"并肩而行在夕阳西下的乡村田野上,身影被涂成静谧的金色,像画里那般漂亮"。这个美丽的爱情故事竟然结局凄婉:两位老师被分开后,于同一天在两所小学自杀殉情。学校为代老师打了一口棺材,年轻人去世,依俗棺材不能刷黑。高年级学生石华鹏与一群学生和几个老师抬着那口白茬茬、散发松香的棺材于傍晚走上大路,送代老师回家。"天很静,谁都没有说话,我们可以听见自己匆忙的脚步声。"

我想起石华鹏笔下其他文字给我的印象,无论是创作的或者批评的,才华闪耀中,似有某种共同底色。我感觉自己像是触摸到这种底色了:真切、唯美、悲天悯人。

杨少衡,福建省漳州市人。福建省文联副主席、作家协会名誉主席。出版有长篇小说《海峡之痛》《党校同学》《地下党》《风口浪尖》《铿然有声》《新世界》,中篇小说集《秘书长》《林老板的枪》《县长故事》《你没事吧》等。

讲操守的批评

□ 施晓宇

操守,是一个古老的词汇,与道德有关,强调的是做人的本分。职业操守是为人处世的一部分,也是做人本分的重要部分,说起来容易做起来难。操守,就概念而言,既抽象又具体。我现在就来具体介绍一个讲操守——尤其讲职业操守的人——编辑、文学评论家石华鹏。

说起来,1975年5月出生的石华鹏,已经47岁了。眨眼之间石华鹏走进了中年人的行列之中。想想也是,认识石华鹏时,他尚未结婚,雄赳赳气昂昂的蓬勃小伙一个,浑身上下朝气四溢,如今他的儿子都上大学了。

一直记得一个镜头,时间在2000年暮春。其时《福建文学》杂志社需要增添新鲜血液——向社会招收一名素质好的编辑。这一天上午,石华鹏应约走进了位于福州市西洪路凤凰池福建省文联大楼四层西侧的《福建文学》主编室。但见他中等个子,穿一件普通的夹克衫,理一个朴素的小平头,背一个洗得发白的老式帆布挎包,里面放着他的个人材料。一点不时尚的石华鹏落落大方地在人造革沙发上坐下,回答问题既不扭扭捏捏，也不畏畏缩缩，一脸阳光。最关键的是为人诚实，有一说一，有二说二，表现出了中学时期在班级一直担任副班长的良好素质。他是面试者中少有不是名牌大学的毕业生，却实事求是地恰到好处表达了自己爱好文学，喜欢从事文学编辑职业的朴实心愿——与那些成天想跳槽、朝三暮四缺乏定力的应聘者不同。

就这样，不卑不亢后来居上的石华鹏脱颖而出一矢中的，转眼20年过去——跟我当年待在《福建文学》工作的时间一样长——他真沉得住气，静得下心。石华鹏可谓不负众望，很快崭露头角——从助理编辑到编辑，从编辑到小说编辑室主任，从小说编辑室主任到主编助理（副编审），2015年底，石华鹏被正式提拔为主持业务的《福建文学》副主编。在福建省文联大楼上下，同事们都知道石华鹏是一个讲操守的人——尤其讲职业操守的好编辑。无论是上级领导的来稿，抑或是上级领导推荐的来稿，包括熟人好友的来稿，石华鹏力求做到稿件面前人人平等，一视同仁，不讲情面，不开后门——关于石华鹏毫不留情退回领导质量一般的来稿的记录远不是一次两次了。可以说，在发稿编稿问题上，石华鹏是最讲职业操守、最坚持刊物原则的人——有时到了不讲情面认死理的地步。说六亲不认吧，倒也未必，但是"四亲不认"乃至"五亲不认"则是有目共睹，决不含糊。也恰恰因了这一点，石华鹏反而让上上下下的同仁敬佩。正所谓无欲则刚：明生公，公生廉，廉生威是也。

作为《福建文学》小说编辑，石华鹏除了每期要沙里淘金找米下锅——选稿编稿发排小说，还常常要为读者导读而奉命撰写"编辑札记"。这类指导性理论文章写多了,似乎显露出石华鹏更适合写评论的天赋来。也算"无心插柳柳成荫",慢慢地,石华鹏剑走偏锋,不写小说而专心一意改写起文学评论来了。就像写小说一样,石华鹏写评论文章,同样"一出手便知有没有"。

石华鹏在《文学报》《文学自由谈》《文艺报》发表大量评论文章,这些报刊之所以器重石华鹏,无疑看中的是石华鹏的年轻无畏,文风犀利,同时大部分文学评论富含思想的含金量——远比那些隔靴搔痒大而无当的"名家"评论更加入木三分直指人心,读来让人酣畅淋漓正中下怀。我有一个一贯主张:文学作品的优劣取决于其思想含金量的多少,文学评论文章尤其如此。石华鹏的文学评论多数特立独行,观点鲜明,言之有物,思想含金量高。

施晓宇,福州大学人文学院教授。出版小说集《四鸡图》,散文集《洞开心门》《都市鸽哨》,杂文集《坊间人语》等。

石华鹏,《福建文学》常务副主编。出版随笔集《鼓山寻秋》《每一个人都是一个时代》《大师的心灵》《遇见》,评论集《新世纪中国散文佳作选评》《故事背后的秘密》《文学的魅力》《批评之剑》等。曾获第五届冰心散文奖、第六届冰心散文理论奖等。

朱辉的心跳

□ 范小青

写朱辉是个难题。

一些年来,多多少少也曾写过一些作家同行的印象记,写的时候,似乎还没有遇到过什么"难题",基本上是顺畅的、自然的,想说什么就说什么,把马屁拍得隐蔽而又高级,在调侃中就有了暗藏的吹捧,于是写着的时候,甚至都有行云流水般的自我感觉和得意。可是为什么到了朱辉这里,就有了"难题"的感觉,是和朱辉不熟吗?

我和朱辉是熟的。至少在我单方面的感受里,凡和朱辉说话聊天谈事情,内心会有温馨的感觉,有一些亲切的说了还想再说的愿望。他是一个可以多说说话,随便说说话,并且不会嫌你啰嗦,甚至还能调动你说话欲望的朋友。

但即便如此,要写朱辉,我仍然觉得是个难题。

我一直在想这是为什么。

那就先说说朱辉这个人吧。

在我们的生活中,江苏作家的圈子里,有几件事情是大家津津乐道的：喝酒、打牌、吹牛。

朱辉却不在其中。他不喝酒，不打牌，也很少见他夸夸其谈地吹嘘各种事情，尽管他的知识面，可以堪称小百科全书——至少对我来说。

有时候打牌三缺一了，朱辉又正好是那第四个人，那就理所当然要劝他学一学，好歹凑合一下，救个急。动员的话可以说上一大堆：打牌重在参与，精不精无所谓，本来文人打牌，也只是享受过程，等等。但是你说你的，等你巴啦巴啦地说完，朱辉笑眯眯地拒绝了，说，我不打牌。

更多的时候，他一开始就会正告那些想动摇和拉拢他的人。比如我。

于是他就被"抛弃"了。在无数个一起出行开会、采风的夜晚，同行们都在玩自己的乐子，朱辉把自己一个人关在房间里，好孤独哦。

恐怕他要的就是这孤独吧。

我也曾经多次跟他探讨他的坚决不打牌的行为究竟来自什么想法，是担心自己自控能力不够、玩物丧志吗？是对棋牌天生地无兴趣吗？是怕输吗？他有没有正面回答，我也记不太清，或者他的回答总不在我的那个点上，所以我觉得是语焉不详。所以，对于这个问题，我不知道。

再说说酒。

在喝酒方面，恰好我是个好事者，每次都巴不得一桌上人人喝得嗨才尽兴，可是朱辉不喝酒，从一开始，到后来，他始终没有喝酒。

假如聚餐时人多了分桌，喝酒的多半会归到一桌，这时候朱辉绝对就自觉地把自己归到另一桌去了，也不管这一桌上是不是有他喜欢的心仪的人在呢。

跟拒绝打牌一样，朱辉是拒绝酒的。

朱辉不喝酒，是怕被酒征服了吗？是怕喝酒误事吗？过敏吗？或者是有过被酒伤害而一辈子都忘不了的惨烈往事吗？我也跟他探讨过，但我也不知道。

然后，和大家在一起的朱辉，就是那个话比较少的、从来不抢话头的朱辉。

朱辉是个内向的人，还是个外向的人呢？如果换作其他熟悉的同行朋友，我基本上可以张口就说出来，说得准不准、对不对，另当别论。但是我敢说。

对于朱辉，我真不知道他是个内向的人，还是个外向的人。

我不知道。

所以我不敢说。

你看看你看看，已经这么多的"不知道"了，既然对于朱辉这也不知道，那也不知道，你还写什么朱辉印象？真是不自量力。

且慢，我虽然不知道这个我不知道的朱辉，但是我知道另一个朱辉。那就是一个文学的朱辉，很纯。

2013年，在河海大学出版社工作且担任了副社长、副总编多年的朱辉，有了一个机会到省作协做专业作家。记得那时候我曾经三番五次请他好好想想，多多考虑，各种权衡，有些话不好直说，我也没有说出来，但我知道不用说，朱辉完全听得懂。

当专业作家，时间上是自由了，但是精神上却没有了自由，压力会更多一些。像朱辉这样严格自我要求的人更甚，用他的话说，就是人家会看着你，你都当上专业作家了，还有什么理由写不出好作品来？

这压力呀，更多的是寂寞。当然，也不是完全没有头顶光环受到追捧的时候，但更多的时候，是孤灯下一个人的战争。

还有，收入的较大差异、职务级别的落差等等。都很现实呀。

换一个人，也许够犹豫的。但是朱辉没有，他没有犹豫，没有纠结，直截了当地说，我想好了。

是的，他早就想好了。

或者说，他根本用不着想。

他本来就属于文学，到文学队伍里来，等于是回家。

朱辉就这样回家了。回家以后的朱辉写作力并没有立刻"爆棚"，差不多有一年时间，他写得较少，或者说发表得较少。这一点我跟朱辉没有交流过，但是我想，他是在做调整，在人生道路发生较大变化的关键时段，这种调整尤为重要。

于是，到了2014年以后，朱辉的崭新的小说，一篇接着一篇出现在大家的视野里，一个已经有了几十年写作经历和写作经验的小说家，以一个新的面貌和颇具辨识度的风格站在了文坛上。令大家刮目相看。

行文至此，似乎应该谈谈朱辉的小说了，怎么个新面貌，怎么个辨识度，至少，也要报出几个名作的篇名，至少，也要说说对他获奖小说的读后感，或者，分析分析他的小说的日常化、世情性、代入感之类，可是我一开始已经给自己设定了框框，朱辉印象之不谈小说。

不是不谈，是私下谈，以后谈，或者，任何时候谈。还有，听别人谈。

还是回到朱辉这个人和他的经历吧。

从今往后，面朝书桌，专注专一地做一个以写作为职业的作家，你以为这就是朱辉今后的全部人生了吗？

世事难料，专业作家才当了三年，因工作需要，朱辉又离开了专业作家队伍，当了《雨花》杂志主编，并且，在编刊物上面，花费了大量的时间、精力，他成了一个有双重身份的作家，日常写稿、编稿。朱辉自己说，我就是个业余写作的命。

关于朱辉用在编刊物上的时间精力，我想，这是朱辉的一种积累，说大了，就是人生的积累，说具体的，就是写作的积累。朱辉知道自己需要这样的积累。能够让人真正理解人生和文学，任何的经历，任何的积累，都会成为你的原动力，对于朱辉来说，那也是写作的原动力——朱辉的根本，一直在于写作、写小说。

如今，我们再见到朱辉，我能够感觉出来，在他的博大的内心，只有写稿和编稿这两件事；或者这么说，他的全部的心思，就在这两件事上。

他的写作和编刊物以外的心思不多，或者，是有的，是多的，但是我发现不了，我感受不到。

从一开始我就说写朱辉是个难题，到现在我还是这么说，因为我总是觉得，在我心里，朱辉的某一面，好像是面目不清的，但是朱辉的另一面，却又是非常清晰的。也许，对于打牌喝酒吹牛，他是个心不在焉的人，但朱辉恰恰又是一个专注的忠诚的始终如一的人。

那要看他对待什么。

也许有人会觉得，一个不喝酒不打牌不吹牛的人，不大好玩。朱辉自己也经常这样自嘲，但是我觉得，自嘲只是他嘴上说说，在他的饱满的丰富的内心，一定有一个声音在说，我很有玩头的。

是的，朱辉的好玩，在另一个层面，你进得了那个层面，你就和他同乐了。

我希望能和他同乐。

范小青，著名作家，江苏省作家协会名誉主席，曾获第四届鲁迅文学奖短篇小说奖。

雨花里

□ 王 尧

我第一次见到朱辉,是在紫金山文学奖的颁奖典礼上,他作为获奖者代表之一登台发言。我坐在台下看戴眼镜的朱辉,白面书生的样子,文文静静。尽管他的普通话比我标准许多,但我听得出他和我一样的乡音。我们在毗邻的两个县,几乎是喝一条河里的水长大。这个地区叫里下河水乡,操一样的方言。但奇怪的是,同一个方言区的作家,毕飞宇、鲁敏、贾梦玮,还有我现在说到的朱辉,他们的普通话都比我好许多。这地方,很长时间称为苏北,现在又说是苏中。可能与河流有关,这里出来的文人在性格上更近江南。朱辉也是一个内秀的人。好像在颁奖前拍照时,我们俩互相寒暄,大家用方言交谈了几句,特别亲近。一转身,朱辉在台上说普通话了。

之后我们很少有机会见面,他在南京的河海大学,我在苏州大学。那时没有微信,朋友之间也很少贴邮票寄一封信问长问短。朱辉出版长篇小说《白驹》时,给我寄了一本。他当时在大学里做出版,业余写作。朱辉一心二用，认真编别人的稿子，认真写自己的作品，但我估计最蛊惑他的还是小说。我特别理解这种处境和痛苦，那个时候我也是"双肩挑"。这个过程过去以后，我反思自己的经历，觉得一个人做两份工作，可能会磨损自己，但也让一个人多了一份看世界看人生的视角。多一种连接世界的方式，在后来的写作中未尝不是多了一种积累。我没有和朱辉说自己的想法，他接任《雨花》主编后，我确信我们俩的想法应该是一致的。读了《白驹》之后，我觉得朱辉无疑是一位优秀的小说家，而且认为假以时日，他的小说创作应该有新的可能。这种肯定的话，我在十多年后才和朱辉表达过。我时常去南京但都匆匆忙忙。去之前也想看看有没有时间见见南京的朋友，朱辉是我想见的朋友之一。去了以后，刚有约朱辉见面的念头，又猜想他可能在写作状态中，不要去打扰他吧。

朱辉做专业作家后见面的机会多了一些，但也只是三言两语。写作的人可能就是这样，通过作品理解彼此。在获知朱辉接任《雨花》主编后，我以为他是最合适的人选。我们这一代对《雨花》感情很深，也曾经为这份杂志骄傲。记得读大学时，听说某老师二十世纪六十年代就在《雨花》发过文章，我对他上课一般的印象随即有所转变。我后来还查了那篇文章，可能是这位老师一生中最好的文章。二十世纪九十年代以后，文学杂志都有沉浮，《雨花》也不例外。朱辉做过大学出版社的副社长，又是一位优秀小说家，如果用心，肯定能再造《雨花》。他接任不久，我在南京见到他，听他说了如何如何办《雨花》，我闻之兴奋不已，朱辉镜片里的光都照耀到我了。《雨花》里有朱辉的心跳。

因为相信朱辉能办好杂志，我便担心会因此影响他的小说创作。在和一位朋友聊天时，我还说了自己的这个担心。几年下来，《雨花》果然中兴了，朱辉成了名主编。我偶尔接到他的电话或者微信，几乎都是听他说《雨花》如何，组到了什么稿子。特别兴奋时会说，我约到了谁的稿子，牛吧。当然牛。这些年来，刊物秩序发生很大变化，朱辉起衰振聩、守正创新，何等不易。这好像又是江苏文学杂志的一个特色，贾梦玮办《钟山》是"龙头老大"，丁帆办《扬子江文学评论》、胡弦办《扬子江诗刊》都是风生水起，这从一个方面回答了江苏为什么是文学大省。我特别羡慕朱辉他们谈论起刊物好作品时的神态，就像说自己的孩子一样。我最紧张的一年也与朱辉有关，他不知怎么突然想起来邀约我在《雨花》开设散文专栏。2002年我在《南方周末》写了一年专栏后就发誓不写专栏，差不多15年以后忘记了当年的煎熬，又开始写专栏。朱辉邀请时，我不想写的想法非常坚定，但他不时电话和微信，让我觉得我似乎只有在《雨花》写了专栏才能成为"散文家"。这一年，我一边给《雨花》写了"时代与肖像"系列，一边完成了长篇小说《民谣》。

也许我当初的担心是多余的。这些年来，朱辉的中短篇小说越写越好。《七层宝塔》获第七届鲁迅文学奖短篇小说奖，我看到他在为别人的佳作开心时也在为自己笑嘻嘻了。这几年陆续读到他的《求阴影面积》《小跑的黑白》《天水》等,我觉得朱辉的内心强大了,因此有了抑扬顿挫的文字。在去年年底《雨花》的笔会上,朱辉神秘地问我:王兄,你知道我约了谁写明年的专栏?然后大笑。

王尧,著名评论家,江苏省作家协会副主席,曾获第七届鲁迅文学奖理论批评奖。

朱辉,《雨花》主编,江苏省作家协会副主席。主要作品有长篇小说《我的表情》《白驹》《牛角梳》《天知道》,中短篇小说《绝对星等》《和辛夷在一起的星期三》《放生记》等。曾获第七届鲁迅文学奖。

青梅竹马朱燕玲

□ 毕飞宇

在我所有的朋友当中，最具戏剧性的朋友是朱燕玲。

1989年，那时候我还没有在刊物上发表过一个字，我把我的一个中篇寄到《花城》编辑部去了。和我所有的稿件一样，这篇小说在《花城》编辑部那头没有任何消息。——后来我知道了，1990年的下半年，《花城》编辑部的稿件业已堆积如山，都摞在地板上了，他们决定"清仓"。戏剧性就在清仓的这一天出现了。一个年轻的女编辑动了恻隐之心，想，再翻一翻吧，也许还有合适的稿子呢，别漏了。她就蹲在地板上，一篇一篇地翻。这一翻就把一个叫《孤岛》的小说给翻出来了。这个年轻的女编辑就是朱燕玲。而《孤岛》就是我的处女作。

从理论上说，这个时候我应当花上冗长的篇幅来赞美我的伯乐才对。可是，我有更重要的话要说。朱燕玲蹲在地板上，做出了一个匪夷所思的判断，她认定了《孤岛》的作者是"七十来岁的样子"。她给我来了一封信，语调是客套的，也许还是尊老的。我读着她的信，看着她又瘦又硬的笔迹，同样得出了匪夷所思的结论，朱燕玲有可能五十出头了。之所以没敢把她猜得太老,因为每一个人都知道,六十岁是要退休的。所以,我克制了我的喜悦,给朱燕玲回了一封信,语气更客套、更尊老。两个"老人"就这样有了书信上的来往,彼此那个客气的啊,像款款的夕阳,温馨又从容。

终于有一天,朱燕玲要来南京了。我问她到南京"有什么事",朱燕玲用她又瘦又硬的笔迹告诉我:"我回家,我就是南京人哪!"天哪,这么巧,她居然就是南京人。她在广州,我在南京,因为一篇小说,我们终于走到一起来了。

我们就这样在南京见面了。我骑了足足有一个小时的自行车。这真是一次戏剧性的见面,我们都惊讶于对方的年轻。因为年轻,又因为燕玲太漂亮,我一下子就不知所措了。要知道,在心理上,我已经做好了和"长辈"见面的打算,可结果呢,燕玲只有二十多岁,差不多和我同龄。——作为一个年轻的作者,我多么渴望我的伯乐是一位白发苍苍的、满面皱纹的、德高望重的长者。可燕玲这么小,这么漂亮,很不对劲了。我的虚荣心受到了挫折。你朱燕玲怎么也不该是《花城》编辑部的编辑。

我终于被这样的结果弄得古怪了,也许燕玲也一样古怪。燕玲说:"坐吧。"我就坐。燕玲说:"喝水吧。"我就喝水。我记得整整一个下午我都"坐"在燕玲家的客厅里,认认真真地、同时还全力以赴地"喝水"。在这里我有必要交代一下当时的文化背景,那时候,年轻可不是什么好东西,每一个年轻人都眼巴巴地渴望着自己能够老一点——只有这样,我们才能够够"分量"。燕玲对我有知遇之恩,她年轻，我不能责怪人家什么，那么，剩下来的我只有自责了。我居然利用小说把自己弄得很有"分量"，我对不起燕玲。

我和燕玲的第一次见面就这样不淡不咸地收场了。不久，我得到了消息，燕玲马上就要去加拿大了。老实说，我对燕玲的出国一直不以为然，你一个读中文的，你一个做中国文学编辑的，你去加拿大做什么？当然，这里头的私心毋庸置喙——你一走，谁还能欣赏我的小说呢？

作为一个写小说的，我要说，遇上燕玲实在是我的幸运。她的认真和善良帮助了一代又一代的文学青年。她不能容忍任何一个小说家在她的"手上"被埋没了。她的眼光始终与众不同。她从来就不相信所谓的名气。如果不是这样，又怎么可能有我呢？我当然不会认为我有多么了不起，但是，有一句话我必须要说，没有朱燕玲就没有我。我至今保留了她以《花城》编辑部的名义给我写来的信。假使当初没有这封信，我现在是怎样的呢？老实说，我很后怕。要知道，在燕玲发表我处女作的时候，退稿已经退得我快发疯了。你越是有信心，你越是要发疯。是燕玲第一个从黑暗当中向我伸出她的手。

燕玲后来还是从加拿大回来了，又回到了她的《花城》编辑部。有一件事燕玲是很丢人的，她在加拿大待了那么长的时间，居然说不好英语。我问她为什么，她十分自豪地告诉我："我的广东话有了很大的进步了！"嗨，一个人在加拿大待了十几个月，所取得的进步居然是广东话。燕玲是一个什么样的人，我大致上知道了。

燕玲在广州，我在南京。照理说，我和燕玲能够相识，命运对我已经很关照了。可是，没完。我已经说过了，在我所有的朋友当中，朱燕玲是最具戏剧性的一个。1999年，我在南京买了新房子。新房子的地点很不错，楼群的下面有一个巨大的广场。2000年的某一天，我带着孩子在广场上散步，突然发现一个女人朝我走来了——她的手上同样拉着一个孩子。她在对着我微笑。我认识这个女人的，我一定认识这个女人的，可我就是不敢相信。好半天之后，我确信了，她是燕玲。我们本来已经约好了，在第二天的下午到茶馆里见面。可是，老天爷没有让我们等。老天爷在家门口以一种家常的方式让我们见面了。我惊喜地问燕玲，你为什么会在这里？燕玲说，她的父亲在这里买了房子。——你为什么会在这里？天哪，天底下会有这样巧合的事么？如果这个故事是一个小说家写的，我会谴责这个小说家的低能。可是，生活就是这样。原原本本的，就是这样。我和燕玲居然在南京做起了邻居。我一把拉住燕玲，说："我们可真是青梅竹马。"燕玲完全同意我的看法。是的，青梅竹马。都这样了，不是青梅竹马还能是什么？

现如今，到了假期，燕玲就要飞到南京来。我们时常会在楼下的广场上不期而遇。有时候，我，我的太太，我的儿子会和燕玲一起到她的家里去；有时候，燕玲则会带着她的孩子到我的家里来。两个孩子有玩不完的游戏，燕玲则和我的太太有说不完的家常话。这时候，我往往是多余的，孤独的。但是燕玲，我喜欢这样的孤独。我希望你经常到我的家里来，吃吃家常菜，说说家常话。

就因为写作，燕玲，我有了你这样的朋友，我们一家都有了你这样的朋友。谁说一个作家的写作只是写出了几部作品？我爱写作，是写作拓宽了我的整个人生。

最后我要补充一句，年轻的朋友们千万不要以为我和燕玲是青梅竹马就委托我给《花城》寄稿件。没用。我都试过好几次了，燕玲没给过我一次脸面。唉，在稿件面前，这个女人真是六亲不认的。

毕飞宇，中国作家协会副主席，江苏省作家协会主席。著有长篇小说《上海往事》《平原》《推拿》《玉米》等，曾获第一届、第三届鲁迅文学奖和第八届茅盾文学学奖。

我的"贵人"

□ 陈　仓

每次和《花城》主编朱燕玲说话，我都非常纠结，主要为了怎么称呼她。我是自卑的人，是有自知之明的人，也还算是懂点礼节的人，在这个世界上和我有交往的人，很少会被我直呼大名，就连自己的老婆，我也要叫范老师。为此，燕玲不止一次批评我，不让我叫她朱主编，也不让我叫她燕玲老师，让我直接叫她名字。改口称"燕玲"还是今年春天的事情，而事实是我和燕玲认识已经整整十年了。2010年上海召开世博会，有一位朋友打电话，说广州那边的燕玲来上海参观，让我帮忙关照一下。我那时候还纯粹是写诗的，而且已经停止写作七八年，对文坛的人事一无所知，也从来没有看过《花城》。所以，我和燕玲的认识不具有文学性，是简单的社会意义上的来往，没有文人墨客之间的那种雅致，比如喝酒呀，吃饭呀。我的印象中，那次她来上海，我好像没有请她吃过饭喝过酒，更没有聊过任何有关文学的话题。

2011年春节，我把父亲从深山老林接到上海过春节，其中发生了许多令人好笑又令人心酸的事情，比如父亲不会用电梯，不敢脱衣服洗澡，不明白自来水是怎么爬上高楼的。我就把发生的故事写了下来，当时只是为了写而写，没有想过发表。有一次，无意中和诗人白某某提起了有关父亲的文章，他很感兴趣，拿过去一看，非常惊讶，也非常感动，就试探性地推荐给了某杂志。但是很遗憾，由于各种各样的原因，在杂志社果然没有通过。我也就把这篇文章放在一边了。

直到2012年，我去离家很近的普陀区图书馆，这才注意到了《花城》，才看到了燕玲的名字，才知道她的身份是副主编，同时还看到了一个栏目"家族记忆"，是大家们写自己家族兴衰的。我很喜欢这个栏目，就又想起了自己的文章，于是将文章起名为《父亲进城》，打印了一份寄了过去。我好像没有寄给燕玲，直接寄往的是编辑部，不过，当时不太自信是肯定的，也抱着顺其自然的态度。接下来的事情，你说运气也罢，说缘分也罢，都对，也都不对，因为运气本质上是一种气场，这气场都是每个人自己营造和修行来的。《父亲进城》幸运地落到了燕玲的手中，她看完以后，并没有及时联系我，大概过了半年吧，她仅仅给我打了一个电话，很平淡地告诉我，稿子已经通过了终审。那时候《花城》的终审是主编田瑛。说来非常惭愧，我和田瑛主编见面，还是在湖南汨罗的一次诗歌活动中，而且在餐厅匆匆地打了个照面，活动就结束了，直到前几天才想办法添加了他的微信，只为认认真真地说一句"谢谢"。其实，这是作者与编辑之间最为美好的关系，看上去不联系，似乎从未谋面，但是在文字的江湖里相知相识，彼此之间已经是铭刻在心的了。

2012年冬天,收到《花城》第6期样刊的时候,我惊奇地看到了《父亲进城》,竟然发在中篇小说栏目的头条。寄稿子的时候,并没有标示文体,所以当时有些蒙,正想问问燕玲,但是燕玲反问,你写的不是小说吗?我干脆得了便宜就卖乖地告诉她,当然是小说呀。小说就小说吧,反正读者在乎的,是你写得好不好,绝对不计较你的文体,就像看到一只蝴蝶,只知道它很美很美就行,至于属于什么门什么纲什么目,其实并不重要。

《父亲进城》刊发后,《小说选刊》转了,《新华文摘》转了,《小说月报》转了,至少入选了三四个年度选本,而且很多都排在头条位置,我似乎有了一夜成名的感觉。既然这么多专业刊物、专业人士都认为它是小说,我还有什么可怀疑的呢?燕玲的慧眼和胆识,使我受到了极大的鼓舞,接下来便一口气写下了进城系列,仅仅2013年《小说选刊》就转载了三次,其中两次头条。我这些看似不成熟的文字,被评论家们总结成了我的风格,比如"散文化的笔调",比如"不像小说那样拿腔拿调",比如"感人肺腑,催人泪下",比如"接地气、通人性、感人心"。这一切都是燕玲引起的,真像蝴蝶效应一样,让我糊里糊涂地像模像样地成为了小说家。

我一直在将心比心地思考一个问题,如果我是杂志社的编辑,我遇到了《父亲进城》这样的稿子,我有没有胆量把它定义为小说呢?我会不会把它作为当期杂志的重头推出呢?想来想去,我恐怕没有办法像燕玲这些编辑家们一样,不仅有审美眼光把它挑出来,还有魄力把它命名为小说,如果稍有犹疑、少一些包容心,这样的作品就会被埋没，再也见不到天光了。

陈仓，出版有"进城系列"小说集八本，长篇小说《止痛药》，长篇散文《预言家》《动物忧伤》，长诗《醒神》等作品二十余部，曾获第八届鲁迅文学奖等奖项。

朱燕玲，时任《花城》主编，策划、编辑的王蒙长篇小说《这边风景》，获第九届茅盾文学奖。

管窥刘醒龙

□ 李　浩

　　试图为我所尊敬的刘醒龙先生写一篇印象记——这颇让我踟蹰。已有过几次的开始，然后又重新开始：写作这样一篇文字的难度在于，我和刘醒龙先生一起喝酒聊天开会的时候并不多，在我印象中似乎"只有一次"，当然，他在台上我在台下匆匆一面的时候也有，但那不能作数。我无法像那些真正熟悉他的朋友那样如数家珍地枚举他生活里的细节，也无法知道一个别人不知道的刘醒龙……而印象记，最好的方式就是记录那些鲜为人知、却又生动广阔的生活细节，这，恰恰是我所做不到的。

　　不过我还是想写，借这样的机会说出一个作家对另一个作家的"印象"，一种心理上的独特亲近，一种对于他和他的文字的理解……这也是我不愿意"放弃机会"非要谈一谈的主要原因。

　　我至今还记得第一次读到刘醒龙小说时的情景，那时我还在写诗，读小说很少，所以读到《凤凰琴》完全是种偶然——我甚至忘了我是在哪本刊物上读到它的，甚至忘了自己是在上午读到的还是下午读到的……我只记得我读完最后一个字,天已经快黑了,可那种让我沉浸其中的情绪还在纠缠缠绕,让我真的是难以自拔。我在自家的院子里,已是黄昏,家里竟然还是空无一人——我怀着激动从院子里走出去,走在街上。我急于寻找一个可以说话的人,我要和他说我今天读到了一篇小说《凤凰琴》,里面的故事是这样这样,我怎么会有这样强烈的感觉……河北沧州,海兴县,一个巴掌大的县城当然能遇到的熟人很多,但他们不是我"可以说话"的那个,于是我一路走着直到县文化馆……后面的情况我已记不清了,我不知道自己是不是遇到了高向东还是杨双发,是不是敲开了路如恒老师的门,他在不在,我记不清了,我只记得当时的天色和我内心里涌起的激动。那时我还在写诗,脑子里全是埃利蒂斯、里尔克、帕斯捷尔纳克等一大堆洋名字,阅读也主要集中在现代诗上,可刘醒龙的《凤凰琴》竟然在那个时间、那个阶段中"闯入",现在想想也颇有些意外。我甚至猜测,在最初阅读时,我应是带有某种轻微的也是先期的"敌意"进入的。那个年月,我年少轻狂,这种轻狂甚至完全不需要理由和支撑,就是一味地不屑、鄙视,对小说这种俗文体尤其中国小说抱有一种不可理喻的精神傲慢,可我,竟然"挫败"地被《凤凰琴》所征服。

当然,有一段时间,我还会固执自己的傲慢,坚决不提小说这种俗文体,更不会提刘醒龙和他的《凤凰琴》,可我开始悄悄地阅读,有意识地找刘醒龙的小说看。我读到了《分享艰难》,读到了《大树还小》——这本书,我应当是跟解放军文艺的某位编辑"抢"的,是不是李亚我记不清了,反正是"抢"来的确定无疑。2004年,我去《北京文学》,然后参与了北京大学邵燕君主持的"北大评刊"。感谢那段生活。在评刊期间,刘醒龙先生的《圣天门口》发表——当时,这部长篇应没分到我需要阅读的篇目中,因为时间关系也没准备细读,可是在讨论时的热烈、争论时的激烈极大地感染了我,我从赵晖手上要来了书,然后连夜阅读。我承认自己对刘醒龙先生的小说有期待,但这部《圣天门口》意外地超过了我的期待,我没想过它会有这么丰富、厚重,没想过有如此茂密的"神经末梢感",没想过它是这样的生动紧张,又充满着悠长回味。和注重幽微情感的《凤凰琴》不同,《圣天门口》是浑厚阔大,是波澜的大褶皱,它提供给我的是另一个刘醒龙,一个出我意料之外的刘醒龙。邵燕君谈到,"《圣天门口》堪称近几年来一部难得的现实主义力作,在一系列历史'重述'作品中成就最为突出。这部作者耗时六年创作的长达 100 万字的鸿篇巨制,以武汉附近的天门口小镇为切入点,对中国 20 世纪波澜壮阔的历史进行了颠覆性的'重述'。如果《秦腔》的特点在于其'反史诗化'的写法,《圣天门口》特点恰在于其对'史诗化'写法的全面继承和发扬。刘醒龙是一个来自民间也扎根民间的作家,他坚信依据'朴素的真理'可以'还原历史的真实'……"引用邵燕君老师的评价并非讨巧,一是她所说的这些我极为认同,二是在我们的讨论中,她所说的这些是经过我们的反复争辩之后的呈现结果,是我们的一种"共同感受"。我记得参与北大评刊的同学们个个傲慢而苛刻,但对刘醒龙的《圣天门口》,好评却是一致的,大家可商榷的似乎只有语言感觉的问题,故事讲述上的问题……不只是我,是邵燕君和我们大家,都能感觉到刘醒龙在写作中的可贵坚持，一种扎实的、不讨巧也不有意讨好的韧劲儿，一种向着不可能再推进一步、向着小说的理想状态再推进一步的韧劲儿。在这个浮躁的闹哄哄的表象时代，他显得有些笨，有些不同。在刘醒龙的《圣天门口》一书中，我也读到了他对于精神向度的不竭追问。

印象记不应是文本评论……是的，我当然要尊重"文体原则"，是故我也在言说对刘醒龙先生小说看法的时候克制了自己跳脱出来指手画脚一番的冲动。我谈的，只是"印象"，只是他的作品留给我的那种启示性的"印象"。下面，我应当谈生活印象了，这一点可能更是"印象记"的题中之意。

我与刘醒龙先生的同行，是应中国青年出版总社《青年文学》之邀，他，当然是我们一行中"最大牌"的人物，因此，主办方的一位朋友很是忐忑，生怕对刘醒龙先生构成怠慢，和我几次通话之后不知为何我竟然也有了这种忐忑感，我也有了"生怕"。事实证明，主办方的生怕完全多余，他其实挺愿意为别人着想，在接触中我倒觉得他有"生怕"，"生怕"别人的照顾太多而给别人添了麻烦。几日的行程我们很是开心，我说的是我们，这里包括刘醒龙、中青社的李师东、各位青年作家以及主办方的朋友们。那次，我们去的是东阿。主办方为了让我们有更多了解，行程安排得比较满，而且似乎是忘了一个重要的景点："曹子建公园"，即坐落于东阿鱼山的曹植墓。不知道是不是有人提醒还是刘醒龙做足了功课，反正他看到行程之后，先是找到李师东，然后和李师东一起与主办方的朋友商量——是的，商量，他使用着商量的口气并一再说道，如果不方便就算了，我们不给你们添麻烦也不想打乱你们的计划……我的那位朋友颇有些得意,她告诉刘醒龙,去曹子建公园早在计划之内,都已经协调好了,行程计划书中没列入是因为……"好好,那就好。"刘醒龙看上去很是高兴,他生怕自己的"要求"给别人造成麻烦。

我印象颇深的有一个题字的环节。题字,是主办方的那个朋友的临时提议,她也颇为有心地准备了宣纸和笔墨——兴致勃勃的刘醒龙竟然毫不犹豫,"好"。说着,他就在朋友的引领下站到了桌前,拿起了笔。"听说,他的字……是卖钱的,还挺贵。"我悄悄对站在一侧的那个朋友说。"我知道,"她也悄悄地说,"我也没想到刘老师会这样爽快答应。"

他略有沉吟。然后自己折纸,蘸墨。他写起字来颇为安静,仿佛在瞬间即进入到"另一空间",周围的喧哗、热闹于他再无侵扰。他的书法有强烈的个人面目,并不严守固有的结体章法,但又严整庄重,交代清晰,如锥划沙,饱有碑意。书写的文字也是他构思的,他向主办方解释了自己的书写用意。在拍过照之后,主办方一位朋友怀着明显的忐忑向刘醒龙先生提出,"能不能给我也写一幅……我想挂在自己的书房里,您这样的大作家……""好,我给你写。"刘醒龙晃了晃肩膀,"我写。"一天的参观、奔波,刘醒龙先生应当已经颇为疲累,可他似乎并不忍心对"得寸进尺"进行拒绝。

是的,他似乎并不忍心对"得寸进尺"进行拒绝——我们晚上又请刘醒龙为我们书写,他只得答应,于是我们几乎每个在场的人都得到了他的墨宝。我利用他的这个弱点,"得寸进尺"地为我的弟弟李博也求了一幅,并进一步"得寸进尺"地提出请他在上款中题上我弟弟的名字,他真的没有拒绝。那时刻,我真觉得,我们是那样地亲近,在他那里我感觉着一种更为内在的温暖。

就是那天,我们相互加了微信。

有一次,我转发河北著名画家李明久老师的几幅绘画,刘醒龙先生竟然秒赞,然后给我发来微信:"画得好。第三幅尤其。"我愣了两分钟,意识到他应当以为这些画是我画的了。我只好回给他:"这些画,是李明久老师画的。如果你喜欢……"我的潜台词是,如果你喜欢,我也试试能不能将它给你要下来寄去。他没有回。我知道他不希望我为难。

有一次,我转一篇谈俄语文学的文章,只注意了内容但没注意名字——它的观点是我所欣赏的,甚至有出我意外的点,我在转到朋友圈的同时也转给了我的学生们。晚上的时候,我忽然接到了刘醒龙先生的信息,他问我,你知道你转的那篇文章是谁的吗?你看了,感觉如何?我和他说了我的看法、意见,随后他的信息里突然地透露出得意:"他,是我的儿子!哈,现在刚刚……你们俩也加一下微信吧,希望你能多指导指导他……"说实话,那一刻我竟然被他突然表露的得意打动,深深打动。我也有个儿子,我的儿子……刘醒龙先生的得意让我羡慕,感动,妒忌,也羞愧。

写这篇小文的时候正值 2020 年春。一场弥漫世界的瘟疫尚未终止。其间,我经历泪水,痛苦,愤怒,感动,强大的无力和悲凉,以及……反复的百感交集,我相信在疫情中的刘醒龙先生会感触更多。

在这篇印象记的最后,我还有两个小小的微点作为补记:一是,武汉"封城"不久后的某日,作家宋小词在朋友圈里发出呼救,为一个大概她也不认识的求救者。看到后,我联系自己的朋友们试图寻找通道,但……这时,我看到了刘醒龙的留言。他说我来试试。接着不久,宋小词在求救的微信下面再次留言,她说刘醒龙老师已经帮助联系到了医院,现在已经……我不想作出评价,但我感动。另一是,捐赠和联系捐赠。这里面当然有名人的便捷,包括职务行为,是他的尽职和尽责,但据我所知还有更多的个人的,属于个人的……我从另外的侧面得到消息,向他求证,他在微信里要求我不必多谈。同样,对于此我也不想作出评价,但我感动。在这篇不太像样的印象记中我克制了自己"作出归纳""作出评价"的类似冲动,尽可能多地呈现那些点点滴滴。我敬重他,从文学到个人,这是我特别想说的一句。

李浩,出版有小说集《将军的部队》《父亲,镜子和树》《变形魔术师》《侧面的镜子》《告密者札记》,长篇小说《镜子里的父亲》《如归旅店》等。曾获第四届鲁迅文学奖等奖项。

他的醒

□ 胡竹峰

看《凤凰琴》电影，又沉重又温暖，真像当年乡村的日常，看到结尾，又像是关在屋子里久了想打开窗户呐喊一声。很多年后，看到小说原作，果然空间更大，也更深刻。那段远去的历史与一群渐渐被遗忘的人，从此在文字里不朽。更难得书中人彼此映照，绽放出人性的光辉，那些光辉也曾经映照到我的心上，这是文学的现实力量。

后来又读到刘醒龙的一些书，一篇篇、一部部，写世情、写人心，我感慨小说家入世真深，又感慨作书人身在局外的冷静。

再后来，在一些场合见到刘醒龙，有书展还有颁奖会，其时他不认识我，我却认得他。一时不知道说什么好，也就没有上前拜会，似乎一句话都没有说过，隔了年纪，隔了文学，好像还有一份羞怯。

我见到的刘醒龙有样子，轻声细语地说话，却有一股斩钉截铁，永远的安静，永远的精神，永远的短发一根根竖起。看过他年轻时候的照片，相比之下，我更喜欢中年之后的刘醒龙，越发相貌堂堂，越发有性情、有分量，文学安妥灵魂，文学也滋养肉身温润皮相。

那年有幸和刘醒龙一起参加活动，同行不过三个作家，每日里看山、看水、看古迹、看人文，将当天所看、所思笔录成文。刘醒龙永远按时交稿按时出行，我偶尔贪睡，迟到了，他却早早等在那里，不以为意，一脸微笑，像是早知如此一般。

后来结伴去了西沙群岛，近半个月。海上住宿简陋，我们同住在一个船舱里，彼此日常照应，看见了柴米油盐也看得见为人处世。刘醒龙始终态度温和，不忙不迫，细声微笑谈闲话，是每天的惯例。言及有些不开心的事情，点到为止，一笑而过，不谈论是是非非，只有说办杂志与弄文学才兴致勃勃。偶尔意见向左，我不免会径直辩论一下，他即便据理，也从不力争，只是笑笑不妥协。刘醒龙偶尔和家人通话，神色既有为人夫的爽然，又有为祖父的乖，而且是爽然的乖，慈祥温和，眉眼都是欢喜、都是关爱。

海上生活素朴，刘醒龙不吃海鲜、不吃家禽，每天靠米饭、榨菜、土豆丝、圆白菜、萝卜果腹，下午得空吃一袋家里带来的炒米或者热干面，配上藕丁，每天喝三小袋葛根粉，正所谓是"人不堪其忧，回不改其乐"。

人外出最要紧的事无非食宿，交代了食，再谈谈宿。船舱太小，不过三四平方米大，两个人转不开身。有天深夜，下起大雨，水渗进船舱。起床开灯，发现船舱一脚踝深的水。刘醒龙睡下铺，水快浸透他的床褥了。我急急以饭碗做瓢舀了满满四桶水倒进大海。

记得当时掀开他的床铺垫子，潮湿过半，不堪再用了。我跑去敲同船人的门，拿来被子换上。船舱依旧进水，好在一夜再无他事，终于睡去。后来,刘醒龙说,如果不是我去拿被子,以他的性格,绝不去麻烦别人,宁愿坐在那里,一夜不睡。

天明,找船工拆开舱板,发现刘醒龙床下藏了满满一铺水。那一刻我有些难过,那个写出了皇皇千万字的六十好几岁的大作家,竟如此委屈。我忍不住要和主办方较真了,他还是不作一声,这是老派人的温良与俭让。

温良俭让之外,还有刘醒龙的恭。船上用餐时,一些人来晚了,有两回刘醒龙亲自去敲门喊他们。在我看来,以他的年岁名望不需要如此礼贤晚辈的。夜里众人在甲板聊天,刘醒龙拿出珍藏的好茶送给大家喝,他怕失眠,在一旁温和地陪坐片刻。

说了苦事,实在还有甜。而这甜我却不能同享,正所谓是不同甘却共苦。因为我不识水性。

那天我们上了全富岛,岛上白沙如细玉漫撒。更妙的是,雪白细沙铺成的无人小岛边侧,还有一汪碧蓝的水池。像人力所为,却非天工莫属。刘醒龙见状大喜,投入那水中,尽兴畅游了一番,惹得我等好一阵向往。更令人称奇的是,第二天同船的考古队员再赴全富岛,那弯细细小小的水池凭空消失了。像是夜里的风雨抚平了岛上的细沙,那水池成了刘醒龙一个人的天地,专属他所有一般。同行有人拍得照片,刘醒龙激荡水中,状若游龙,笑意盈盈,令人好生羡慕。

那几天海上风雨不绝,我们聊聊天,读读书,清苦里有惬意。他依旧每日作文不绝,一时伏在被子上写,一时坐在床沿边写,一时靠在床头写,一时搁在双腿上写。奇在文思勃勃、文采斐然,一篇篇文章，两三千字，气脉贯通，行文饱满，情绪更饱满。

同样是游历文字，和《徐霞客游记》比较，大为不同，徐著属于地理科学类的，刘书则纯然文学一脉，记录了私人的生活和思想感情。那些文章，每篇都有活生生的人，背景是现实的又是内心的。我佩服刘醒龙的文字写得好看，清秀而细致，真挚而富于情思。那种洋溢着勃勃生机与充满激情的表达，处处氤氲文艺氛围，隐约还有少年人的饱满元气。虽是每天一记，从来不曾马虎，行文质朴真挚，情性毕露，不独有文采，且很可读。兼具思想者的深沉与艺术家的敏感，方才写得出那样的文字吧。

海上回来，上得码头，中午有安徽同乡党请饭，我悄悄让人家准备好了纸墨，因为知道刘醒龙写得一手好字。饭食大家吃，出力他一人，那天刘醒龙写了四幅字，圆润苍秀，笔画厚，有点像大先生鲁迅。

刘醒龙人如其名，名字里有个醒字，在我和他的交往中，无时无刻不感觉到他的醒，内醒，清醒，警醒。有些人不是这样，如王安石，看名字，应该稳重，实在他的性格又躁又急。每每念及刘醒龙，想起那一次海上之行，真是快意。

胡竹峰，出版有《竹简精神》《击缶歌》《雪下了一夜》《惜字亭下》等散文随笔集二十余种。曾获孙犁散文奖双年奖、人民文学奖、丰子恺散文奖、林语堂散文奖、三毛散文奖等。

刘醒龙,《芳草》主编,湖北省文联主席。主要作品有中篇小说《凤凰琴》《分享艰难》,长篇小说《圣天门口》《蟠虺》等。中篇小说《挑担茶叶上北京》获第一届鲁迅文学奖,长篇小说《天行者》获第八届茅盾文学奖。

刘川的诗心

□ 徐　江

谈一位诗人,花絮再多,也都是文本的"附庸",不如先从作品开始。来看刘川的一首诗《生日自题》:

> 我小时候/就爱看下雨//今天,我三十八岁/又在看下雨//雨看上去/一点也不老//都几十年了/它们一直下一直下//我也没听懂它们专门讲给我的/不老的方法

刘川生于 1975 年,诗中点明是 38 岁所写,应该是成于 2013 年,算起来,距今已有 9 年。这首诗也是我编选的《1991 年以来的中国诗歌》一书里刘川诗作的开篇之作,当初之所以选它来打头儿,是因为觉得它体现出了刘川本人与其诗歌中的几个标志性元素——诙谐、性情、智性、语言克制、绵里藏针。这几个元素,放到别的诗人作品中,有的会彼此冲突,但搁到刘川这里,却融成了互不矛盾的整体,堪称奇观。

最早见到刘川,是在世纪初辽宁的一次诗会上。此前大家多是在

网络上照面。作为东道主诗人之一,刘川绝大多数时候都秉持待客之礼,只偶然到了酒热畅聊之际,才会峥嵘毕露。某人说到某一路文本不行的作者,小刘老师国骂脱口而出,听得我和同桌几个诗人哈哈大笑。文本前的真性情,也昭示了日后刘川在创作和编辑这两个领域所抵达的成就和量级。

我跟同行多年来交往的习惯,讨论作品为主——经典的和彼此的,尽量避提不在场者的(因为被谈论者不在场,相关的话不可能听到,即便大家碰撞出了哪句火花,对该人也没什么帮助,不如节省些)。和刘川的往来也是这样,除了几次诗会上碰到,就是网上和偶尔的电话了,后者主要还是围绕彼此各类稿件的意见交换,甚少闲叙。颇有两个牛仔在牧场边相遇,交谈几句,各自叼着半截雪茄散去的随性。

和刘川打交道很舒服,作为作者,他会尊重编选者的思路、习惯;作为编辑和策划者,他又善于启发作者思路,同时给予最大的自由度。这些年,除了在《诗潮》源源不断地助推现代诗经典和新人,他所策划的《诗潮》金典文库更是兼收并蓄,推出了不少难得一见的佳作。比如伊沙编选的《中国口语诗选》,即为国内现代口语诗开先河性的专门选本。至于其他实力诗人选本中的《削玻璃》(李岩著)、《沉香》(独化著)、《拉链》(唐果著)、《眼底世界》(木桦著)、《广陵散》(轩辕轼轲著)、《婴儿心》(温永琪著),都是极具个人风格的代表性诗集。我个人的现代诗学专著《这就是诗》也忝列其中。此外需要一提的是,由刘主编策划出题,我负责编选的单纯由中青年诗人作品组成,且面向青少年读者的现代诗选《给孩子们的诗》,开启了后来一系列中青年诗人为少年读者编选新锐诗读本的热潮。这方面，当推头功的，仍然是身为优秀诗歌编辑家的刘川。

没怎么听刘川念叨过自己的经历，只通过他的简历，了解一些大家广为知道的——现居沈阳，祖籍辽宁阜新，做文学编辑前，还当过教师和记者。这些职业，恰恰我早年也都做过。说实在话，它们对于一个作家（尤其是小说家）的成长，多数时候都是很好的历练。可对于诗人的成长，则兼有磨平棱角和淬火成钢的双重功效。它们作用于刘川的诗歌气质，后一重功效更显著，前一重则悄然转化为了素材的来源之一。

编辑是项对脑力和体力具有双重损耗的创造性工作。哪怕你干到主编、总编，繁琐和困扰每天依然会无穷无尽。这也是全世界做编辑的共同体验。资深编辑多爱在私人的业余空间里，幽默几句、斗斗才情，捎带让自己的大脑也能有所休息。对于刘川而言，这种"休息"往往也变身为素材，成就他异样诗歌之旅中的一景——

从楼上往下看/天啊/下边全是人头/厚厚一层/像满了的烟缸一样/太多太多了/他本想往下/扔一个烟头的/结果没扔

这首《烟民老刘》，如果从字面还原，就是个想扔烟头却未遂的花絮，但诗人刘川却能从普通的生活场景中提炼出陌生感，带着些调侃、异样，带读者进入都市人想象的奇景。有时候，他的异感式视角又变得超迈而凌厉。

大路上/跑步者使劲超过步行者/自行车用力超过跑步者/摩托

车加油门超过自行车/出租车拼命加速/超过摩托车/而救护车、消防车、警车/拼命超过出租车/人们啊,箭一样要去射中什么

这首《人们像箭一样忙》,是自省主题,还是绿色环保主题?好像都挨那么一点儿边,但又奇怪地纠缠在一起,越品越有复调韵味。当然这在刘川的异感美学里,还只属于"中配"作品。至于那些"高配"诗作,一旦犀利起来,则又近乎于卡夫卡那类的"变形"了。

有时,这种犀利又会有所回收,有些像废名诗风中那种一闪而过的近代都市式温情的回应。比如这首《在孤独的大城市里看月亮》——

月亮上也没有/我的亲戚朋友/我为什么/一遍遍看它//月亮上没有/你的家人眷属/你为什么/也一遍遍看它//一次,我和一个仇家/打过了架/我看月亮时/发现他/也在看月亮//我心里的仇恨/一下子就全没了

好的现代诗人,除了拥有独立而鲜明的风格外,其看待世界的目光不能仅仅是个锐利的锥子,它还需要具备对广角和景深的自我调试机能,甚至可以说,连风格也应该是多边形的,这样才能够应接眼前这个世界源源涌来的灵感和挑战。几年前,我通过《现代诗物语》一书,初步完成对过去一百多年间世界现代诗脉络的讲评后,开始在时断时续中进行《汉语现代诗物语》的写作,通过对从近代到当代一些重要诗人作品的梳理和重读,再次感到多边形风格对一位优秀作者的

必要。从这个角度说,早已被我视为《汉语现代诗物语》计划中研讨对象的诗人刘川,是具备了这种多边形风格的可能的。相信假以时日,大家一定会从他笔下读到更多的想象世界,这种丰富与拓展,也正是蓬勃生长中的汉语现代诗所需要的。

徐江,著有诗集《徐江的诗》《黄昏前说起天才》《杂事诗》《杂事与花火》《我斜视》等 20 多种。曾获首届亚洲诗人奖、《世界诗人》2006 年度国际最佳诗人,五获《新世纪诗典》李白诗歌奖。

一个好玩的人

□ 凸 凹

"跟我同天到达的,先后是刘川、冉仲景等四位诗友。诗友见面几乎没有惯常的寒暄,只需冒出一个名姓,不同的脸部稿笺就分行排列出那种神交已久的句子。刘川来自辽宁丹东,这颗诗风大气的汉子偏偏选择了在《满族文学》诗编岗位打工的差。"这是我23年前,初夏,写在《聊城遇友》中的文字,该文系本人对诗刊社第十五届青春诗会所见所闻的即时性记叙。

这届诗会的参加者为两个年度的集合,莫非、树才、侯马、小海、李南、姚辉、卢卫平、杨梓、高昌、殷龙龙等,哪个不是人物?但第一个入我法眼的是刘川,第一个入我纤笔的是刘川。并且,他名字中的川,是俺大四川的川,名姓连起,又有四川很牛、留在四川的意思。再并且,小我十三岁、同生于春天三月的他,还是我这个老男人重返青春季的室友。诗会住宿安排的是标间,可能我俩最先报到吧,组织方顺手就安排在了一屋。缘分的契约,就这样签下。

当夜，床对床，语对声，北话对川普。聊城之聊，聊了些啥，早已模糊，细细忆来，不外乎两类，一是对本届诗友诗作的看法，一是对尚未谋面诗友相会的热切期许。聊城数日，我和他，一个诗字，一种脾性，消解了年岁之尬，让我们能够玩在一起，亲如兄弟。口头上，我对他直呼其名，他对我称凸凹兄。书面上，他呼我诗兄，自谓川弟，这样一来，川弟也便成了我对他的书面称谓。

后来的经历，让我进一步知道，所谓亲兄弟，不过是江湖热肠，永远不变的，是骨子里的兄弟，即诗歌兄弟。

一别三四年，出差东北，过沈阳，想起刘川，便去了电话。哪知电话那头说，前几天回老家了，不在沈阳。声音忙碌、疲倦和远。我不知他是有一说一，实话实说，还是故意躲我。两种情况，前者正常了，没什么好说的，怪只怪自己运气不好，怪只怪他运气不好。后者倒也蛮好玩，因不写诗歌就不跟你玩，你说这小子好玩不好玩？那几年，我忙于俗务，荒了诗歌，也断了咱俩的往来。

很快，我就完成了对诗歌的全身返乡。很快，我们就有了腾云驾雾的联系，先是邮箱、乐趣园诗歌论坛，再是QQ、微博，如今是微信。一对老友，在云里雾里的诗生活中，再次显出诗歌兄弟的光辉一面。其间，诗歌流派纷呈，我们还成为了并肩行走在"第三条道路"上的亲密战友。记得2007年初，我写有《我的，八年中国诗歌的，或第三条道路的道路》，文中多有提到刘川。

"5·12"汶川地震那一年，因编诗集《手艺坊》，需诗评，便抱着试一试心态，向树才、刘川两位青春诗会同学索稿，心想，二博一，有一人答应就好。其时，树才供职中国社科院外文研究所，刘川供职《诗潮》杂志社。对于偏居成都东郊龙泉山下小城的鄙人来讲，二位皆属"位高权重"者，加之素知他们洁身自好，爱惜羽毛，绝不会抛洒尊贵文字轻易为他者站台，是故，哪敢有一求即应的奢望？偏偏是，二位都应了。

刘川写的叫《凸凹印象点滴》。一直以为，跟刘川相比，我是一个不会玩、不好玩的主，不承想，他笔下的我，居然是这副德性："凸凹这个人貌似蒙古硬汉，而实足又是满腹南方柔肠的细腻人。他的诗乍眼看起来，如其人一样，是严肃的；读将起来，又如其个性一样，是好玩的。希望我是第一个说他好玩的人（版权所有，违者必究）。"

好吧，依了他，俺就是一个好玩的家伙。并且，我证明，版权归他所有了，违者非究不可。至于他的好玩，则是公认的，断无版权纠纷之虞。

2019年秋天，听闻故人入川，便在微信私聊窗口留言："若来成都，定要吱一声，我请川弟喝壶酒！"回曰："今天去雅安，明天回沈阳，来不及停留了。谢谢诗兄！"晕，可惜刘川这个好名，步履匆匆，来川而不留川。

还好，仅过了一年，冬天，两个好玩的人，一别21年又7个月后，终于再次混在一块。混的机缘，盖因我俩皆为应邀参加成都国际诗歌周的嘉宾。这一周，我们同游，同车并座，天南海北，唠嗑不断，不亦乐乎。此番聚首，再次发现，跟青春诗会时期一样，他还是那么率性、清朗、幽默，话藏机锋，冷不丁就冒出一个好玩的桥段，惹大伙儿一乐。依然喜酒，且桌子上的酒量，依然小于文字中的酒量。

宜宾酒店喝酒，没散场，少一人，就去他房间找。看见此人正襟危坐，对着手机屏幕说着什么，其情其状，哪像个玩主！原来，面前人正在作云上视频年度述职。于是恍然，俺的川弟还是一个单位的龙头老大呢！

说了他的人，再说他的文。

2017年秋，收到他快递来的《刘川诗选》。这册形如红砖的大部头诗集，真是一部好书，一部彻头彻尾好玩的书。青春时期，他写抒情的、唯美的诗。告别青春，他用好玩的、独树一帜的刘川体口语诗挥手。希望我是第一个命名"刘川体"的人（版权所有，违者必究）。他是感性的理性人，又是理性的感性者——玩创意，必须二者浑然合体，像川与川并流。

不仅诗好玩，刘川文也好玩。古今中外，万事万物，在他的键盘上川流不息。其终端文创产品，文白兼容，智点爆棚，金句迭出，闪闪发光。每日凌晨播放，少则一二条，多则五六条，风雨无阻，已成他朋友圈文坛人人争阅的早间新闻。其实，真正懂诗者有数，这些如春风似匕首的短章散句,也是好玩的诗。

凸凹,本名魏平,出版有《甑子场》《蚯蚓之舞》诸书 20 余部。2018 年被评为"名人堂·年度十大诗人",2019 年被评为"名人堂·年度十大作家"。

刘川,《诗潮》主编。出版诗集《拯救火车》《大街上》《刘川诗选》等。曾获徐志摩诗歌奖、中国散文诗奖、中国当代诗歌十大名作奖等。

说说我们的玉栋兄

□ 赵月斌

第一次见到刘玉栋,是二十多年前。在枣庄的一间民营书店,我不经意翻开一本文学杂志——应该是《当代小说》,就在这本杂志的封二,看到了一张五人合影,其中一位就是刘玉栋。他和另四位刘照如、李纪钊、卢金地、老虎,有的操着手,有的肩上搭着外套,有的手上夹着烟,有的蹲在马路沿上,略显慵懒、散淡,而又意气相倾,各有丘壑,看上去都是铆足了劲儿,只等大显身手了。这就是当年被称为"山东五虎少将"的五位青年作家。五位作家中,刘玉栋和老虎年龄最小,但是据后来另外几位兄弟调侃说,当时的刘玉栋最是显"老",才二十四就像四十二,不过他们也断言,再过二十年,他真正四十二的时候,反而会像二十四岁。当然这只是他们熟人之间的印象,作为一个从未谋面的陌生人,我在照片上看到的刘玉栋戴着眼镜,一副不温不火的样子,很显斯文坚毅,既内敛又透露着锐利的光芒。

因为这张照片,我买下了那一期《当代小说》,第一次读到了刘玉栋的小说。惭愧的是,初次阅读的印象并不深刻,小说题目想不起来了，如今只记得内容大概是表现城市青年苦闷状态的后青春期叙事。那时我正迷恋余华、苏童、格非们的先锋小说，喜欢所谓天马行空的纯虚构作品，甚至以为只有荒诞不经才足以体现"想象力"和虚构能力，所以刘玉栋小说给我的第一印象，并没有什么奇崛特异之处。不过这小小的失望没过多久就变成了惊艳——随着《我们分到了土地》（1999）、《葬马头》（2001）、《跟你说说话》（2001）等作品的发表，刘玉栋像是突然打开了自己的宝葫芦，我也被那种灵光独耀的叙述状态晃了眼。那个十三岁的乡村少年，那匹闪着金光的枣红马，那个叫齐周雾的村庄，构成了一幅经年的石刻版画，虽然刀锋冷峻，线条浅淡，但是每一笔都气韵饱满，每一笔都刚柔相济，由此我们看到了被泪水搅碎的月光，也看到了小说家的慈悲心肠。

或是受其感染，我也壮起胆子，开始尝试投稿。首先想到的，是投给他供职的文学刊物。于是从刚刚写好的几篇小说中挑了最为得意的三篇，寄给了从未谋面的"玉栋兄"。那应该是我生平第一次小说投稿，当然，毫无悬念，遭到了退稿。令我意外的是，玉栋兄不光用一个中号信封寄回了厚厚一沓打印稿，还附了一信。虽然他面对的只是一个从没发过小说的无名小卒，却很照顾我的面子，一上来就说"你的才气禁不住让人惊讶，几篇小说写得都不错"，接着才告诉我，主编认为小说"写得过于尖锐，题材不太合适，只好奉还"。这样的话即便明知出于客套，也显出格外的善意。更难得的是，最后他还不忘安抚一番："有新作，可随时寄来。我主持的栏目，相对来说比较写实，叫'市民小说'，要求五千到八千字最好。"由此，又可看出他的周到细致。或是听从了"写实"的召唤,我又寄去一篇不那么离谱的小说,结果换来的还是一封退稿信。就这样,我最初投出的两篇稿子均成功回收,并且还得到了玉栋兄的两封回信,二十年后再看,才发现真是赚了。

第一次见到刘玉栋本尊,是书信来往的第二年(2002),在本省(山东)召开的青年创业促进会上。他作为大红大紫的青年新锐,又是期刊编辑,自然备受追捧。我才发过两三篇小说,不过刚刚出道,虽然只比他小一岁,却感觉相差甚远,所以,也不愿贸然去套近乎,只是礼节性地相互认识一下,便各玩各的去了。从那之后,我改弦更张,着了评论的道,再也没给他投过稿,虽也常在开会时碰到,不过是见面打个招呼,大概属于不冷不热的点头之交。

直到又过了几年(2008),我也成了一家刊物的编辑,刚到济南时,想到的唯一一个熟人,就是玉栋兄。而他一听说我过来了,就在我住处附近,摆了一桌酒席,呼朋引伴,为我接风。喝过这一次酒,我和玉栋兄的点头之交终于变成了铁杆兄弟。记得在场的有他原来的一位老同事,说起年轻时的刘玉栋,完全就是一个阳光灿烂的大男孩,总是面带微笑,不急不躁的,简直人见人爱,甚至常有人忍不住去摸他的后脑勺,即便他多么不情愿,最多也只会歪头闪开,不会给人下不了台。这样一个随和可亲的人,谁不愿意接近呢?也是从那天起,洪家楼一带的几个文友常在一起啸聚小酌,练摊撸串,胡侃乱弹,把牛吹上天。多数情况下,玉栋兄都是奋勇当先的发起者和实施者,我等也便心安理得地由着栋兄/栋哥点菜买单。作为"70后"的领头羊,玉栋兄总能作出表率，不仅态度端正，而且体贴入微，让你觉得一个当仁不让的大哥就该是他这个样子。时间久了，更发现玉栋兄就像这个城市的"呼保义"，每有外地朋友来访，总会不客气地找他"略尽地主之谊"，而我，也常被他拽上，充当陪吃陪喝陪开心的副主陪。

也正因一起醉过吐过，一起笑过骂过，我们才发现微醺的栋哥最为可爱。有一次在小酒馆喝酒，几个人出来找厕所，刚一出门，便看到有个人飞身骑上了一辆自行车，玉栋兄立刻大喝："站住，站住！"那人理也不理，反而骑得更快。玉栋兄便撒腿追了上去，边跑边喊："站住，站住，他偷了我的自行车！"追了数十米，那人还是溜了。众人气喘吁吁地追上来，问清了缘由，都笑得前仰后合："你是打车来的，怎么会有人偷你自行车？"可他仍旧百思不解："不对，那就是我的自行车嘛，跟我的自行车长得一模一样！"还有一回，一个文学活动聚餐，本来在主桌就座的玉栋兄中途串桌，想跟一帮业余作者喝几杯，见他们正聊得热火朝天，便默默坐在一边等着。有人提到刘玉栋，其中一女诗人说，她跟玉栋很熟，常在一起雅聚品茗，谈人生，聊文学。玉栋兄靠在旁边的椅子上，本来是半瞌睡状态，一听她说的竟是自己，腾地一下坐了起来，凑上前去说："你跟刘玉栋很熟？巧了，我跟他也很熟，不过据我所知，他好像不太爱品茗，这人就是一粗拉爷们，哪有雅兴喝茶聊天，要说喜欢喝酒吹牛，那倒差不多……"女诗人不快："你谁啊，怎能这样说玉栋老师呢？"这时有人来叫玉栋回桌就位，那女诗人才明白过来，面前的就是常跟她"品茗"的玉栋老师。你看，栋兄简直就是"我的朋友胡适之"，是一个谁都可以引以为荣的"熟人"。而他，哪怕遇上毫不相干的假熟人，也不会板起面孔去打假，即便带着酒意开人玩笑，他也会留下适当的余地，不会当场令人难堪。足可见玉栋兄不仅可爱，而且是一个可爱的正经人。

十年前，玉栋兄和我同时调到了一个单位。成了同事之后，整天低头不见抬头见，间或又会一起出发公干，有时也会有一搭没一搭地拉家常扯闲篇。愈是近距离接触，愈是觉得玉栋兄是一个正经得可怕的人——尤其是近几年，他重操编辑旧业，担任了《山东文学》的主编，更是一心扑到了刊物上。为保证作品的质量，他要充当冷面杀手，毙掉不堪用的稿子，哪怕作者多么有来头。为扩大刊物的发行，他还要广结善缘，我就亲见他凭着私人交情，软磨硬泡也要拉上各路"财神"，来赞助伟大的文学事业。为此，除了要搭上数不清的甜言蜜语，还不得不豪气冲天地喝下几杯酒——"为文学喝死也得喝"，除了搭上自己，还得搭上酒钱。这时候，为了正经事业而一本正经的玉栋兄不免显得悲壮："可是没办法，谁让咱还拿文学当正经事呢？"确实，当了主编的玉栋兄太忙，太累，也太难了，刊物因他面目一新，他却长出了许多白发。玉栋兄成了敬业的编辑家，每天忙着为他人作嫁衣裳，当是无数写作者之福，可是熟悉他的朋友们又常替他着急——那个更令人期待的小说家哪儿去了？

实际上，玉栋兄的小说创作从未终止，只是时有调整休歇而已。长篇小说《年日如草》（2010）出版以后，他的儿童小说创作进入了盛产期，从《泥孩子》《我的名字叫丫头》，到《白雾》《月亮舞台》，大概每一年都有一部精彩作品出版。到刊物任职后，不得不投入全部精力除旧布新，一旦打开局面，便又重启小说家模式，开始了小说创作。前些天同车出行，我在电脑上抢先看完了玉栋兄刚写完的两个短篇小说《芬芳四溢的早晨》和《水塔》。读完之后，我想告诉他，那个写过《我们分到了土地》的小说家又回来了，但又故意迟疑了一会，一言未发。他见我久未置评，忍不住问："写得怎么样？"我才兴奋地说起自己的感受。两篇小说仍然延续了刘玉栋惯用的童年视角，重述旧年记忆，但在写法上令人耳目一新，让你如嚼青柠，酸涩而提神。尤其是《芬芳四溢的早晨》，给人的感觉如同一镜未剪的长镜头影片，从故事的起点一镜到底，最终又回到了原点。这样一气呵成的圆融叙事，讲述的却是一桩鬼使神差的杀人案，所谓"芬芳四溢"，变成了血光飞溅。之所以说《我们分到了土地》的作者又回来了，是因为他的新作续接了齐周雾村的老事、故人，他的文字重又泛出了动人魂魄的灵光，他的所有作品共同构建了一个辽远无垠的娑婆世界。总体来看，玉栋兄小说的中心人物都是那个不太走运的孩子：《我们分到了土地》里的刘长江，抓阄抓到的是五块地头子；《给马兰姑姑押车》中的红兵，心心念念要押车却在路上睡着了；《年日如草》中的曹大屯虽已长大成人，却在成长、成家的过程中接连受挫；《白雾》中的冬冬，虽然拥有了短暂欢乐时光，却不得不伴随更为漫长的忧伤；《芬芳四溢的早晨》中的马东，更是在十岁这一年成了血案的目击者。玉栋兄像是不断重返故乡的还乡者，又像不断重返童年的回归者，他为遥远的齐周雾村树碑，为消失的童年立传，实际上却是为那个倔强的自我画像，为不老的灵魂点燃绚丽的焰火。所以我们会看到，尽管他所写的似乎总是失败的弱小者，但是这失败却如午夜星辰，愈是卑微惨淡，愈有可能最亮最大。玉栋兄写出了闪映在微尘上的光，找回了含藏在逝水年华中的真。

最后，还要附送一个彩蛋。有时候——尤其是喝高的时候，我向玉栋兄提起曾屡次惨遭退稿的旧账，他总是一脸错愕："有吗？最多就一次，怎么还'屡'次？"我就跟他起哄："怎么没有，'罪证'在我手上，你的亲笔退稿信都还好好保留着呢，要不拿来验验？"如此，他便默认，做了多年编辑，退稿无数，肯定记不清多少信，这样往往赖他多喝两杯。直到今天，找出了当年旧信，我才发现头一封的收信人是一个从未用过的笔名，玉栋兄回复的也是这个陌生的名字，所以他对我"屡"遭退稿的事并不知情——至今他仍不知道是被我的"马甲"蒙骗了。

赵月斌，《百家评论》副主编。出版《沉疴》《张炜论》《暧昧的证词》《雨天的九个错误》等小说和学术著作多部，评论集《迎向诗意的逆光》入选"21世纪文学之星丛书"。曾获泰山文艺奖、刘勰文艺评论奖等多种奖项。

刘玉栋，《山东文学》主编，山东省作家协会副主席。出版有长篇小说《年日如草》《天黑前回家》，中短篇小说集《我们分到了土地》《公鸡的寓言》《火色马》《南山一夜》等。曾获中华优秀出版物奖图书奖、冰心儿童图书奖等。

李少君二三事

□ 林 森

我们很少能够遇到像李少君那么热情的人，他总是在别人忽略或不屑为之的地方，倾注着他的满腔热情。他当了多年的杂志编辑，现在也还当着，总会有年轻的写作者，不断地被他发现、提携，走入读者的视野。我跟他相识，也是因为文学。那时，我还是海南大学水产养殖学专业的学生，在那个网络论坛还很火热的年代，我和很多年轻人一样，在网上书写、连载小说。有一回，学校里有一个文学社组织的文学讲座，主讲者就是《天涯》的主编李少君，黑压压的一片人头里，我几乎快挤不进那个教室。我更没想到，他会在讲座当中提到我，提到了他在网上看到我一个长篇小说时候的惊喜，他说他看到了海南文学的希望。讲座之后，我跟他打了招呼，留了联系方式。之后，和一些年轻的诗人一起，慢慢地跟他熟悉了起来。

那时的海南大学，聚集着一群声名显赫的诗歌英雄，耿占春、多多、徐敬亚等，都陆续来到海南大学。身边都是一些喜欢诗歌的朋友，自然也被这些氛围所鼓动，我们编辑了自己的刊物，叫《本纪》。朋友们都是穷学生,谁也买不起电脑,每一行字都是在学校食堂三楼的网吧里敲击出来的,想把作品汇编、排版,要么上网吧,要么跟有电脑的同学套近乎,借用几个小时。我们当时排版,只会用最简单的Word,排好后,有时也没钱打印。凑够钱印出来后,学校里的文学爱好者开始传阅《本纪》,这些打印的刊物传着传着,就半路被截,再也回不到我们的手上。那是真正属于文学的纯快乐。这些文字,自然也被李少君看到,他说:"以后,你们把《本纪》编好,想打印,就到天涯杂志社找我。"我们便一期一期地编着刊物,到天涯杂志社找到他,他没多说,把我们带去文印室,跟编务交代之后,我们便看到一张张纸从打印机里刷出来,压抑着内心的兴奋——他帮我们解决了一群穷学生编辑刊物最大的难题。《本纪》的最后一期,是诗歌专号,这些诗歌也被他几乎全部选用,收入了海南省作协诗歌创作委员会主编的诗歌民刊《海拔》的创刊号。很久以后我才知道,天涯杂志社公私分明,当时我们打印《本纪》的每一张纸,背后都是他付了打印费。他不愿直接给钱支持,而是以这种悄悄的方式,支持一群年轻人的文学热情,最大限度地维护了我们有些脆弱的尊严。

也是后来,我才知道,他并非是因为看中我们的所谓"文学才华",才有那么多热情,他是一个对所有人都充满热情的人。他有好几年,在海南一所学校兼职授课,班上的人毕业了,他总是尽最大的努力,帮学生介绍工作。后来,我也到《天涯》担任编辑,有一次,有一个大学毕业生找到编辑部,问需不需要实习生? 我带着那大学生到李少君的办公室,他说:"很遗憾,我们最近不需要实习生……不过,不知道你对广播电台的工作感不感兴趣,我帮你问问!"他立即掏出手机,联系起来,没一会,那大学生离开之时,竟真的就有了一个去处。当时的我,有点目瞪口呆,我知道他是一个热情之人,但我真没想到,他的热情也可以洒向一个只是突然找上门来的陌生年轻人。我比他年轻十多岁,我也尽量在编辑工作中,去帮助那些更年轻的写作者,可我发现,他总是比我更早发现、挖掘出更多的年轻人,那是一种真正的编辑特质。

2007年下半年,我得到一个去鲁迅文学院学习的机会,那时是在一个网站工作,资历尚浅,要去北京,唯一的选择就是辞掉工作。我坐着超慢的火车,摇摇晃晃几十个小时到了北京。我当时比大学时还落魄,因为已经毕业,家里不可能再给任何支持。一个寒冷的冬日,我们全班参加全国青年作家创作会议,李少君也带着海南的青年作家代表团抵京。到酒店遇上后,他拉着我,低声问:"你还有没有生活费?没有的话,我先给你一点?"我脸皮薄,连连说:"还有,还有。"后来,我还是在会议返程之前,找到了他,说:"李老师,你还是借我一点。"他说:"要多少?"我说:"有多少?"他哈哈大笑:"不能我有多少就给你多少吧!"后来我回到海南,工作一段时间之后,把钱还给他的时候,他已经忘了这件事。可我没忘,我当然记得他看出我的窘迫困顿,便立即在寒冬里主动伸出的援手。

我后来也成为《天涯》的编辑,看到在日常工作中,他总是保有真正的激情。他总是编辑部约稿、编稿最积极的那个人,每天也几乎是最后一个离开办公室。他写过一首叫《旧年》的诗,其中有这样的句子:

> 下班了，他带关门
>
> 就像把旧年关在了门后
>
> 这是一年的最后一天
>
> 每一个动作都像是一种暗示
>
> 倒掉茶杯里的水
>
> 就像将旧事洗净
>
> 和同事说再见
>
> 似乎是和故人告别
>
> 顺便翻一遍旧台历
>
> 有点像重温过去的三百六十天
>
> 然后再将台历扔进字纸篓里
>
> 就像将过去的一切彻底丢弃

不仅仅辞别旧年是这样，几乎每一天，他都是这样度过编辑时光的。这当然也成了我后来的生活，每当同事先离开，空荡荡的编辑部里就剩下我一个人的时候，我总是想到这首诗；我总是在翻阅稿子中，想到韩少功、蒋子丹、李少君、王雁翎等编辑部前辈也曾在同样一个空间里，与一行行文字、一个个标点较劲，留下他们的体温和热情——那就是关于文学、关于职业精神的最好传承。

后来，由于工作变动，他去海南省文联担任专职副主席，自然不能再在隶属于作协的《天涯》任职，可他把工作的热情带到了省文联。那短短的几年里，省文联的美术、音乐、影视等活动轰轰烈烈，他总是那个在四处张罗着的人。可我也隐隐有些替他担忧,虽说所有的艺术门类是相通的,可习惯了当编辑和作家的人,面对着各种繁杂和琐碎,总是有些力不从心、心生疲惫的吧?如果可以选择,或许他更愿意面对着一堆堆稿子、一期期《天涯》,而不是职务更高的省文联专职副主席吧?很多人可能并不明白也不会相信,一辈子从事一件自己喜欢的事,其实是最大的幸福。去做别的,当然也能做得很好,可我总觉得,那是对他编辑能力、文学热情的最大浪费——我,还有海南的很多作家,总会不时谈到,或许,他总还是有机会,重新当一个与文学打交道的编辑的吧。

后来,就是他北上了。

在需要作出选择的时候,他总是毫不犹豫地选择文学。韩少功1996年主持改版《天涯》之时,李少君的关系还在《海南日报》,收入要高得多,可后来他选择到工资低得多的《天涯》当编辑。韩少功在《我与〈天涯〉》中说:"(李少君)后来成为刊物组稿和思想文化批评方面的快枪手,与新生代作家和学者们有较为广泛的交往……他身上还有一种眼下已经不太多见的急公好义……碰上公家有事要联系,他拔出私人手机就给香港或者美国打电话,这种豪气你也有?"听说他要去《诗刊》,很多海南的朋友都不理解,毕竟,他的家庭、他所有人际都在海南,在事业上也正顺风顺水。人到中年之际,只身北上,一切未知,这个决定比他当年放弃高收入到《天涯》要困难得多。可我知道,他肯定会选择北上,因为他跟我是一类人,把诗歌、文学看得比任何事都要重。刚去文联之时,有一回他悄悄问我,有人找他推荐人去干一份工，工资至少是我在《天涯》的五六倍，要不要去？他说，他也知道，挖自己人不好，可这份收入可能对我的生活更有帮助，他把主动权交给我。我沉默不到五秒，回说："我，还是留在《天涯》吧。"他也像是松了口气——我知道，他也担心我真的选择离开《天涯》，放弃文学。

不是所有人都能理解这样的选择的——在有些人眼中，没有真正的热爱，只有利益的衡量。他北上履新之前，海南的诗人们给他送行，大家都在感慨：李老师离开后，海南不会那么热闹了。这句话有两种意思：一是失落，是说他离开之后，就少了一个真正热心组织各种文学活动的人了；二是期待，期待他把韩少功所言的"急公好义"，带到《诗刊》，带到中国诗歌这个更大的文学现场。这两者，后来都得到了印证。我们后来在微信上，看到他把《诗刊》的工作做得风生水起；看到他继续以他的编辑敏感，发掘更多的年轻诗人。他到北京之后，偶尔回来海南，只要有机会，基本上都跟海南的诗人见见面、聊聊天，但更多时候，我们看到的，还是他各种忙碌的身影。

有时到北京出差，抽得出时间，我也会去团结湖畔的《诗刊》编辑部串串门，聊一聊海南的事，也聊一聊北京的事。《诗刊》平台高，也有更多的目光盯着，各种声音甚至杂音也多，可谈及这一类事情，他总是显得很淡然，他应对的方法最简单也最有效：好好做事。

他帮助年轻人、发掘年轻写作者的热情一直不减。在北京的不少场合里，我碰到一些年轻的诗人，聊起来，知道我来自海南、来自《天涯》，话题总会不自觉地谈到李少君，几乎每个人都会说一句"我很感谢李老师"之类——作为"为他人做嫁衣"的老编辑，他确实让很多初出道的年轻写作者受惠良多。

有时我也会想，如果李少君当年在海南大学的那个讲座，没有顺口提及我在网络上连载的那篇小说，讲座之后，我肯定也像往常一样，避开热闹的人群，悄悄离开；如果那样，我肯定拥有另一种人生。可，人生又哪里是能假设的呢，所有的事情堆积，我们成为了今天的自己——唯有对文学的真诚之心、唯有对他人的真正热忱，可以恒久不变。

林森，《天涯》杂志主编。主要著作有小说集《小镇》《捧一个冰椰子度过漫长夏日》《海风今岁寒》《小镇及其他》，长篇小说《关关雎鸠》《暖若春风》《岛》，诗集《海岛的忧郁》《月落星归》等。曾获茅盾文学新人奖、人民文学奖、百花文学奖、华语青年作家奖等奖项。

李少君，曾任《天涯》主编，现任《诗刊》主编。主要作品有诗集《自然集》《草根集》《海天集》《神降临的小站》《应该对春天有所表示》《碧玉》等。

给肖洛霍夫画像的寂荡兄

□ 徐则臣

2003年,我还在北大念书,有一天接到《山花》杂志主编何锐老师的电话。当时何老师说了什么,我现在不记得了,其实当时也没记得。他的普通话实在太难懂,此后的很多年里,每次和他通电话,我的感受都跟第一次听他说话差不多,百分之八十靠大概的语境去猜;此外,那是我第一次接到何老师电话,作为一个文学青年,"何锐"这名字意味着什么,过来人肯定跟我一样明白,所以当时不免激动和紧张。我在想象中把另外一只耳朵拎起来,倾注全部心力去听,总算明白一个意思:我投给《山花》的一个自由来稿要发了。这对我是个巨大的鼓励。尽管我总听不明白何锐老师在说什么,但我一直很期待接到他的电话,他的电话总会给我带来好消息。我获得的第一个文学奖,春天文学奖,就是何锐老师以《山花》杂志的名义推荐报送的。因为这些原因,我对《山花》杂志有着一份特殊的感情。每次拿到杂志,我都会全方位地看一遍,经常看到版权页上那个奇怪的名字:副主编李寂荡。有一次,何老师在电话里说,他要退休了,以后有好稿子就给李寂荡。如果不是多次看到李寂荡这三个字，我可能又一次听不明白何老师说的是什么。

中国人取名字常持一种世俗的中正平和论，荒寒孤僻字不用，褊狭陡峭的字不用，佶屈聱牙的字不用，趣味短缺格调欠佳的字不用，容易引发不良联想的字不用……总之，李寂荡这名字，怕是不太符合我们过大年式的你好我好恭喜发财步步高升的趣味。也正因为别出机杼，这名字看过了就不会忘。又过了一些年，我认识了李寂荡，我称他为寂荡兄。我一直想问，这是原名还是笔名，但终于没问，说不清原因。也终于不打算再问了。放弃了八卦的想法，竟然有种战胜了好奇心的成就感，这感觉挺好，更不要问了。

现在说寂荡兄。多年里我只认识一个抽象的、文学的李寂荡，作为《山花》的主编，作为一个优秀的诗人和译者。作为诗人的主编不罕见，作为诗人的译者也不稀奇，但作为主编的诗人兼译者，我又感到了某种意外，用个时髦的词，溢出感。我的确是有满满的溢出感。《山花》杂志编得很好，这在文学界已是公认的奇迹。贵州的《山花》，吉林的《作家》，皆以一己之力，将最优秀的文学刊物的版图扩大到祖国的大西南和大东北。在何锐老师之后，能承继《山花》的先锋精神和艺术品位并光大之，且又是一波波新的风生水起，寂荡兄自是居功至伟。说实话，在今天，文学杂志的主编越来越不像个业务头衔了，为了刊物能有点尊严地活下去，主编们都已经练就了一身的"化缘"本领，个个都是强悍的公关部经理，但是寂荡兄给我的感觉依然是主编，而不是公关部经理。这很可能源于他在编杂志、写诗之余，还坚持诗歌和小说的翻译。可能又是一个错觉，我觉得在眼下，当一个文人，翻译好像比编杂志和搞创作更显得纯粹。是因为翻译相对而言更清贫？起码跟杂志和创作的热闹圈子比，翻译还是要清寂一些吧。果然就说到了"寂"，寂荡兄跟这一切原来是妥帖的。

真正熟悉起来是在贵州。到遵义参加《山花》组织的一个活动，寂荡兄是东道主，组织和接待工作井井有条，但寂荡兄依然只是主编、诗人和翻译家，不是公关部经理。他话少，低调，在人群里多半走最后，招呼掉队的人才开口。听专家讲解极少插话，不自以为是的文人已经少之又少了，还保有一双善于倾听的耳朵，算稀有物种了。开会时寂荡兄主持，口风依然很紧，当行才行，当止即止，其他时间认真看着发言者，开心时偶尔大笑。我坐他旁边，拍了一张他大笑的侧面照，笑得天真，一脸清净单纯。我喜欢放松时能彻底放得下身段、不该放肆时又可以及时收得回来的人，寂荡兄就是这样的人。他的沉默不是游离，少言不是寡合，他是动得了又静得住的人。因为心理上亲近，交往也便多起来。当然多也是有限，看看寂荡兄发的朋友圈，谈翻译中遇到的一些问题，汉语中的哪个词对应某个英文单词更准确。对此我不专业，但寂荡兄斟酌每一个字词的那个较真的劲儿我喜欢，好译者跟好诗人和好主编一样，能往完美上再逼近一寸，那就没有理由放弃。微信上偶尔也会聊几句，谈谈译作，比如前些天还聊了寂荡兄新译的短篇小说《老男孩，老女孩》。作者是美国黑人作家爱德华·P·琼斯，我极喜欢他的长篇小说《已知的世界》，该作曾获2004年度的普利策小说奖。《老男孩，老女孩》译得很棒，当年读《已知的世界》的感觉又回来了。

也是在朋友圈里，竟然发现寂荡兄还是个画家，肖像画一级棒。文学圈里有意外之才的人真不少，冷不丁露一手，你真会替他们遗憾，觉得文学把他们耽误了，要不早在另外某个领域卓有建树，名利双收了。注意到寂荡兄的肖像画始于肖洛霍夫。不常看朋友圈，加的好友也多，要把没看过的打头翻看一遍，一天得耗去一半时间，所以风吹哪页读哪页，碰上了就看，碰不上拉倒。有一天碰上了寂荡兄刚发的《肖洛霍夫》。那时候整幅肖像还在创作中，寂荡兄在帖子上注明：每天进步一点点。我打开他的微信，往前翻，果然，肖洛霍夫从一个框架到局部，从草图到细节呈现，从骨肉停匀到形神兼备，"每天进步一点点"。那时候我正逢人说"顿"，就是《静静的顿河》，所以对肖洛霍夫的画像极为敏感。每天打开微信，都会去找一下寂荡兄的朋友圈，看他的"肖洛霍夫"进展到什么程度了。

最早读《静静的顿河》是在大学，年轻气盛，也轻薄浮华，看了百十本二十世纪八十年代的先锋派和欧美的现代派，满脑子就都是现代小说技巧，从内心里对《静静的顿河》那种端正传统的现实主义的写法有点瞧不上。但小说中的爱情故事凄美动人，忍不住想看，所以读书主要是追着格里高利和阿克西妮娅与娜塔莉亚的情感历程一路狂奔，对哥萨克的生活和俄罗斯的历史与现实完全没上心。二十多年后，一个偶然机会重读了该小说，惊为杰作。当然，人家都杰作快一百年了，我只是在我个人的意义上追认一下。真是无限欣喜，重读的过程满满地贯穿着难以言表的幸福感。所谓无上的阅读愉悦，指的大约就是这感觉吧。我的重读主要是听，在音频网站上听书，播讲得也好，感情投入到位，角色明晰，代入感极强。每次把耳机从耳朵上摘下来，我都在想，故事的力量竟然如此强大，我确信我为自己重新发现了《静静的顿河》。因为《静静的顿河》，我重读了能找到的一切跟肖洛霍夫有关的资料，包括图片。然后不遗余力地向朋友们推荐，在文章里说，在讲座中说，在研讨会上说，我指着肖洛霍夫的照片，对现场的朋友说，看，这就是肖洛霍夫，看，大师的眼神。

寂荡兄所画的肖像蓝本就是肖洛霍夫最经典的照片之一。中年的肖洛霍夫，穿西装打领带，上唇有黑黑的小胡子，头发不算多，卷曲着往侧后方梳，表情自然，眼神清澈专注，有种平和的正大庄严感。尽管对肖洛霍夫有一些争议，但我坚持认为他是难得的纯粹的人，纯粹的文人。一个纯粹的人，眼神不可能混浊涣散，能否让人物的眼睛传递出真实的神采，是判断一个画家能力的最重要的指标。寂荡兄精准地抓住了肖洛霍夫的眼神。在朋友圈里看到肖洛霍夫眼神的第一眼，我就知道有了，那会儿离整个作品的最后完成还有好多天，我赶紧点了一个赞。事实上，每次看微信，我都会特意搜一下寂荡兄的朋友圈，看一看肖洛霍夫的眼神，然后补点一个赞。一次次点赞，既是激赏寂荡兄的技艺，也是向肖洛霍夫致敬。

在肖洛霍夫最终成稿前，我和寂荡兄在四川相遇，又提到这幅画。我又一次表示喜欢，我还说，寂荡兄画肖洛霍夫，天作之合。认识寂荡兄又熟悉肖洛霍夫的朋友肯定也发现了，寂荡兄笑的时候，嘴型很像肖洛霍夫，所以我开玩笑，他画肖洛霍夫基本上等于在作自画像。

当时在席间,我猜寂荡兄应该喝到位了,一激动就大方了,说:"既然兄弟这么喜欢肖洛霍夫,送你了。"我一个字都不敢客套,直接就感谢了。寂荡兄许过之后大概有点后悔,说:"这幅还不是特别满意,要不我重画一幅更好的送你。"哪容他反悔,我说:"只要是肖洛霍夫,有缺憾更完美。《静静的顿河》如此,肖洛霍夫也该如此。"

我真是在一瞬间起的"贪念"。我收藏了很多作家的雕像,但从来没想过要把哪个作家的像挂到墙上;有很多画家朋友,素描、水墨、油画,把大师们逼真地请到画布上不是难事,我也没动过心。但在寂荡兄慷慨相赠的那一瞬间,我突然就觉得,如果每天都能看见肖洛霍夫高高地悬在墙上,那该是多美好的事。而这幅肖洛霍夫出自寂荡兄之手,在这幅画里,我能看见肖洛霍夫,看见《静静的顿河》,看见诗人、翻译家和作为《山花》主编的李寂荡,他们的表情真是有点像。还有比这样的肖洛霍夫更有意义的一幅画吗?

寂荡兄是重诺之人,回去后就着手修改和完善。有一天给我短信,不再改了。我说好啊,收到后我认真装裱,一定悬挂在显要位置。寂荡兄坚持装裱好再快递给我。我再谢,我知道他的慎重源于友情,也源于这幅画之于他的重大意义。这是他第一幅规制巨大的素描肖像,一米见方。而且是肖洛霍夫,他也喜欢这位作家。他画肖洛霍夫时,一定在某些时刻生出过自画像的感觉。几天后顺丰快递到,我在阳台上打开,在北方的阳光下看了一个中午。这就是我想象中的那个肖洛霍夫,丝毫不差。

打开朋友圈,寂荡兄还在画。萨拉马戈、加缪、沃尔科特,还有油画。大师们在寂荡兄的笔下如同重生,逐渐栩栩如生。的确是个奇怪的感觉,为什么如此信任寂荡兄画笔下的作家和诗人呢?我认真想了想,还是源于寂荡兄自身。一个诗人和翻译家,一本刊物的主编,他图状的对象,与其说是一个个具体的作家和诗人,毋宁说是他对文学所做的沉静的、形象的、个人化的理解。

徐则臣,著有《北上》《耶路撒冷》《王城如海》《跑步穿过中关村》等。《如果大雪封门》获鲁迅文学奖,长篇小说《北上》获茅盾文学奖。

李寂荡,《山花》主编,贵州省作家协会副主席。有诗歌作品编入大学教材,并有诗集《直了集》出版,翻译作品在《世界文学》《十月》广泛发表。

李佳怡：小丫办大刊

□ 杨晓升

写下这个题目，缘于已故著名报告文学作家黄宗英曾经写过的一篇报告文学的题目《小丫扛大旗》。如今，在中国文学期刊界，在东北沈阳，也有一位类似扛大旗的小丫，只不过她不是扛的一杆有形的大旗，而是担纲了一本老牌并且至今仍具活力的文学杂志。

2012年5月的一天，沈阳春光明媚。一位二十出头、一身白色着装的阳光女孩走进沈阳文联主办的老牌文学期刊《芒种》编辑部报到当编辑。迄今近十年时间，这位青春阳光、生于1985年的女孩却已经当上了《芒种》杂志的主编，这样的成长速度，在论资排辈成风的中国文学期刊界，恐怕是绝无仅有，也让文学期刊界如今众多的老少编辑们羡慕不已。这位女孩的名字叫李佳怡。

人们肯定会感到好奇，李佳怡到底有何来头、有何过人之处，怎么能有坐直升机一样的成长速度？

据我所知，李佳怡大学毕业之后在省台和当地报社干过记者。她不太善于与人打交道，性格又自由随性，在相对喧嚣的大众媒体摸爬滚打了数年后,不顾世俗众多不解的目光,毅然选择了一份相对寂寞并且读者也相对小众的工作——到文学期刊当编辑。事实证明,当初的职业转向,对于年轻的佳怡来说完全是正确的。就像她所任职的《芒种》杂志开辟的"小荷尖尖"的栏目一样,可能当初谁也没能想到,这样一个专门扶持文学新人的栏目,同时也成就了"80后"编辑李佳怡自己的成长,让她在全国众多文学期刊的年轻编辑中脱颖而出,从业不到十年时间就几乎一骑绝尘,从编辑一路当到编辑部主任、副主编直至主编。放眼全国,在她许许多多的同龄人还在编辑岗位原地踏步的时候,她的这种职业奇迹让众多的同龄人难以望其项背,甚至恐怕会心生嫉妒。然而在我看来,这也大可不必,因为大千世界,芸芸众生,我们每个人所处的环境不同,经历不同,能力不同,悟性不同,机遇不同,努力程度也不同,命运和结局自然也有了差异。尤其是当今这个越来越开放、宽松并且竞争日趋公平的年代,谁也怨不得谁,谁也别嫉妒谁。遇境而当,随遇而安,好好生活,努力工作,不忘初心,方得始终,理应成为我们每个人生命中的应有之义。

说起来,我与佳怡的相识,应该有五六年时间了,但真正见面的时间却比较晚。至今,我已经记不清我们具体是什么时间、什么情况下结识的,但记忆中她是位富于活力、异常敬业的年轻编辑,最初是通过她的领导、《芒种》原主编张启智先生引荐,佳怡联系我,向我约稿,我说自己工作太忙,平时写得少,而婉拒了。但即便如此,这些年我也先后给了她两个中篇小说《疤》和《宝贝女儿》,以及小小说《坏小子伊狗》。两部中篇,《芒种》都以最快速度发表,并且分别被

《中华文学选刊》和《小说月报》先后转载,后者还入选孟繁华先生主编的年度中篇小说选本;去年发表的《坏小子伊狗》也被《小小说选刊》转载了。但我们之间的联络,则更多的时候是佳怡向我社推荐《芒种》最新发表的优秀中篇小说,希望我们能予以关注和转载。尽管我社的选刊版有着严格的集体选稿制度,但印象中《芒种》多年来被我社选刊转载的作品数量,在全国众多文学期刊中是比较多的,这也是我之所以将《芒种》称为"大刊"的原因,要知道全国与《芒种》同属市级主办单位的刊物,哪怕是省级文学刊物,有的数年都未有作品被我社选刊转载。佳怡有时还向我推荐她的文友或她欣赏的作家的稿子,希望在《北京文学》发表,可见她是位多么古道热肠的编辑。

记得真正和佳怡见面,是在数年后北京的一次文学活动上。她从人丛中突然冒了出来,热情地向我打招呼,让我眼前不由得一亮:这是一位长发秀眼、身材苗条的年轻女子,明亮的眼睛里透着满满的热情和友善。虽然此前我与她已经有多年的联系,但这时候我才知道她原来是这么年轻。之后数年,我在全国各地参加文学活动,又数次偶遇了佳怡,每次她都像飞来的小鸟一样突然出现在我的面前,眉开眼笑,温馨可人,寒暄之后她的话语虽不多,但在我身边却总是透着亲切和温馨,一如邻家小妹一般。慢慢地接触多了,我发现她年轻的内心,其实有着超乎她同龄女孩的知性与成熟。

比如谈到纸媒现状,佳怡认为:"纸媒不景气,是时代进步的必然走向,但文学永远不会落幕。编辑其实和作家一样,都要学会与寂寞和孤独相处,这也是它的魅力。"交流办刊经验时,她说:"我们也尽量做到充分尊重作家和他们的作品，但是编辑应该有自己的立场，具备更高的格局和认知是非常重要的。"她还说："约名家稿件是所有刊物都需要和向往的，但不可能每期每篇作品都出自名家，成名作家作品资源有限，普通作者也有很多有深度、有高度、有温度的作品。文学刊物的影响力也许在于名家，但生命力需要青年作家支撑，所以我们不仅关注而且会主动发掘文学新人。"……所有这些，都是她和她的团队的编辑的经验之谈。正因如此，这些年经济在全国相对低迷的辽宁，文学却被挖掘，并推出了双雪涛、班宇、郑执这"铁西三剑客"，近期沈阳又出现了一个"80后"作家黑铁，令文坛注目。这些年轻的新锐作家的崛起，与《芒种》和李佳怡的团队的努力不无关系。

如此看来，佳怡这么年轻就当上主编，也就不足为怪了。

杨晓升，中国报告文学学会副会长，《北京文学》原社长兼执行主编，著有中短篇小说集《身不由己》《日出日落》《寻找叶丽雅》等。曾获第三届（2004—2008）徐迟报告文学奖、新中国六十周年全国优秀中短篇报告文学奖等奖项。

芒种看今日，螳螂应节生

□ 老　藤

元代陶宗仪在《南村辍耕录》中写到：作乐府亦有法，曰凤头、猪肚、豹尾六字是也。读中学初次看到这一说法时我就想，具备这三个条件的应该是个什么动物呢？我甚至想在《山海经》里寻找答案，但一直未果，脑子里闪过许多飞禽走兽，都感到不那么贴切，此事便成了一个悬念久挂心头。几年前，《芒种》杂志社组织了一次浑河采风，我和几位作家一同沿着浑河溯源至草木葱茏的滚马岭，在一处水洼前我发现了草丛里有一只螳螂，我感到奇怪，浑河两岸的螳螂似乎不该在这个季节出现呀！我蹲下身，仔细观察这只可爱的小家伙。应该说螳螂的造型十分别致，古希腊之所以称之为祷告虫，就是因为它前臂举起的样子很像一个少女在祈祷。在研究了一番螳螂的头腹尾之后，我忽然发现螳螂不就是陶宗仪说的凤头、猪肚、豹尾吗？我为自己的发现感到兴奋，用螳螂来比喻好文章真是再恰当不过了。也就是在这次发现螳螂的浑河采风中，我与《芒种》杂志社的李佳怡相识。

在我的印象中，佳怡是个善于发现"螳螂"的编辑。作为《芒种》

杂志的编辑，她长袖善舞，联系的纽带在国内几乎无所不至，翻开每期《芒种》，熟悉的国内名家名作令人羡慕，新人新作也能给人带来阅读惊喜。《芒种》刊发的作品被国内各种选刊转载之多也十分了得，有时一些重要的选刊会同期转载两篇甚至三篇。我注意到在这些作品的后面，原刊责编往往写着佳怡的名字。

佳怡作为一个编辑，相信她的认真和执着会感动每一个作者。今年六月，我的一部长篇小说在《芒种》刊发，在很短的时间里，我感受到了佳怡极端认真负责的精神。《芒种》从未刊发过长篇小说，大概考虑到这是一部以沈阳百年历史为背景书写铜匠生活的作品，《芒种》才破例予以推出。在联系过程中，我明白了对于编辑来说，想打造一只称心的"螳螂"绝非易事，小到标点符号，大到人物设计，佳怡不厌其烦反复沟通，精心打磨，许多建议令我茅塞顿开。这部长篇是为工匠精神溯源的，我觉得佳怡的编辑理念中不乏工匠精神，她不仅是想打造一只活螳螂，而且是想打造一只能留得住的铜螳螂、金螳螂。

每个作家都希望遇到一个善解人意的好编辑，编辑和作家毕竟是伯乐和千里马的关系。还是用螳螂来说事，再矫健美丽的螳螂，如果不被发现只能隐没于草莽。我一直相信在众多的文学爱好者中，一定有应节而生的螳螂存在，只是他们没有机会被发现，没有平台来展示，这是文学的遗憾。据我所知，佳怡在广泛联系名家的同时，对新人新作也多有扶掖，沈阳文坛新人辈出，《芒种》功不可没，当然也少不了佳怡的辛勤付出。现任的主编佳怡，称得上是个发现金螳螂的人。

今年四月，《小说选刊》在有着知音故里之称的武汉蔡甸举办了茅台杯年度大奖颁奖活动。会上，茅盾文学奖获奖者徐则臣先生发表了十分精彩的获奖感言，他在感谢《小说选刊》的同时，不忘感谢《芒种》。徐先生的获奖作品《丁字路口》首发在《芒种》2021年第1期，佳怡是责编，是她发现了这只凤头、猪肚、豹尾的金螳螂。我对坐在身边的《芒种》杂志社社长张启智说，你们《芒种》虽然是市刊，却走出了市和省，走向了全国。张启智笑了笑说，《芒种》优势在于凝聚了大批一线作家，这当然归功于敬业的编辑。的确，文学期刊的高下取决于编辑的眼光，一个优秀的编辑，必须具有披沙拣金的本事，从《芒种》刊发的作品频频被转载、获奖的情形看，佳怡无疑做到了这一点。

《芒种》这本期刊的名字似乎与佳怡这两个字很相称，南有《清明》，北有《芒种》，这两本以节气命名的文学杂志各有千秋。就《芒种》而言，单是这个名字就会给作家一种创作上时不我待的冲动，因为万物各得其和以生，各得其养以成，民谚有"过了芒种，不可强种"一说，哪个与《芒种》有缘的作家会错过芒种呢？从这一点来说，佳怡是幸运的，佳怡奉献《芒种》，《芒种》也成就了佳怡，因为一个编辑经年累月发现"螳螂"的生动记录，成就了一本期刊视域里的文学史，这是编辑价值的体现。

《芒种》之芒，既是大麦小麦之芒，也是忙忙碌碌之忙。想想看，作为一本期刊的编辑，今年复明年，一期接一期，在忙碌中收获，收获后接着忙碌，能给这种循环忙碌带来兴奋的，当然就是在收割大麦小麦时，忽然发现一只凤头、猪肚、豹尾的螳螂。我想，佳怡在发现每一只螳螂的时候，也会欣喜地祷告一番，为作家的劳动，为自己的付出，也为《芒种》的未来。

与佳怡的接触中，我发现她是个肝胆有风波的人，在不失女性温婉的同时，颇具向内认知、向外行走的冷静；她是个具有北方风骨的人，处世简单，干脆麻利，这种性格在处理繁文缛节的文学作品上，颇具手起刀落、快意恩仇的爽飒；她还是一个自然超脱的人，颇具我行我素，万物皆备于我的乐观心态，这种心态让她文学之路的行走少了许多羁绊。我还从佳怡编辑的作品中发现，虽然她能坚持兼收并蓄的采用原则，但她似乎更欣赏那种开绷直立、气贯长虹的作品，虽然这样的金螳螂并不常见，但她从没有停止过寻找。

老藤，本名滕贞甫，辽宁省作家协会主席，著有长篇小说《鼓掌》《樱花之旅》《刀兵过》《战国红》等。曾获全国精神文明建设"五个一工程"奖。

李佳怡，《芒种》主编。责编的作品曾获《小说选刊》等众多奖项，编辑的小说、散文、小小说、诗歌被国家级选刊转载百余篇。

危崖之云

□ 洪 放

事实上,一切皆是注定。包括一个人一生的走向,爱好,与他所从事的事业。我相信冥冥中的安排。虽然我们没办法看见那上帝之手,但他一直停留在我们的头顶,我们能感知到他在巨大的命运转折时的力量,同时也能觉察到他在命运舒缓时所呈现出来的忍耐与坚韧。因此,如果每个人的走向、事业,或者爱情,都能用一幅宇宙间的图景来表现,那么,著名诗人、《诗歌月刊》的主编李云,他处在一幅怎样的图景中?他的诗歌、小说,还有他的作为作协秘书长和刊物主编的事业,又处在一个怎样广阔的背景中?上帝给了他什么,他又用什么回答了上帝?

这是个复杂的问题。我因此坐下来静思。慢慢地,我看到了一幅展开的巨大的图景——无限的往天空延伸的危崖,崖壁上偶尔出现的松树,松树根旁偶尔出现的花朵……但重要的是,在松树与崖壁之间,浮动着那朵叫李云的云。

那朵看似平静却波澜壮阔的云。

那朵从江南走过，曾经清丽而今沧桑的云。

那朵有些破碎却依然纯真的诗性的云。

那朵将人世间的美融入在酒里，把中年的焦虑寄托在松针上的云。

危崖之云，这是要开始写作李云印象时，我静思后看到的图景。其实，早在多年之前，当李云在长江边著名的铜都铜陵时，我正在隔江相望的桐城。那时，我也还算个诗人，写诗，关心诗坛与诗歌界的故事。回想起来，第一次关注到李云，自然是读他的诗。然后，或许会有一些关于他名字上这个"云"字的联想。这么美好的字，这么美好的诗，后面，是不是也是一个美好的人？甚或，是美好的丽人？

江南出诗人。江南诗歌在很长一段时间，形成了相对统一的风格。李云从一开始进入诗坛，便是异数。他的诗虽然有江南的明丽，但却呈现出了另一种面目。他的断裂意象与内进式观照，让他的诗歌犹如铜陵的铜，坚硬，坚韧。他常常有意识地拒绝表象的事物，而是审视那些被遗弃或者被忽视的物像。这很容易使人想到：李云便是一朵飘在江南铜都上空的云，他看见的是被挖掘开的断裂的历史，是在古老废弃的矿井边开放的那些枯瘦的黄花。上帝将诗歌赋予李云之时，也便将关于痛苦思考与寻求精神原乡的身份给了李云。

因此，他成了危崖之云。

他是一朵云，这是对于生命而言的个体性；而他又是一片云，那是对于诗歌所涵蕴的广袤而言。他是危崖之云，则是对于他作为诗人的深度与他生命所一直逡巡的向度而言。

但无论是哪一朵，都注定是难以安定的，都注定是奔突、腾跃、疼痛、断裂的，都注定要以一朵美好的云的面目掩藏着泪水、以诗歌慰藉着人生……

2016年5月，同一天，李云和我分别从铜陵和桐城调入省城工作。而且，同时参加省作协的采访组，去金寨。这以后到现在，我们都是著名的合肥"合漂"。我们曾在众多的场合，以炸罍闻名。但后来我们达成了协议：彼此不再炸罍。这两年，我因身体问题，没了炸罍雄风。而李云，依然驰骋在罍场之上。每见其端起酒杯，一饮而尽，我总想劝他：少喝点，身体要紧。但我没说，我知道我劝不住。人的性情是天生注定，上帝让他写诗，也让他喝酒，还让他炸罍子。他炸过罍后，便飘得更自在了。他如流水一般，从危崖之上，飘到更高的空中。然后，又落到更坚实的地上。我相信：他在酒中，将很多想说的话都说了，将很多想骂的人都骂了，将很多想拥抱的人，也都拥抱了。

当然，在酒中，他还将很多的诗都写了，将很多的爱和恨都表达了。

我有时候很生自己的气——居然炸不了罍子了。也因之居然写不了好诗了。因此，就更加仰望李云。李云沧桑着，在诗歌与秘书长、主编，还有热烈的罍子之间行走。我有时想：这朵云应该多停停。其实他自己也知道，他在《松针无数》中就写道：

所谓松针度人，

> 我不会等到,
>
> 望满山苍松如盖似伞,
>
> 南山恳请让松针度我,
>
> 走出焦虑的中年困境。

对于一朵云,松针如何度得了他?度他的,必将是他自己。这些年,李云的诗歌如何,自有诗歌界评论。我每读他的诗,都有危崖之感。他"中年变法",将从前诗歌中少有的明丽与圆润,几乎都消解了。他的诗歌的质地更加坚硬,意象更加坼裂,思考更加深入,而由此带来的竦立与陡峭则更加危绝。

有一段时间,李云突然很好玩了。他写起了小说,当然,他一直在写。只是从前他没那么张扬地去写。你看他小说的名字,就知道这是个有想法的小说家。他写《大鱼在淮》,他写《爷有一杆枪》,他写《一枪毙命》;他不仅写了,而且写得好。他的小说在好看的故事之后,往往有作者的深层次的文化的意味。而这,是我偏爱的小说手法。我曾经期待着小说家李云的横空而出,他却转到剧本了。他成了编剧。上帝从不给这朵云更多的休憩,上帝说:你尽情地呈现吧,这个世界,就是你的自由的舞台。

想起李云很让我喜欢与感动的两句诗:"那个时代只留下容貌没有声音/青葱少年都变成暮年的老者。"

舞台越大,李云内心的孤独和他对生命的反复执着的叩问,就越不会停顿。他本质上是个诗人,即使他还是个特别称职的作协秘书长,特别严谨而开放的刊物主编,但诗歌,是上帝给他的最鲜明的印记。是他作为一朵危崖之云,所直指苍穹的最有力的闪电。

李云说:"我是自己的破戒者。"

李云说:"其实,我一直暗恋刀柄的前身/胡桃木的香味漫过噩梦/只有在那里我才能飞翔/不要怨恨制刀者/他和我一样无辜。"

李云还说:"我要叫醒你和你们/以及这个弥留欲睡的世界。"

洪放,安徽省作协副主席。出版长篇小说《秘书长》《百花井》等,发表中短篇小说一百余万字,作品曾被《小说月报》《小说选刊》《新华文摘》等转载,并多次获奖。

李云是朵什么云

□ 余同友

李云是朵什么云?

我第一感觉,他是朵乌云,该云火气比较大,有时近乎唐突,一遇打雷、闪电与刮风便十有八九要下起雨来。比如,有一回他上街,路旁有一对青年男女扭打在一起,女青年一边紧抱着身前的挎包,一边大喊,这是我的钱,凭什么我要给你?男青年无赖地说,你的就是我的,我怎么用不得了?周围早围了一圈人在观望,却没有一人去劝解。李云见状,一个箭步上前,大喝一声,你做什么?!光天化日之下欺负一个女孩子!话到,他手也到,一手揪住男青年的脖颈,一手当胸给了他一拳,男青年噔噔噔仰面倒了下去,躺在人行道边的灌木丛上。然而,让李云没有想到的是,那个女青年不乐意了,她像母老虎一样冲上来,嘴里喊着,你敢打我老公?我老公也是你能打的?眼看着女青年张牙舞爪,不撕破他的脸皮绝不罢休的神情,李云蒙了,他说,闹半天,是你们两口子当街秀恩爱啊!当然,这是个传说,但这个传说很可信,因为李乌云同学是一个眼里容不得沙子的人,在他的天空里，也容不得灰尘与雾霾，否则，他便不管不顾大雨倾盆，尽一己之力去奋力洗刷这世间的污浊。

  云是会变的，处久了，也会发现李云这朵云不光是怒目金刚，也有他的慈眉善目的一面，这时候，李乌云就变成了李白云，也可以说是一朵李白的云，他的诗人本色就显露出来了。记得有一次，我们出差到一座小城，居住的那家小宾馆的后院里有一条长长的水泥沟渠，渠里养了很多红鲤鱼，晚饭后我们在那里观看了一会儿。第二天早晨起床后，我发现李云这位五十多岁的老男人竟然光脚趿拉着拖鞋，孩子一样埋头盯着那群鱼看，我悄悄走上前，只见他手里揣着几块面包，掰开了，揉碎了，正一点点喂那些鱼呢。他见我来了，点点头说，昨天我看见有头小青鱼夹在那些红鲤鱼中，好像总也捞不到吃的，我早上特意买了一大包来喂它，你看，它今天绝对过得幸福！我朝沟渠里一看，没看见那条小青鱼，只看见了天上的一朵白云落在了水面上。是的，我就在那个时候感受到了这个老男人作为一个诗人的纯洁与柔软，后来，当我读到他写的那些很柔软的诗句也就不奇怪了，比如《舞步》：

  大多数哺乳动物行走的舞步是这样的

  1、4、3、2

  如果用简谱表现是：哆、发、米、瑞

  他们是：牛、羊、马

  你是极少数

1、3、2、4

简谱书写是：哆、米、瑞、发

你是：骆驼

在大漠戈壁的广袤舞池

我的舞步最单调

1、1、1

哆、哆、哆

我是谁？你知道

读这首诗时，我不禁想起了李云清晨起床去喂鱼的那一幕，或许，那时他是在观察游鱼的舞步吧，从一朵白云的角度去体察万物，万物也便充盈着白云悠悠的神性般的诗意。

李云还有一种状态，或可称之为"火烧云"，那是喝酒的时候。合肥诗人的业余酒局似乎较多，我这个圈外人跟着李云蹭过几次饭，不善言词也不善饮酒的我正埋头吃菜，忽然就发现酒席上风云变幻，李云拎起面前的分酒器，猛地站起，冲着一个人，仰起脖子，将那些酒一股脑儿地灌进口腔里，然后再倒过来亮出透明的瓶底。合肥人把这种喝酒叫作"炸罍子"，一般是遇到知己与贵客才这样"炸"一下的，须知，那一个分酒器至少也有一两五，一口炸下去并不那么舒坦。但往往是喝着喝着，李云便成了"拎壶冲"了，罍子便炸个不停。据我观察，李云的酒量似乎不足以支撑他的如此喝法，但他这个人，总是很容易将别人当成知己，因此，他大部分时候就喝得两眼迷离，双腮飞红，成为"火烧云"也就是不可避免的了，而我知道，那不仅仅是酒精在他的体内燃烧。

李云是朵什么云？以上分析我也不知道对不对。我去问李云这个问题，他很深沉地说了句："我是一朵来自故乡的云。"我不知道他这个回答藏了什么玄机，他这朵云和故乡扯上了什么关系？

李云的父辈是皖北淮河岸边人，后来为支援祖国建设，迁徙到了皖南长江岸边的一处矿山，所以他也就成了矿山子弟。待成人后，他的第一份工作是在井下掘煤，煤井很深，有时甚至到千米线以下，煤层里当然也没有云彩，但诗歌的云朵始终飘扬在他的心空。尔后，李云这朵云不断变幻角色，他做过法院的法官，报社的记者，党委宣传部门的公务员，地方文联的领导，然而，这朵云总是不能安定，仿佛始终在寻找安妥自己灵魂的天空，终于，他在52岁高龄时，一个人独自从江南小城飘到了合肥，就职于安徽省作协。这样一梳理，我猛然醒悟，原来，这朵云的真正的精神故乡还是文学呀。

写到这里，已经是傍晚时分，李云打电话问我印象记写得怎么样了？我说，快写完了，最后只差给你这朵云来一个纯出于我个人的鉴定了。他果然上当了，急切地问，你准备怎么评价？我套用伟人的一句话说：经鉴定，该云是一朵纯洁的云，一朵高尚的云，一朵还没有完全脱离了低级趣味的云。电话那头他更急了，什么？搞半天，我还没有完全脱离低级趣味？我说，那好吧，这份鉴定要改也可以，你今晚请我搞一餐。他嘟囔了一句什么，我没太听清楚，大概是算你狠之类的云云。

余同友，祖籍安徽潜山，二十世纪七十年代初出生于皖南石台县，现供职于安徽省文联，任《安徽文学》副主编、安徽省网络作协主席。

李云，时任《诗歌月刊》主编。出版诗集《水路》《一切皆由悲喜》，长篇小说《大通风云》等。曾获2019年度封面新闻"名人堂"全国十大诗人、2021年度十佳华语诗人等称号。

清流汪惠仁

□ 鲍尔吉·原野

汪惠仁,也可以写作汪徽人,他是安徽人。家在大别山东麓的潜山市。

潜山市隶属安庆。我没有去过潜山,至今认识的潜山人只有两位:一位是汪惠仁,另一位是黄梅戏的著名演员韩再芬。

有一年,我们几个人跟韩老师一起聊天,听她三言两语,就把她的演员身份忘掉了。韩再芬温和,亲切,诚恳,轻声慢语。你把她看作是山中兰草或者月光下的竹子并无不可。聚会散场后,我们几个人纷纷疑惑——韩再芬,那么大的艺术家为什么这么谦虚呢?人们觉得她的谦虚很不对,与许多演员格格不入。我在心里回放了一下韩再芬席间的谈话。她谈到戏曲的深厚,家乡山水的恩泽,句句流露膜拜之意。这样的人怎么会不谦虚呢?人的品格与故乡山水一定有相合之处。

说到潜山,你不要往潜水或潜伏上面想,古时这里是皖国首都,皖字出在这里。这个字如今挂在安徽省所有的机动车牌照上风驰电掣。

汪惠仁的家乡不仅是古皖国的首都,那里还流淌着皖河,一皖到底,江南的气脉保留在此处。潜山还出过一位大学者余英时,他是一位文化大家。

与汪惠仁相处愉快。他的聪明、谦让、博学,让人感到江南人物的清朗和煦,有恰好的分寸感。你感觉这个人的心胸如同一座山顶上的亭子,四柱题古往今来的楹联(各种书体)。山风在亭子里穿行毫无障碍。在亭子边上不费力就听到泉水的低语。这种样子与江南山水并无二致,"吾欲仁,斯仁至矣"。

我以为中国文化其中一脉得自山水,不像人们说的那么深奥。几百年来,特别是这几年来,中国传统文化被渲染得深不可测,仿佛它是外星人的密码。事实上,亲近山水更容易走进中国传统文化。孔子,庄子,苏轼,古诗十九首,以及中国的书法、园林、戏曲莫不如此。这句话的意思是说,一个有文化的人会自然而然呈现一种样貌——他来自某处山水或他就是某处山水的一部分,面貌鲜明。惠仁即如此。

众所周知,汪惠仁是一位很好的书法家。他的字,笔墨传承兼备,毛病是他太爱写字。他把他所经历的人生、所见到的风景都和字放在一起联想,站在字里看世界。这就不好办了,他不断在墨池里遨游,没完没了。人们常说是非、好恶、得失,这是人们对人对事作出判断的依据。汪惠仁看事物爱用米芾、王铎、蔡襄、苏轼、山谷、怀素来衡量。我不懂这里面是一些什么标准,但一定也可以衡量美丑、取舍、浓淡。这也是一种世界观。但此观如高等数学,听说是听说过,但理解不了,趴你耳边讲也是白讲。惠仁于此不改其乐。

惠仁说话轻声慢语,好像怕打扰到他身后鸟笼里入睡的小鸟。韩再芬说话也是轻声慢语。他们相信道理或者常识与声音的大小没什么联系。也许潜山市人民政府发布过公告,号召全市人民用轻声慢语来表达对汉语的爱惜。

惠仁幽默。我曾说他那双大眼睛是安徽省诞生的两双大眼睛之一。汪惠仁的眼睛能看出人间、书间、山水间许许多多的幽默。这种幽默是意趣与生机,是活着可取之处。在真正的幽默家眼里,所有的装腔作势都愚不可及。幽默的人崇尚自然,而自然界从来没生长过装腔作势的东西。读中国书——你如果会读的话——能读出很多幽默,也就是生活态度。自然界的植物柔软、坚韧,在风中作舞。动其所动,静其所静,一切显得很自然。所以我们见到那些自然而然的人,自然领会他的自然来自自然,被人称为幽默,很可爱,像汪惠仁与韩再芬一样。

假如我们要授予汪惠仁一枚奖章,商议一下他哪些成绩需要被褒奖。结论是他的精妙书法、幽默和大眼睛都不必发放奖章。有一点,他一定应该得到一枚奖章。那就是他让《散文》月刊在几十年的光阴中保持着中国文脉当中的清和宁静,这实在是一个很大的贡献。

自二十世纪九十年代伊始,人们的生活都发生着急剧的变化,如今人们看到任何变化都不觉得奇怪了。同时人们看到许多很好的东西丢失了,永不再来。比如四合院、方言和古老的手艺。这种激荡的洪流对文学的冲击最大,包括对文体、对文风、对语言的践踏。粗暴的虚伪的语言四处横行。坏语言横行自有横行的道理,人们仍然想看到如今中国文脉的清流在否。那是一副清风明月的言说方式,是低回的、咏叹的、浴乎沂、咏而归的言说方式,用汉字一字一字把它写下来。这一份表达在世界上独一无二,比四合院更宝贵,它表达了中国人那份安静的爱美的心。这一派风气只在《散文》月刊里看得见,几十年来一贯如此,如今仍然是这样。所以,我们要把这枚尊贵的奖章隆重地别在汪惠仁的胸前并向他致敬。

鲍尔吉·原野,蒙古族,辽宁省作家协会副主席,出版作品集100多部,曾获鲁迅文学奖、全国少数民族文学骏马奖、中国好书奖等奖项,电影《烈火英雄》原著作者,作品收入大、中、小学语文课本。

"老艺术家"汪兄惠仁

□ 徐晨亮

多年以后,汪兄惠仁因为常在微信朋友圈里自嘲,稳稳立住了"老艺术家"的人设。而这并不是多么令我惊讶的事。

2003年夏末,我走进西康路35号百花文艺出版社。办完报到手续,被领去各科室"认门",转完七八两层,又来到孤悬于四层的《散文》编辑部,正是在那里,我初次见到汪兄。因为已被未来同事们的热情与好奇搞得有些手足无措,那天只记住他有一双过分炯炯有神的眼睛。其实对于彼时的我,社里所有中年男性编辑都有同一张面孔,额头上隐隐一行小字:这便是你十年之后的样子。

待覆盖在"单位"这个陌生词语上面的薄纱被慢慢揭开,我终于也学着其他同事的样子,在汪兄面前笑嘻嘻地喊上一声"主席"。"汪主席"这个称呼的来历,我听过几种版本,重点在于,种种传说与轶事让他的面目在我心中清晰起来。他身材并不高大,却精悍有力,据说还有一手弹指飞牌的绝技;说话慢条斯理,又常吐精辟之语,有时一句善意的挖苦,会令对方愣上半天才醒过味儿来;更为耀眼的则是他的才华，几乎得到全社上下赞佩，我至今记得老编辑谈起"小汪"时那"百花后继有人"的欣慰神情；与才华伴生的自然还有性情中的棱角，不过我到社也晚，见识的更多是他随和的一面；至于他精擅的棋道与书法，我彻底是门外汉，无从置喙，不过倒是目睹过他在牌场上的风采。那几年同事们常在午休或下班后凑成牌局打"双抠"，每逢汪兄上阵，常有荡气回肠的战役。他最喜在对手势如破竹、己方形势危殆之时，通过精妙设计的杀招一举翻盘。这番场景甚至被他写进了《散文》杂志的卷首语中："某日大雪，牌局至尾声，似乎大势已定，但隐约还存在变数……中有一人，素谙吟咏，踱至窗前，叹曰：唯兼顾实惠与牌型之美者胜算大，此要妙能领会者几人欤！"

说到汪兄自 2004 年接任《散文》执行主编起每月为杂志撰写的卷首语，我曾亲耳听闻许多文坛师友的赞叹。每一篇不过四五百字，出入于文心与世相之间，或直指要害，或曲径通幽，或即物起兴，非兼备才学识者不能为之。但这些文字又并非以作家或批评家个体角色发声，一以贯之的主线从文学编辑的本位出发，邀约读者与作者共同探察文学"意义系统"的内部格局与外在延展。其中固然有一个面目鲜明的"我"，但已与所服务的杂志融为一体。汪兄曾如此形容《散文》这份杂志的趣味，"不深情，难触细微，浅尝不知其味；无省察，即无跳脱，混沌何来理趣"。"深情"与"省察"，其实也是对他个人性情的最好描述。这一点，我进入《小说月报》，特别是 2014 年接任执行主编之后，才有更深的体认。

很多人熟悉百花都是从《小说月报》与《散文》开始，同样创刊于1980年的这两份杂志个性又略有差异。据说百花前辈编辑首先谋划的是创办一本专门的散文杂志,后因经营上的考虑,决定同时再创办一本读者范围更广的小说杂志。孕育期不同的定位,烙印于两本杂志的基因之中,左右着她们后来的道路。套用《一代宗师》里那个著名的说法,《小说月报》扮演着百花的"里子",而《散文》才是百花的"面子"。文学界的友人曾用散淡、高远、包容、温暖等美好的词汇形容《散文》。而我印象最深的则是散文家王陆的《我产卵》一文,作者自况为"侏儒鳄",把《散文》比拟为树影阴凉处能找到湿沙的所在,往下深挖一尺半,温度正好,于是"每年有这么一两次爬到这里来产卵"。为人与文学的相遇提供庇护与助力,《小说月报》《散文》两刊的理念其实又在更深处相通,或者说,是从不同路径寻求"实惠与牌型之美"的平衡。

汪兄家乡在安徽潜山,因在南开求学来到天津。南开中文系有一批学养深厚,却声名不彰于外的名师,祝晓风先生曾将他们形容为"岩穴之士"——从汪兄身上便能看到这一脉传统与《散文》杂志"独立风标,随世而运"之性格的印迹。曾偶然听他的旧友提到,当年他也曾有"青年艺术家"狂放激烈的一面,但我在西康路35号认识的汪兄,虽不过三十出头,已然经历过岁月的淬炼,更像一位神光内敛、有所不为的"狷者"。然而2010年后,百花接连更换五六任社长,一时竟有风雨飘摇之感。原本可以继续有所不为的汪兄,却以过人之大勇选择有所担当。2018年我离开百花之后,曾有机缘与他长谈数次。其间他有不少勉励之语,让我铭感于内。谈及自己担任出版社总编辑,兼任《小说月报》《散文》两刊主编后的重担，他却依然一派轻描淡写，仿佛只是在朋友圈晒过亲手为家人烹制的晚餐后，丝毫不着相地写下一句：既已做饭，何妨再洗碗耳。

汪兄生于二十世纪七十年代初，年长我九岁。十八年来我得到他许多教诲与熏染，于情于理都应称一声"老师"。不过我还是喜欢"兄长"这个称谓。一位良师能指引方向和路径，而一位兄长，则会用他自己修行的步履，提示我们去思考、去想象十年后的自己应该成为什么样子，还可能成为什么样子。

徐晨亮，1979年生于天津，毕业于清华大学中文系。现任《当代》杂志执行主编，曾任《小说月报》《中华文学选刊》执行主编。

汪惠仁，百花文艺出版社总编辑，《小说月报》《散文》主编，中国作家协会散文委员会委员，鲁迅文学院导师。

闲话何子英

□ 韩永明

何老师很严肃,不苟言笑。即使像我这种与她熟悉了二十几年,现在一个院子上班一个食堂里吃饭的人,也不敢跟她开玩笑。偶尔斗胆,碰得鼻青脸肿。一次在食堂吃饭,我们坐一张桌上,她跟领导汇报杂志社要办笔会的事。我听说她们要办笔会,心里便有点痒,便说我也是她们的作者,想参加她们的笔会。她把眼一瞪:"我们这是青年作家笔会,你都到了给他们讲课的年纪了。"我想参加笔会是真的——这圈子笔会还是很好玩儿的,可也不乏开玩笑的成分,我也知道自己有点老了,早已不是青年了,但她却是认真的,而且这话既正经又带刺,让我迅速找到一种无地自容的感觉。

认识她很早。是上个世纪(二十世纪)的事,九十年代,那时我还在秭归。《长江文艺》在秭归办一个笔会——那时的笔会,除了讲文学、谈稿子,更多的是各种形式不同的交流和各种名目的深入生活、体验生活,所以会上安排了九畹溪漂流。那次笔会,她在会上讲了什么,我和她谈了什么没有,现在是一点印象都没了,给我印象很深的是她戴了一顶白色的太阳帽、一副太阳镜。我感到身材窈窕、肤白，又有着一张南方美女尖下巴脸的她特别有气质，清新高雅又有几分妖娆。我甚至觉得太阳镜和太阳帽这两样东西就是专门为她发明出来的，这也改变了我对太阳帽和太阳镜，以及对戴太阳帽和太阳镜人的看法。

跟她打交道多起来是在我调到作协之后。我们那时在一层楼办公，在一个食堂吃饭。但交流并不多，就是碰面时点点头、说个早晨好之类的。我只注意到两个细节，一是她每天骑个车上下班，准点来，准点走。二是在食堂吃饭，她从来不把饭菜打在一个碗里，而且永远都不站着吃，也不会边走路边吃，总要找个位子坐好了再吃，要么是在食堂的餐桌上，要么端回到自己的办公室。

其实这也算不上交道。严格说，我们的交道是从她责编我的小说《幸福计划》开始的。那已是 2010 年了。以前我投《长江文艺》的稿子是交吴大洪老师。他在自然来稿中，选中了我的一个短篇《迷惘秩序》，这也是我在《长江文艺》发的第一篇小说。以后，我就算吴大洪的作者了。这可能也是很多杂志社的惯例。这次不记得什么原因，我把稿子交给了何老师。

她很快就看了稿子，打电话要我去说稿子。这时我们已搬到了新楼办公，杂志社在二楼，我在三楼。我去她办公室，她电脑开着，电脑上正是我的稿子。我看到上面很多地方标了红。我站在旁边，她指着那些标红的地方给我说问题，记忆中好像是关于环境描写、主人公心理活动的开掘等问题。最后她要我改个标题。

我已经不记得在这个标题出现之前，我写的是一个怎样的标题，大概是"寻枪记"之类。她让我再想。我想了五六个,她都说不行,不行。直到一次饭局上,我和向午一起往回走,说起这个稿子的标题问题,两人才磋商出现在这个标题。打电话告诉她,问行不行。她才说,行,这个不错。

这也是她责编的我的唯一一篇稿子。

以后,我的稿子都交给了佳子。再以后,她当执行主编、主编了,工作繁忙,我就没有再打扰她。我记得把《春天里来》发给佳子后,佳子不几天便给我反馈了主编的意见。主要是有的地方写得太细,而有的地方又写得太粗,要修改。我改了一遍,再传过去。她没有再让我改,而是自己动手了。

而且是从第一行开始改。

我记得原来的第一句是:"为种小籽黄的事,夏香久和魏长子吵起来了。"她改成"夏香久和魏长子杠上了"。"杠上了"比"吵起来了"的确要好。

编辑说,他们何主编就是这么一个性格,对于有瑕疵的稿子一定要作者反复改,还要求编辑与作者一起琢磨。她总是想把作品弄到最好。

现在这样的编辑应该不多了。现在的杂志社,最不缺的就是稿子,说汗牛充栋可能夸张了点,说烂天烂地那是事实。对于这么多来稿,从编辑到主编,要么留用,要么毙了,简单痛快,谁还有耐心让作者反复修改,尤其是主编,谁还会亲自在稿子上动手?

好多作者的稿子就是这样改出来的。《长江文艺》改版后为本省作者开了一个专栏,里面选发基层内刊的作品,一般都要重新改上几遍,直到她满意为止。

据说,不光是对稿子精益求精,对杂志的编校出版流程,她也督促甚严。《长江文艺》原来只有三校,现在他们可能在出刊前会校对五六次,对板式、插图也反复调整,力求形式与内容的完美。她就是这么一个较真的人。

这已经不是"敬业"这么简单了。而今眼目下,这样对待稿子,应该早与职业无关了。她可能是在维护着什么,譬如文学的纯粹和尊严,譬如说她内心的一个尺度。她审稿的严厉,也让很多作者望而却步。编辑告诉她,有作家说给《长江文艺》写稿子心里很忐忑,一定要写得自己满意才敢出手。

她不喝酒,有限的几次我们同时出现在一个饭局时,我没见她端过酒杯,也吃得少——她自说不喜荤腥,尤其晚上基本不怎么吃荤食了——不是减肥,她苗条着呢。她就安静地坐在那里,看人家莺歌燕舞,看人家大快朵颐,看人家天马行空,看人家翻江倒海。她只要一杯白开水,等别人敬酒时,站起来和别人碰一碰,以免失礼。等到人家吃饱喝足,坐在桌上海阔天空时,她就从包里掏出一袋红茶,要么大红袍,要么金骏眉,要服务员把茶泡了,给客人上茶。泡茶时还交代服务员,要用小壶泡茶。平常一壶茶,却让她喝出了些讲究。

可是她有时候会带酒。有一次,也不知是谁做东(古人说"一饭之恩,没齿不忘",那真是太难了),人甫一坐定,她就变戏法似地拿出几瓶酒来,说是她家乡南阳西峡县出的猕猴桃酒。酒是金黄色的,像冰酒，口感甘洌。

这是一个什么样的内心呢？我觉得这颇有点像她的职业，为人作嫁衣，什么时候自己都站在别人后面，只为了作者的享受与狂欢。

可我知道她是喝酒的。我调到作协后，曾听说过作协有几位善饮的女士，她名列其中。还听说过当年《长江文艺》在江陵开笔会时，她手提三样酒瓶，挨个给作者敬酒，结果把自己喝醉了，和同屋的女作者争论了一宿的文学，第二天两人在车上晕乎得不行。这事成为那次笔会的佳话。有一次，一位老师回来，我们小聚，就四个人。我要她破例喝点酒，我说我知道你的底细，便说起她在江陵笔会上的飒爽英姿。她说，那时她刚参加工作，还不知道酒场的厉害，以为就是喝一杯算了。再说都知道她是河南人，都认为河南人会喝酒，她不喝酒就好像不配为河南人了。而且她小时候在家里，好客善饮的父亲偶尔也叫她给客人敬酒，所以她就以为自己真能喝酒，谁知一端起酒杯，就骑虎难下了。

劝她喝酒，我的心理是有点奇怪的，甚至可以说有点阴暗。我有点好奇她究竟能不能喝酒。一个能喝酒而坐到桌上常常看别人喝酒的人，这要内心多么强大？除了这，我还想，我要是能劝她喝喝酒，这将是一件令人骄傲的事。这不破了人家的戒吗？有时候破人家的戒真是一件很有成就感的事。可她最终没有喝酒。

后来听说，也是为了工作，她和人家拼过酒。那是一次干部培训班，班上同学隔三差五聚一聚，大家都喜欢叫上她。到结业时，她觉得应该请同学们吃顿饭，还还人情，就设了局。那是十月份，正值报刊发行季，说起刊物发行，同学们找到了让她喝酒的理由，言之凿凿地说喝了酒就帮她征订《长江文艺》。话说至此，她真豁出去喝了，喝得她自己都不知道喝了多少，说了些什么话。我向她求证，她承认那次是真的喝醉了，不过那种不管不顾、信马由缰、胡说乱道的感觉很特别。我说你是不是只跟陌生人喝酒？她说，也不是。她这个人就是这样，一到熟人环境就放不开，就像她对自己有一个人设，而这个人设让她只能那样。她甚至说自己越过越无趣了。

其实无趣纯属是她自己的看法。依我看，她是一种矜持或自律。她心中藏了另一个自己，一个和我们看到的她完全不同的她。譬如说，她喜欢蓝天白云，喜欢草木花朵，喜欢自然山水，她常常会在微信朋友圈里晒她拍摄的大地和星空，云彩和花卉。她说她最喜欢的事就是仰望星空。小时候甚至羡慕飞行员可以在蓝天翱翔，士兵可以驰骋疆场。她心里住着一个远方。

所以我相信，只要换个环境，她就是另一个人设。那个人设，可能是热情奔放的，嘻嘻哈哈的，甚至是狂野的、张扬的。

也很热心肠。譬如，杂志社的稿子多了，好的稿子她会推荐给友刊。疫情期间，她被封在武汉，因为身体动过手术不久，不敢出去跑。煎熬中就给外省的亲朋好友打电话，给自己单元的志愿者买口罩和防护服，在邻居微信群里看到楼上楼下两位老人买不到面粉，就把自己买的面粉拎去了，静静地放在人家门口。以后，又靠外地朋友帮忙捐助几千只口罩和手套，分发给小区的志愿者。单位复工后，她担心大家没有口罩，就通过朋友快递来一箱，分发给杂志社的同事们。

两个人设的反差很大。一个是高冷的，一个是高暖的；一个是安静的，一个是热烈的。也许人都是这样吧，总是一个性格的矛盾集合体。

而在她，这种性格的形成，可能是源于一种纯粹。她是一个什么事都很讲究，都很分明的人。她无法和有些人一样，你永远都不知道他是一种什么人，什么时候是真实的，什么时候是虚假的。还有可能源于一种善良。一个名人说，对自然美抱着直接兴趣，永远是心地善良的标志。

听她讲过一个刚入职时的故事。杂志社办笔会，按惯例给她分了一个作家，一个已经在全国有些名气的作家。既然分给了她，她就认真跟人家谈稿子，一点二点三点。作家便说："你还真把自己当老师了啊？"

她说起这件事时就会呵呵笑。我依稀可以从她的笑声里，看到一种少女般的纯真。

韩永明，湖北秭归人。著有长篇小说《大河风尘》《特务》，中篇小说集《重婚》，散文集《日暮乡关》等。曾获湖北文学奖、《当代》文学拉力赛"最佳"奖、《芳草》汉语女评委"最佳抒情奖"、《长江文艺》双年奖等。

何子英，长江文艺杂志社主编（《长江文艺》《长江文艺·好小说》），湖北省作家协会副主席。推出的作品曾获鲁迅文学奖。另有论文50多篇发表，出版有传记《梁思成》等。

张燕玲的行动美学

□ 郜元宝

张燕玲大学高我两届,最初结缘文学乃是写诗,担任过广西师范学院(后改为广西师范大学)诗社和文学社首任社长。张燕玲并非天生为人作嫁干编辑的命,即使后来以"张主编"之名行世,也从未放弃诗性散文的写作,更未停止评论,这有她多本创作集和评论研究集为证。只是主编的名声太大,多少冲淡了她作为散文家和评论家的身影。

推动她走向文学编辑和文学组织之路的关键,是1987年开始在《广西文学》和《南方文坛》长达十年的兼职。如果说张燕玲投身文学、爱好创作是顺应时势,那么1996年正式调入广西文联,很快将濒临停刊的《南方文坛》全面改版,却是逆势而为。

20世纪90年代末,人们在中国具体语境中看清"新时期文学"高潮已退,"失去轰动效应"也成共识。当时就有学者急切地宣布"后新时期"的降临。商品经济大潮铺天盖地席卷每一个角落。尽管也有"经济搭台,文化唱戏"的美好愿景和诸多实际操作,但往往只见经济,少见文化。曾几何时,文化团体、文学杂志是否"养起来"或任其自生自灭的争论也逐渐停歇,各地文学刊物纷纷"下海",名刊转型或停办,新刊昙花一现,已属司空见惯。

主打评论的报刊更觉凄凉。或者如《当代文艺思潮》,早就在意识形态博弈中寿终正寝。或者如《当代文艺探索》《批评家》《文学世界》《艺术广角》《文艺批评》《作家报》《文论报》等,跳完各自的天鹅舞,便悄然谢幕。只剩下《当代作家评论》《文艺争鸣》《小说评论》《当代文坛》等屈指可数的几家评论刊物,使尽浑身解数,命悬一线,苦苦挣扎。

吊诡的是,一方面文学专业的报刊锐减,20世纪80年代积累的批评资源不得不纷纷涌向尚未成熟的新媒介,如一些旋生旋灭的报纸副刊,或主要为出版造势的作品研讨会,因此难免在客观上招来"批评缺席""批评失语"的责难。但另一方面,除了20世纪80年代剩余的批评资源,90年代"学院批评"迅速崛起,许多年轻的批评家需要合宜的阵地一显身手,"缺席""失语"云云,对他们委实不公。

或许正是有鉴于此,张燕玲及其同事在文化主管部门支持下,毅然将名不见经传的《广西文艺评论》改刊为《南方文坛》,犹如一匹黑马闯入世纪之交的文坛,顶着12年之久(1996—2008)没有办刊经费的经济压力,在很少文化资本积累的窘境中筚路蓝缕,百折不挠,居然很快就蹿升为足以和《当代作家评论》《文艺争鸣》《小说评论》《当代文坛》等硕果仅存的文学评论名刊平起平坐甚至后来居上的一份新刊乃至大刊。

《南方文坛》最亮眼也是张燕玲最得意的举措，无疑是改刊第二年设置的头条新栏目"今日批评家"。一期一人，至今已有140名从"60后"到"85后"的"青年批评家"陆续亮相，深刻影响了中国当代文学批评的格局。

我总是后知后觉，并未见证张燕玲起步阶段的艰难。直到《南方文坛》1997年改刊后第6期，才发表了一篇《说出"复杂性"——谈〈踌躇的季节〉及其他》。当时只是听闻广西有一份新刊，没太在意。但不久就接到尚未谋面的主编热情大方且不由分说的电话，硬生生被她排进1998年第3期"今日批评家"专栏。前两期推出的南帆、陈晓明跨在"50后"与"60后"之间，我是"60后"第一位，自然倍感荣幸，但主要还是觉得这或许不失为一种尝试，却未必能够持久，况且一时也看不出有何新意。按代际更迭为文学把脉的方法早就从创作界波及批评界，但我对此一向持保留态度。

当时林建法大哥也有些困惑：怎么《当代作家评论》培养的批评家们都跑去《南方文坛》了？但他困惑之余，仍很笃定，认为"今日批评家"只是集体亮相而已。一直搞下去，会有什么意义呢？

慢慢大家发现，"今日批评家"和《当代作家评论》等其他刊物早就开设的"批评家小辑"之类，还是有所不同。"小辑"通常只关注名家，"今日批评家"一上来就从"60后"抓起。前者可谓选优拔萃，不惜论资排辈，后者则是奖掖后进，不怕拔苗助长。"小辑"只汇集某位名家某一专题的一两篇重要文章，"今日批评家"则不仅要求作者们拿出得意之作，前面还要配一篇"我的批评观"，再后缀一篇同行的印象记。这就不是单纯的"小辑",而更加强调批评的自觉,以及基于这种自觉的对话与交流。动感顿时就出来了。

《南方文坛》包括"今日批评家"在内的其他栏目,话题也更宽广。只要不偏离文学太远,谈什么都行。坚持文学批评的常态操作,也鼓励出位之思。

以我个人为例,最初发表的《90年代中国文学之一瞥》《未完成的交响乐——〈活动变人形〉的两个世界》《革命文学的道德谱系——孙犁铁凝合论》还中规中矩,属于严格意义上的"当代文学批评"。慢慢就不受限制了。《没有"文学故事"的文学史》《"创作"和"议论"——反思"新文化"与"新文学"的一个角度》讨论怎样讲述中国现代文学史,《汉语之命运——百年未完的争辩》《鲁迅与当代中国的语言问题》《现代中国文学语言论争的五个阶段》《文学是借助文字来发挥语言奥妙的艺术》是新文学与汉语变革的互动研究,《二周文章》《知堂喜雨而鲁迅恶雨》《"某君昆仲"及其他》则完全属于鲁迅研究。后来只有《身份转换与概念变迁——1990年代以来中国文学漫议》《"要贴着人物写"》等少数几篇,才勉强又回归当代文学研究。

感谢燕玲给了我足够的空间自由发表自己感兴趣的研究,相信别的作者也是如此。对任何一个作者来说,这都是最重要的。只有在这样一种宽松自在的状态中,批评者才能大胆探索,并在探索中不断反省,确立"行动的美学"最适合的位置。

还是说回"今日批评家"吧,这实在是一项系统工程。不说别的,光邀请组织140位青年批评家写稿,主编就必须做足功课,摸清他们的批评实践的历史曲折与方法取径,而这就需要投入惊人的时间与精力。

《南方文坛》并不只有"今日批评家"一个栏目。燕玲非常重视老中青结合,举凡现当代文学研究各年龄段的代表人物都是《南方文坛》的常客。唯其如此,整个版面才显得富于层次感,内容也相对显得更加充实。

作为一本以批评为主导的综合性刊物,如此设计自己的栏目和版面,决不仅仅是追求信息丰盛,让人打开刊物就感到琳琅满目,而是竭力打开批评的空间,拓展批评的疆域,好叫每一个批评者在更大的空间确立适合自己的位置。比如,可以让那些从众声喧哗的20世纪80年代走来的批评家们更清醒地意识到批评必须具备必要的历史深度,而非仅仅面对新人新作发表刺激-反应式的直接评说。直接评说的批评固然有自在、敞开、鲜活的优势,却往往因为缺乏历史框架的衬托而显得单薄浅显。另一方面,如果每时每刻都从历史的和学术的立场出发看待新的文学现象,固然显得厚重、谨慎、老成,却很容易失去直接说出阅读印象的那种亲切、真切、轻快与爽快,失去批评主体与批评对象直接相遇时才能爆发的灵感火花。

作为"行动的美学",批评往往就在思想文化的既成历史与奥秘尚未打开因而充满更多可能性的当下批评现场之间,不断地往返移动,调整自己的位置和视角,选择自己的态度、话语和发力的角度。一旦获得这种自觉,不同代际、学养、身份和操弄不同方法与话语的批评实践就更能知己知彼,坦然地互相对话,互相借鉴,也坦然地选择或置身前沿或甘居幕后的适合自己的站位。而让批评获得这种自觉，先决条件就是要有一个兼容并包的发表与交流的平台，让每一个批评者在不断拓展又不断调试的批评空间寻找和确立自己的位置。这大概就是《南方文坛》的功德所在吧。

论到"行动的美学"的"行动"，不能不说到跟张燕玲有关的那些热火朝天的文学活动。

有的主编喜欢深居简出，坐镇编辑部，运筹帷幄，决胜千里，但燕玲愿意四处奔走，她说身处边地必须出击，只为了文学。她不仅马不停蹄不辞劳苦参加各种文学活动，还一个接一个组织文学活动。最重要的就是她跟《人民文学》合作十几年的"中国青年作家批评家论坛"（后改为"主题峰会"），与中国现代文学馆联办的一年一届"今日批评家论坛"（已成功举办11届），此外还有《南方文坛》自己的"年度优秀论文奖"。她自己劳心劳力四处奔走，更带动大家一起走出书斋，以文会友，获得文学生活所必需的节奏与动感。许多选题、议题和灵感正由此而来。

张燕玲举办这些全国性文学活动，固然是为了扩大《南方文坛》稿源，提升《南方文坛》影响力，但如果这些活动的"溢出效应"惠及兄弟刊物，她也乐见其成。那年在福建冠豸山由她操办的"中国青年作家批评家论坛"上，我们谈到一个选题，不知为何，文章写出之后竟投给了《当代作家评论》，对此她只是乐呵呵地一笑了之。类似的"事故"后来还一再发生，她顶多也只是善意地揶揄两句，并以此作为约下一篇文章的最好理由。她不止一次对我说过要支持李国平（《小说评论》原主编），支持王双龙（《文艺争鸣》主编），支持杨青（《当代文坛》主编）。她还说，"我绝不跟林建法抢文章"。

印象中只有一次，她似乎有些"霸道"。我正在某地参加一项文学评奖，忽然接到她电话，说你们几个机票已改签，务必几号几时之前赶回上海。原来"今日批评家"专栏每人一篇"我的批评观"终于编辑成册，要在"思南读书会"举行一场新书发布，几个作者代表不能缺席。破例的一次"霸道"，还是为了"今日批评家"。

人是应该时常筹算，怎样才能不虚此生。但如果一直筹算着，患得患失，裹足不前，那也枉费心力。那些看准道路便毫不吝啬地慷慨付出忘我工作的实干家，令人钦佩，也叫人羡慕。他们的慷慨看似浪费，却是对生命最好的筹算，最大的肯定。

张燕玲就是中国文坛这样的实干家。她用最宝贵的二三十年经营《南方文坛》杂志，心无旁骛，矢志不移。她的人生轨迹再次证明，施比受更为有福。

张燕玲和《南方文坛》是慷慨的，但我自愧不能报以同样的慷慨。精力不济，文章越写越艰难，需要穿透力与爆发力的当代文学批评更是日渐其少。那次冠豸山会议，燕玲创造机会，让我和麦家、艾伟开始了长久的友谊。但答应他们两位的评论文章，至今八字还没一撇。燕玲也让我结识了不少文学桂军中的佼佼者，但写完《"野马镇"消息——李约热小说札记》之后，我就难以为继，只能以"有心杀贼，无力回天"来自我解嘲。

近几年来不管她如何催稿，我总是硬着心肠用软功夫顶回去。我知道她只是用习惯性催稿对老朋友表达一份关心与鼓励。《南方文坛》不缺稿件。一代又一代批评家正在茁壮成长。

回想跟燕玲相交相识二十多年,所有的细节无不指向文学这一个中心。往来皆文学,此外岂有它?再过一两年燕玲就要退休,我的评论小店也要打烊。何其幸哉,我将与张主编共进退也。

那么就再次祝福中国文学,我们也彼此祝福吧。

郜元宝,复旦大学中文系教授。著有《拯救大地》《遗珠偶拾》《时文琐谈》《小说说小》《汉语别史》《鲁迅六讲》《不如忘破绽》等,曾获第八届鲁迅文学奖。

广西崇左

——写给张燕玲

□ 林　白

即使已经离开四个月,
崇左的左江斜塔
仍然以它的斜度
送给我广西的红泥岭
与芭蕉树。

就是那棵芭蕉树
35 年前的那一棵
它始终坚持了绿色
正如我坚持着三月。

三月,无数气泡在爆裂,
南宁寄来的口罩装点了我的平仄

三月木棉

开花的力量,把我的文字送给你。

时间把我们放在芭蕉树下,
你的长发,我的短发,
你的猪肝粥,
我的公园路
在灰烬中,时间战胜了我们,
我们也成为了时间本身。

林白,广西北流人。著有长篇小说《北去来辞》《一个人的战争》《说吧,房间》《万物花开》《妇女闲聊录》等,另有诗集《过程》《母熊》等。曾获第三届华语文学传媒大奖年度小说家奖、老舍文学奖长篇小说奖、《人民文学》长篇小说双年奖等奖项。

张燕玲,《南方文坛》主编,广西文联副主席。出版论著《有我之境》《批评的本色》《大草原——玛拉沁夫论》《感觉与立论》等,散文集《淡妆与浓抹》《好水如风》《此岸,彼岸》《静默世界》等。曾获第二届、第三届中国女性文学奖等。

张菁的情怀

□ 李　浩

说实话，我并不觉得我是写张菁印象记的首要人选，或者说，我不应当是写印象记的首要人选——这话的意思并不是说我与张菁不熟悉，而是说我"并不是"，我的印象记不会像有些作家那样写得那么好，它不是我所擅长的。我习惯的是"总结"，"寓言"，总习惯从某种事物或某类事物中找出点归纳，希望自己能够"透过现象看本质"，在对事物和人的观察上也往往有所侧重有所忽略，它往往会使我的文字生硬、干瘪、不那么鲜活——而印象记，最好的方式应是极富情境感，让人读后立即建立起"那个人"的形象来，即使有距离但大体不差……我承认自己一向匮乏这样的能力，尽管特别羡慕那些有此能力的人，并希望从他们那里学到。

和张菁的初识是2013年在北戴河，河北作协小说艺委会组织的一次活动上。她那时刚到《青年文学》担任执行主编，对于这个名字，我是完全陌生的。作为河北省小说艺委会的一员，我在台下听了张菁的发言。时隔多年，她谈论的具体内容我记不太清了，但我记下了诸如"坚持""艺术的本质"和一个多少带有点小悲壮和小煽情的结尾。或许那个多少带有点小悲壮和小煽情的结尾并不具体,然而它却对我构成打动:要知道在一个时期内,文学刊物的生存极为艰难,作为社办期刊,在那段时间里也处于艰难时期,而张菁在她的发言中竟然没有提刊物的生存和妥协,刊物的"眼球经济学"和类似的内容,而是反复地在提青年写作的现状和可能,何谓好的文学,如何给予坚持的、具有艺术品质的好的文学以奖掖等等。我知道那些年《青年文学》遇到的压力相当巨大,我本以为她第一想的和工作的重心可能是刊物的生存,她也会在会上谈及刊物生存的话题——真没想到,她眼里的文学依然是纯粹的、坚持的、动人的和智慧的……我的"本以为"和她在会上的讲述构成反差,也恰恰是因为这个反差,让我对她有了特别的亲近感,感觉我们是同类人。会后,我主动去打招呼,表达对她发言的赞赏,同时要了她的微信。她向我约稿,我也爽快地答应下来——我的答应是认真的,我觉得我的合适的稿子应当给予《青年文学》,我应当支持她的纯粹和坚持。

那次相见非常匆忙,她在讲完之后便匆匆返回北京,然后有一个相对漫长的时期没有联系——偶尔的聊天和谈论小说除外。2016年我去鲁院的时候又见她一次,当时我是找李潇潇、李约热他们,没想到张菁也在这个班上。我们写字画画的时候她没有参与,那次再见也依然是点头之交,但心理的亲近却在着,特别是对我来说。真正熟络起来是2017年我再次回到鲁院上学,她来到我们班上找其他同学,我和她打过招呼就去上课了。在上课的时候我忽然想起一个稿子(应当是推荐稿，一个写得不错的青年朋友的），就和她在微信上说了几句，她过了一段时间才回我：刚才在车上，没看到，小说马上看。过了几日，她给我回话，谈到这篇小说的感受。我大概是不太同意，后来她问我，你下午若有空来我们《青年文学》，见面说说？

我到了《青年文学》，那次我们聊了很多。也是在那次，她告诉我她原在《青年文摘》工作，之前和文学圈接触较少，而且生怕错过好作品——要知道，这样的话大多数人是不说的，不光不说，还会装出一副极为内行的样子，掌握着真理甚至是唯一真理的样子。可她没有。她希望我能说服，并且从中汲取……

鲁院毕业之后，几个朋友准备做一个诗歌方面的文学奖，想找一个合作的刊物——他们希望保持这个奖的纯粹性，只重文学标准，不被其他的因素干扰到。我第一个想到的就是《青年文学》，张菁。我和她在微信里一说，她非常爽快地答应细谈合作的具体事宜。虽然后来的合作没有谈拢，但我和她作为朋友却是交下了。

我和张菁之间真的是无话不谈，而且更多的是对于具体的小说的评判：这篇小说你怎么看，我觉得如何，我的判断是怎样的。有些时候，我真的觉得她完全没必要那么注意其中的措辞，保证意思传达到就可以了，然而张菁却一直"不遗余力"地推敲。多年的编辑工作使她不太能容忍自己的文字中有哪怕一小点儿的瑕疵和疏漏，她也不太能容忍，哪一个词用得不够准确，而其实仔细想一下的话还可以有更好的词来替换它——她这样说的时候我又有些感动。她不肯轻慢，她不肯对文字有半点儿的轻慢，哪怕它只是存在微信上一二百字的推介评点,哪怕它只是针对某个还处在摸索阶段的基层写作者。这种不轻慢,我能做到吗?它至少是我应该做到的吧?

说了这么多似乎还没有涉及标题里的内容:还是要谈一谈"情怀"。现在,"情怀"似乎又变成了一个很有点儿污名化的词儿,好像它悄然间就具有了虚伪、欺骗、不能落实的空话的质地——当然有一部分是因为,我们许多的时候真的是无情怀的,我们只有自我和个人的私欲,在自私自利的泥沼中挣扎的我们甚至不愿相信天底下还有情怀这种事儿——我们会嘲笑具有崇高感和奉献意识的人,会嘲笑和讥讽抱薪者,他们的所谓圣洁之中一定隐藏着不可告人,至少是两面三刀……但我们也别忘了,我们多数人可能都有一个希望世界能够变好的愿望;而这愿望的实现和实施,本质上就源自情怀,是那些有情怀的人做着,努力着。我觉得,张菁可能属于那种有情怀的人。

她对于文学,更多的是出于情怀,也希望自己能编辑那些有情怀的文字。她在和批评家何平的访谈中说道:"《青年文学》,青年表达,我们尤其看重活力、新颖和时代变化。通过这个专号,我们希望开拓的是文学的新表达……期刊写作的作家们,对自己的写作要求是,受众不仅仅是一时,更是几世。开放鲜活的姿态,带给当下书写更加蓬勃的生命力,我们希望我们的文学,能够传承文明,创造价值。"在谈论《青年写作的优势和可能》的时候,她在结语中说的是"希望青年作家们继续拓展意识和情感的觉知,运用的每个词语都可以复原它的现场,具有持续穿透的力量。我们期待和他们一起,触碰到更多灵魂的光"。

传承文明，创造价值，触碰灵魂的光——毫无疑问它们都属于"大词儿"，它们和情怀有关——可文学如果只有眼前的苟且，是不是也会让人感觉匮乏？我们的文学，难道不应当在这个传承文明、创造价值和触碰灵魂的光上作出更多的努力吗？我们阅读文学，难道不是希望提升自己的智识，校正自己的认知，能够遇见更好的自己和更好的生活吗？所以在我看来情怀和这些大词儿本身并不存在问题，问题是谈及情怀和大词儿的人要真的相信它，并践行它。我相信有朝一日我们可能还是要返回来谈一谈情怀的，在我的有限交往中也曾遇见过一些真正具有情怀、值得敬重的人，从某方面来说，张菁，算是其中的一个。

李浩，主要作品有小说集《将军的部队》《父亲，镜子和树》《变形魔术师》《侧面的镜子》《告密者札记》等，长篇小说《镜子里的父亲》《如归旅店》，诗集《果壳里的国王》，评论集《阅读颂，虚构颂》等。曾获鲁迅文学奖、庄重文文学奖、蒲松龄全国短篇小说奖、孙犁文学奖等奖项。

追星星的人

□ 李晓晨

我和张菁认识许多年以后，我一直觉得，我们俩的相识应该更多加几分戏剧性才对，比如在北京人民艺术剧院小剧场里看某场实验戏剧时不小心狠狠踩了对方一脚，或者好不容易挤上早高峰地铁的车，包上的小挂件钩住了她的衣服，等等，总之以我们平时七谈八谈聊天的画风和模样，就应该配上这样一种充满偶然性的开始。但其实，我和她的相识太过平平无奇，就是在鲁迅文学院的一个培训班上。似乎记得有天，我漫无目的地在早已熟悉得不能再熟悉的院子里瞎溜达，满眼都是看了八百遍的玉兰、池塘、猫咪和文学大家的雕像，就在各种熟悉里却一眼瞟见个跟我一样瘦的姑娘和另外一人散步，当我下意识加快脚步超过她的时候，听见她语速之快让人有听八卦没法听到全貌的担忧。再后来打交道多了，我常常笑她是"鸡血张"——如果你见过她和同事聊工作的样子，或者和朋友说起文学、音乐的神态，就会特别认同这样的说法。怎么会有一个人，在过了那么多年还对差不多同样的事情抱有这么激烈的热情和兴趣，我不太理解，但很能接受，毕竟，靠近这样一个人会让我觉得世间还有许多值得，未来还有很多期许。

我向来不愿用理想主义来形容一个人，特别是我的朋友，大概因为觉得这个词终究会让人不接地气甚或遍体鳞伤，不过除此之外也很难用其他什么词来描述张菁。我有点儿吃惊在这样一个时代出生、长大的人的心中，还有这样难得的一种秉性，这种坚持在某种程度上也对我产生了很大的影响。就像她在《青年文学》咬牙坚持做了几年的"城市文学"排行榜，从无到有，从小到大，其间遇到各种各样的困难和质疑，但她始终觉得这件事是有意义的。在这个过程中，我们很多次交流彼此的想法，我也会提出一些有的没的突发奇想的建议，但我最支持她的一点是坚持文学的跨界和出圈，于是在她所评选的作品、邀请的初评、终评委员里，有人工智能科学家、纪录片编导、音乐制作人、城市规划专家等等，他们对于文学的认知和理解未必多么专业、深入，但确实可以代表一些不一样的声音和观点，而这也正代表了文学在当代社会的阵阵回声。

2019年，"城市文学"排行榜在深圳这座改革开放最前沿的城市揭晓，在夏天的暴雨里大家从全国各地抵达活动现场，我记得自己到达已经是凌晨五点，尽管路途坎坷艰难，但当天的活动还是令人惊喜万分。那场以"城市·存在·发生"为主题的论坛讨论和颁奖典礼颇具现代性色彩，一扫往日类似活动的模式和套路，既符合深圳这座城市的定位，也凸显出一份属于青年的刊物的风格。张菁和她的团队为此付出了太多太多，他们不遗余力、无微不至地做着一件件普通但必要的事情，只是希望大家能够接受"城市文学"排行榜这个品牌，也更希望人们可以看到"城市文学"对于当代文学的重要意义和价值。

前几天，我在无意间读到英国作家特里萨·海涅写的《追星星的人》，这是一本写给孩子们的天文诗，巴西著名画家维克多·塔瓦雷斯设计了插画。里面有句诗是这样说的："我要像一个风车般旋转，搅动银河的泡沫。我要骑在大熊座的后背，仿佛永远不会坠落。"这句诗让我想到张菁，她就是这样一个追星星的人，骑在大熊座的后背，仿佛永远不会坠落。

李晓晨，青年作家，现供职于文艺报社。有小说、评论、散文作品见于《十月》《北京文学》《青年文学》《小说选刊》等报刊杂志。

张菁，《青年文学》主编，中国作家协会青年工作委员会委员，编选的文学作品获得众多文学奖项。

阿霞和她的草原

□ 兴　安

阿霞,我们内蒙古人很少用这样的名字。问了本人才知道,"阿霞"源自俄罗斯作家屠格涅夫(我也非常喜欢这个有蒙古血统的老头儿)著名的中篇小说《阿霞》。后来人们叫得忘记了她的真名——贾翠霞。

第一次见阿霞是在内蒙古文化圈的大聚会上,应该是十年前,她与一个舞者表演了一支圆舞曲,惊艳了在场的所有人。我问身旁的好友路远,美女何人?他目不转睛地答我是《草原》的编辑,我由此记住了她。

差不多一年后,我来呼和浩特给鲁迅文学院作家班内蒙班学员讲课。下课后,阿霞主动找我,说她正在做一组国内作家的访谈,要我推荐几位著名的作家。那时她已是编辑部主任,态度诚恳,容貌又姣好,我当然义不容辞。之后她来北京,在鲁迅文学院高级研修班学习,我又经常去呼和浩特开会、讲课,这样我们见面的机会就多了。2016年,我受她之邀参加了《草原》的"鄂托克笔会",她严谨细致的工作作风,随和热情的待人方式,让我记忆深刻。那次会,她请来了好几个文坛大腕——小说家王祥夫,诗人阎安、雷平阳,三个都是鲁迅文学奖获得者,还有散文家鲍尔吉·原野(他不久也成了"鲁奖"的赢家)。那真是一次愉快之旅。有一个场景颇具象征意义,我们与会的所有人,在一条宽阔的草原公路上,两边是一簇簇高扬的芨芨草。我们时而坐在地上背靠背,时而大踏步地往前行走,没有长幼之序,没有编辑与作家之分,也没有名家与新人之别,只朝着一个方向,每个人的脸上都洋溢着天真与喜悦。至于前方是什么,我们谁都不去想。这便是我心目中理想的文学聚会,让我想起了我们年轻时的 20 世纪 80 年代,那时候的阿霞可能只有七八岁,而此刻,我们这些老家伙已经被她以文学的名义撒在这片空旷的草原上,变得和她一样年轻。

说起阿霞,还得聊聊"十闺蜜",这是呼和浩特文学圈的一道风景。十个人平时不易凑齐,一旦全体出动,那肯定是遇上大日子了。所以,我与他们聚过多次,几乎没有一次全乎的时候。但是阿霞永远都在,她也逐渐成为她们的核心之一。

十闺蜜的身份多与文学相关,有写小说的,有写散文的,有诗人,有记者,有编辑,有大学教授,都是响当当的人物。年龄从六零后到八零后,民族有汉、蒙古、鄂温克。在这座多民族多元文化共存的青色之城,她们彼此帮衬,互为绿叶,民主而平等,组合成了一丛让人艳羡的草原姊妹之花。

如果认识了全部的十闺蜜,再只单独约见其中的某个人,是要犯众怒的。这句话不是她们告诫我的,而是我给自己定的规矩。但我还是被单独接见了一次,对方就是阿霞。她那时已经是《草原》的副主编,主持工作。她知道我在《北京文学》当了15年编辑,做了4年副主编,后来一直做文学出版,并且还算个过得去的文学评论家。我们在一家布里亚特蒙古餐厅专心地聊天。我当然毫无保留地给她建议和主意,因为我知道一个文学杂志对文学的影响和作用是非常大的,尤其是地方的文学杂志,它会影响这一地方的文学趣味和质量。有多少年轻的写作者需要被它发现和正视,又有多少初学写作的人因为被疏离被遮蔽而放弃文学梦想?我隐隐地感觉《草原》的好日子要来了。她却说出了她的顾虑:"我们《草原》的历任主编都是著名的诗人和作家,而我写过的文章不多,这会不会影响我的感召力?"我告诉她,很多大刊的主编都不是作家,这丝毫不影响他们办好杂志,并受到作家的尊敬。我以为主编应该是一个好的管理者和谋划者,要有牺牲精神,他(她)的工作是组织和激发手下的编辑,并依靠和信任他们去做好各自的工作,而作家型的主编,反倒比较难以客观地对待一部稿子,个人喜好、审美趣味和所谓立场都会影响他(她)的判断和选择。在这一点上,我相信阿霞应该是最合适的一个主编。常有人问,一个文学杂志的主编,他(她)最重要的品质是什么?我觉得,当然是有眼光,但这远远不够,还要没有私心,没有了私心,他(她)才会做到公允和客观。还有就是热情,这些年,我观文学杂志,感觉真的少了热情,办刊人没了激情,杂志缺少生气,按部就班,循规蹈矩,十年如一日。我一直以为主编的岗位不只是一份工作,更是一种事业和责任。他(她)不应只是文坛的风向标,而应该是文学走向的策动者和推手。通过这么多年与阿霞的接触，我在她的身上，发现了这些品质：有眼光、热情、宽容、没有私心、很强的责任感。

可是，不久她就生了二胎，隐居于家中。我听闻后有些困惑，此时正是她大显身手的时候，却为孩子所绊。但是，半年后，她又出山了，并正式出任主编。仿佛就是因了这半年的能量积蓄，她的热情和干劲如火山般喷发。她上任后首要面临的工作就是《草原》70周年大庆。70年是一个人进入老年的门槛，而对一个杂志，它可能是承前启后、继往开来的节点。70岁的《草原》迎来了40岁出头的年轻女主编，它注定有不凡的意义。我在想，纪念是什么，不就是向历史致敬，向前辈致敬，然后寻找和摸索出一条未来之路？今年很多杂志都在纪念70周年，这或许也预示着中国当代文学在走过70年后，需要总结，需要重整旗鼓，再次出发，再创辉煌。此时的阿霞忙坏了，她要组建纪录片摄制团队，记录作家们的声音和影像；她要收集自创刊以来所有的《草原》杂志，梳理《草原》的历史和发展；她要举办两年一届的《草原》文学奖；她要筹备盛大的《草原》70周年纪念庆典；等等。最近几个月来，她带领她的团队每天都要工作至晚上八九点。而回到家，她还要安抚两个孩子入睡。她说："我为什么要再生一个？我希望我的儿子有一个妹妹或者弟弟，这样他们就会在我不在身边的时候，互相陪伴。"沉吟片刻，"现在好了，我可以更专心地做好《草原》了。"一边是孩子，一边是工作和《草原》，两者全不含糊。我终于明白，她是一个母亲，和普通人一样，她要让她的孩子健康成长；她还是主编，这是她上任时对领导和作家们的承诺。一小一大，一里一外，构成了她完整的多彩人生。她把两者井然有序地融合到一起，互不影响，互为动力，为此哪怕自己多受些累，也是值得。

《草原》这几年的变化有目共睹，散发着一种清新之气。首先是封面，郭沫若先生为《草原》题写的刊名依然醒目，但是细心的读者会发现，从2020年开始，杂志将之前的蒙古文印刷体刊名改成了蒙古文书法，由著名蒙古族书法家艺如乐图先生题写。栏目的设置上，在保留"北中国诗卷"这个传统品牌的同时，又更新了"草原骑手"这个栏目，倾力扶持"80后""90后""00后"的年轻作家。比如阿塔尔、苏热，还有后来的渡澜等都先后亮相于这个栏目。阿塔尔就是我推荐给《草原》的。2017年初，我偶然见到了这位和我女儿一般年龄，还在上大三的蒙古族小伙子。他几乎没有系统地学习过汉语，却令人吃惊地用标准的汉语完成了一篇小说《蕾奥纳的壁炉节》，而且写得有特点有想法。我当时很兴奋，马上转给阿霞，没想到她第三天就给我回话，她也非常兴奋，说要在第四期马上刊用，并嘱我写一篇评论。由此，我对阿霞和新《草原》的效率和编辑眼光更加刮目相看。小说发表后，马上被《小说选刊》转载，由此，阿塔尔还获得了《草原》文学奖的新人奖。

其实让我对阿霞最感动的是另一件不大不小的事情。都说患难见真情，而对一个离世者的态度，更能说明生者的境界和善心。2019年初，内蒙古籍作家荆永鸣因心脏病突发故去。周围的朋友既意外又感到可惜和悲伤。这两三年我经历了多个朋友的突然离去。作家红柯、那耘、老友鲍洪飞……都是特别近的朋友，我的心绪一直处于既悲伤又恐惧的状态中。我甚至开始抵触告别仪式，我已经承受不了那种场面和氛围，但是永鸣的告别仪式我必须参加，这不仅是因为这么多年，我常去他所在的房山良乡的家喝酒畅谈，更多的是因为他的为人与为文。永鸣是中国煤矿作协的副主席、内蒙古赤峰市作协主席，又是北京作家协会的理事，身在三个作协，我常说他脚踩三只船。后来我才理解他。他的文学成绩和影响已经可以不必依附于哪个组织，借此提升自己的名气和地位。他是个善良的人，内蒙的赤峰是他的故乡，是他文学起步的初点和依托；北京是他现在的居住地，也是给他创作最多荣誉的地方；而煤矿又是他最热爱的工作，三个地方他都不好取舍，他需要它们，难道它们不也更需要他吗？永鸣是个重感情的人，也正是因为这一点，阿霞作为内蒙古唯一的省级汉语文学杂志的主持者，也作为好朋友，从五六百公里外的呼和浩特赶来与他做最后的告别。她可以不来，但是她毫不犹豫地来了。那天，据说她乘坐的飞机是晚上九点多的班次，因为延误，凌晨四点才飞临北京。早上六点又奔赴几十公里外的良乡，她几乎一夜没有合眼。仪式结束，我和她打招呼，见她面色倦怠，眼睛由于悲伤而湿润泛红。我想请她吃饭，她却说要赶到国家图书馆，查阅《草原》杂志的创刊号以及早年的样刊，为《草原》七十周年大庆采集资料。于是我们匆匆而别。

　　我有时候感觉，参加一个死者的告别或葬礼，很多时候是给生者看的，但阿霞不是，她是对文学人的一种本能的敬重与感激，以及对好兄长的情义与不舍。在当今这个时代，一个人的离去就意味着一切的终结，我们对逝者的尊重已经简化到令人伤怀的地步。在今年的《草原》文学奖评奖中，阿霞力主将"特别奖"颁给永鸣，并邀请他的女儿专程来领奖，这一建议得到了评委们的一致支持。永鸣兄应该感到安慰，因为，在我的心里，它比他曾经渴望的"鲁奖"更有意义。

关于阿霞的业绩，我已经写在《我愿与〈草原〉为伍》这篇文章里了，就不再赘述。总之，阿霞是个非常善良的人，乐于助人，尊敬长辈，关心后人，勤于工作，敢于创新。这些就足以让我向她表达敬意，并抱以期待。愿《草原》越办越好。

兴安，号溪翁。文学艺术评论家、水墨艺术家、编审。已出版散文集《伴酒一生》《在碎片中寻找》等近百万字。主编有《中国当代乡土小说大系》《九十年代中国小说佳作系列》《女性的狂欢：中国当代女性主义小说选》等。

阿霞，原名贾翠霞，内蒙古文学杂志社社长、《草原》主编，出版有《草原人物志阿霞访谈》《妈妈手记》等作品集。

一株植物陆梅

□ 潘向黎

说到陆梅,我脑子里的第一个反应是:小姑娘,小陆梅。认识她的时候,大概是1994年或者1995年,那时候,她大学刚毕业没多久,看上去就是一个校园里的女学生,谁都觉得她就是个小姑娘。而且她长得那么娇小,简直是《红楼梦》里说惜春姑娘的"身量未足,形容尚小"。这个"小"字,今天回想起来,大约也包括了某种不谙世故的稚气和天真。这些年都用微信,因为有重名的,所以微信里的陆梅在名字前加上了"上海"二字,成了"上海陆梅"。我第一次看了笑起来,小陆梅怕别人弄错了,她总是这么为别人着想。不过,我又想到:她的同乡前贤,应该也是这样自报家门的——"华亭陆机是也","我乃云间陈子龙"。"上海陆梅",倒也有几分古风。

第二是:森系女子。森系是一个时尚界的词语,后来外延扩大到生活方式和精神气质。陆梅的打扮和模样都像从森林里走出来的样子,和大自然十分契合:清新的、自然的、素净的、令人松弛的。她就像一株植物,翠绿,清香,安安静静,但很有韧劲。常常遇到为了利益

"动物凶猛"的人，虽然未必受到伤害，但总让人觉得神经紧张、呼吸困难。相比之下，陆梅真是一个给人带来大量安全感和充足氧气的人。这样的人，才是真正的森系女子吧。

而她自己也很喜欢草木，不是一般的喜欢，是非常迷恋，也很有研究。这一点，普通读者从她的书名里面都可以发现：《寂寞芬芳》《生如夏花》《当着落叶纷飞》《无尽夏》……无尽夏，我曾经以为就是绣球花，后来才知道不是，它是绣球的一个种类，因花期从晚春到秋天延绵不断而得名。而陆梅是早知道了的。

作为朋友，我们在旅行途中会自然而然地一起指点各处的花草，一起谈论喜欢的花，陆梅喜欢的都是特别小巧、纤细，绝不张扬也不夺目的花，比如阿拉伯婆婆纳、紫茉莉、桔梗（不是大花桔梗，而是很小一朵，紫色的）、鸭跖草花……我和她喜欢的不一样，但是不喜欢的花是一样的。有一次我们对着几丛夸张而俗艳的鸡冠花笑了半天，说就像某些处处要表现自己的人一样。做朋友，喜欢的东西不必一致，反倒是不喜欢的东西最好一致。因为那里面有审美观、价值观，还有底线。

说陆梅，第三个印象：这真是个实心眼的人。有一次，在她的作品研讨会上，她很认真地说：今天，我最高兴的是，我最好的几位朋友都来了，他们是某某，某某某，还有某某某。她好像是一个小女孩在展示自己种出来的花，又好像是新闻发言人在公布一个重要的消息。我虽然平时说话比她直接，也会公开说和谁铁，但应该不会在作品研讨会上说。后来，我发现一些有趣的现象：有的人当面对你非常亲近，转身就一问三不知、似乎生怕让人知道认识你；有的人永远只在私信里盛赞你，但是在朋友圈里连一个赞都不点——人家"不方便"；甚至，"破例"转发你的文字也要设定只给你自己看。于是再次想起陆梅当众报出"最好的朋友"的名单，有一种感动、感慨和踏实。

第四个印象：陆梅看上去非常谦逊、内敛而带几分羞涩，但其实也是个好玩的人。比如，她在创作谈里会这样写——"《像蝴蝶一样自由》获得了文学挚友的十分肯定（满分十二分）"，这里补一句"满分十二分"，笑死我了，老实人的诙谐真是好的，好在不自恋不油腻。

有一次徐鲁到上海来，陆梅约了我一起在报社顶楼喝茶，正好陆梅手头有件事情，就和我们商量。徐鲁温和地给她分析，陆梅听着，不停地表示："啊，原来如此啊，从来没有想到过呢。"我忍不住说："陆梅，你真是呆萌呆萌的啊！"徐鲁停了一会儿，也说："陆梅确实有点呆萌呆萌的。"我们一起笑了起来，陆梅笑得最开心，好像得到很高的评价。

虽然如此，不要以为她是个永远随和的人，不是。她认准了什么也很坚持，有一种她自己的倔强，不知道是和松江自古以来的文脉风骨有关，还是和她大学读的是特别"硬核"的机械系有关。

陆梅说话轻声细语，对人温和客气，委婉斯文。比如有几次，她要做新书分享或者文学对谈，她来问我能不能去当个嘉宾，总是说：某某出版社有这个安排，我想到了你，但知道你特别忙，你看你的时间，千万不要为难，不方便没关系啊。结果……我真的一次都没有去成,真的每次都有其他的事情。幸亏陆梅从来没有怪罪过,她自己对朋友是能做的一定会去做,所以也坚信朋友对她也是这样。不过回想起来,我觉得这也是斯文的人吃亏的地方。也许有时候,她厉害一点,或者撒个娇,用自己人才会用的命令语气说:"我不管!这次你必须来!"也许事情就会不一样,比如我可能硬着头皮去和其他单位商量挪动日程。但是,陆梅是那么替别人着想的人,我感觉她最怕让朋友为难,所以恐怕她永远不会这么做的;而且人家是那么含蓄的淑女,实在想象不出来她会用这种语气和朋友说话,即使是近三十年的交情。其实,我们大家都很喜欢陆梅,但是人家并不恃宠而"娇",这就是江南女子的好处。我自己未必做得到,但还是欣赏的。

这几年,我觉得陆梅变了。

记得那次参加陆梅的作品研讨会,我说印象中的陆梅,有这样几个关键词:草木的芬芳,往昔的时光,隐秘的凄伤,诗意的远方。后来我读到徐鲁的评论,写得很好:"素处以默,妙机其微,《无尽夏》,处处花语流转,生气远出,作家把绵密的文思,皆托付于无声的花草精神了。所以我觉得,《无尽夏》不仅是一部文心独具的少年哲思小说,也是一部葱茏芬芳的草木之书。"

陆梅的作品到现在也依然有这样的调性。但是,我发现,这几年,她有一些地方变了。比如她更有勇气了,会主动去思考生与死、爱与恨、善与恶、战争与和平、正义与非正义、记忆与遗忘这样的大问题。她成熟了,看世界、看人生的视角多了,历史与现实,真实与虚构,她跨越得自如起来。她也自信了,集中表现在她敢于"冒犯"了。关于冒犯，陆梅自己是这样说的："《像蝴蝶一样自由》……也'冒犯'了一些人对标准儿童文学的认定，那个未说出的潜台词是：这不像是我们以为的儿童小说。好吧，如果仅仅是为'像'与'不像'的纠结，我愿意冒犯。"（《发现你自己——〈无尽夏〉创作谈》）

可喜的是，敢于"冒犯"的探索，使她的风格在清丽、轻灵、细腻、柔美的同时，开阔了起来，有时风格切换成奇崛，有时具备了从前不曾有过的力量。这真是令人惊喜。对于一个从儿童文学起步的女作家，这个变化，其难度、其意义是不言而喻的。

日本有个童话作家叫安房直子。她曾经说过："在我的心中，有一片我想把它称为'童话森林'的小小的地方，整天想着它都成了我的癖好。那片森林，一片漆黑，总是有风'呼呼'地吹过。不过，像月光似的，常常会有微弱的光照进来，能模模糊糊地看得见里头的东西。不知是什么原因，住在里头的，几乎都是孤独、纯洁、笨手笨脚而又不善于处世的东西。我经常会领一个出来，作为现在要写的作品的主人公。"

读陆梅有时候会让我想起安房直子。

安房直子也非常喜欢山里那些远离尘世的植物：雪之下，水芹，鹿药，牛尾菜，青荚叶，艾蒿，硫磺花，蕨菜，紫萁，胡枝子花，八角金盘……而陆梅，哪怕在《像蝴蝶一样自由》中面对杨树浦水厂那扇关闭的铁门时，都会让她的人物老圣恩作出这样的反应——"她猛地往回奔，从铁栅栏里快速掐了把野雏菊一样的飞蓬花，她扬起揉碎的草花，对准里面一扇被水泥封住的门，念念有词。""野雏菊一样的飞蓬花",她是有多喜欢这些不起眼的草花啊。而且在陆梅笔下,老圣恩采下野花揉碎念念有词之后,奇迹发生了,那扇水泥封住的门开了,她遇见了安妮——那个《安妮日记》的主人公安妮·弗兰克,于是整个故事展开。不知道陆梅自己是否意识到,这里透露了她内心的一个秘密:在她心中,孩子和花草是最能开启奇迹的两种生命。而在安房直子的笔下,在桔梗花田旁边遇到的小狐狸,也会用桔梗花汁给人染双手的拇指和食指,然后在手指搭成的菱形小窗口里,就可以见到死去的亲人。她们两个,都写通过花草这个媒介,见到了人生此岸已经见不到的人。嗯,陆梅和安房直子可能真是一类人。

所以读到她的创作谈以谈花草结束,也毫不奇怪:"(无尽夏)那苍蓝到紫的颜色也是我灵魂的声音。多么好,我们从一朵花那里发现了自己。"我想,陆梅真的在那些细致、朴素而清气四溢的花里发现了自己。

安房直子是个隐居山中的女子,她生性恬淡,深居简出,甚至拒绝出门旅行。有人曾去过安房直子的山间小屋,发现,那是一个落叶松环抱的地方,一到早上,安房直子就会在院子里那张铺着白色桌布的桌子上写作。她有如山菊花一样活着,像刺绣一般完成她精致唯美的作品。

我曾经猜测这会是陆梅向往的生活。心静如水的她,远离尘嚣地写作,不是很合适吗?但是我错了。

正如她的微信名一样,她是上海的陆梅,她生活在今天,还生活在上海这样的大都市。她的笔下,从来不是与世隔绝的山中,而是更真切更扎实的人世间。《像蝴蝶一样自由》虽然出现了天堂街、金房子、安妮的住处这样的"虚"的场景,但是更多的是现实中上海的场景:杨树浦水厂,霍山公园,二战期间犹太难民聚会的摩西会堂旧址,以及今天的、非常贴近当下的日常场景:老圣恩家的客厅,作家妈妈的书房。这样很好,不食人间烟火的生命不够强健。要上班,要写作,要做妻子,要做母亲,这样是忙碌的,几种身份往往也会让人有时间和精力都不够分的时候,但,还是这样好。因为这里的每一项,都是陆梅作为一位作家,一个女子,一个人所选择、所在乎、所珍惜的。所以,脚步匆匆的陆梅,嘴角经常含着一缕微笑。如果遇到朋友,你叫她,她一抬头,认出是谁了,那笑意就会变深,那一瞬间的陆梅,就像一朵蓝紫色的桔梗花突然绽开了花瓣。做不成安房直子,我们也不遗憾,因为陆梅就是陆梅,她不必那么雅致脱俗,不必那么一尘不染。她就是生活在上海的车水马龙中的人,即使心里怀念着森林,也要在真实的环境里,真实地忙碌,真实地奋斗,真实地发愁,真实地喜悦,这样的生活,更扎实,更持久。

当然,我相信她的身上会永远带着树木的清香。

潘向黎,现为上海作家协会副主席。出版长篇小说《穿心莲》,小说集《白水青菜》《轻触微温》《女上司》《中国好小说·潘向黎》等多种,散文集《茶可道》《看诗不分明》《梅边消息:潘向黎读古诗》《万念》《如一》等多部。曾获第四届鲁迅文学奖等文学奖项。

陆梅,《文学报》主编。著有《当着落叶纷飞》《无尽夏》《梦想家老圣恩》《女孩四季》等小说散文集。曾获全国优秀少儿图书奖、陈伯吹儿童文学奖等,长篇小说《格子的时光书》获德国慕尼黑"白乌鸦奖",长篇小说《像蝴蝶一样自由》获首届东吴文学奖。

陆春祥是一口深井

□ 苏沧桑

十年前,我开始主持浙江省作家协会创作研究部工作,浙江图书馆文澜讲坛请我帮他们邀请一位名家去做讲座,我第一个想到的就是陆春祥。他是浙江省唯一一位获得鲁迅文学奖散文杂文奖的作家。当时我和他并不熟悉,只在几次大会上打过照面,几乎没有交流,便从一堆旧书里找出《病了的字母》来读,书很有设计感,文章既深刻又特别有意思,感觉他是一个很特别的作家,人离文学圈有点远,给人一种骨骼清奇的感觉,遂心生敬仰。当我打电话邀请他的时候,他很爽快地答应了。

忘了是早上还是下午,忘了是什么样的天气,我坐在台下听他对着文澜讲坛的读者们侃侃而谈,被他浩瀚的知识储备和古代笔记阅读史震撼到了,我和台下很多读者一样,瞬间变成了他的粉丝。

这个生于桐庐,长于桐庐的一介布衣,痴迷文字,能文能"武",从浙江师范大学毕业后,当过老师,后在杭报集团任要职,把业务运营做得风生水起,对写作,他自己常调侃说是打酱油的。

六年前，中国散文学会的红孩老师提醒我说，浙江是散文大省，应该成立浙江省散文学会，你牵个头吧。我自然不敢应承，脑海里第一时间浮现"陆春祥"三个字，便向他做了推介。后来，陆老师便一直戏说他是被我"忽悠"来当了会长的，然而他很乐意为浙江散文做点事情。不久后，文友们相聚莫干山脚一棵大樟树下，喝着茶聊着天嗑着瓜子，商定了浙江省散文学会的成立大事。在一个金秋晴好的午后，在陆老师的壹庐工作室旁，一间有着巨大嗡嗡回音的厂房里，我们召开了浙江省散文学会第一次全省代表大会，一百多位文友见证了浙江散文之家的诞生，也开启了陆春祥为学会殚精竭虑、披肝沥胆的六年。

"陆老师，你手臂摔伤了，还绑着石膏，这次采风就不去了吧？"

"都是我在联系的，你们和当地不熟，我还是去吧。"

"陆老师，你心脏不好，《浙江散文》那么多稿子要看，卷首语要写，还老动用你的个人资源各方联系拉赞助，不然，我们少出几期吧？"

"杂志口碑越来越好，散文新人越来越多，影响越来越大，累点就累点，继续出吧。"

"陆老师，我很内疚，让你这么受累，有时还受委屈，不知道的还以为我们有什么私心呢！每一套丛书，你都要仔细审稿，写序，还帮作者改书名，联系出版，举办首发式，太累了。我们不要做那么多活动了吧？也不用出那么多丛书了吧？"

"散文作家发表难，出版难，我们能帮就帮一下，但行好事，心中无愧,就好了。"

对于浙江省散文学会的文友们而言,陆春祥不是兄长,更像一个扑心扑肝的家长。

辛丑年金秋,散文学会搬到了桐庐富春山脚,也就是陆老师的书院。书院还未正式开张的一个暮春之夜,文友们坐在书院的会议室里开学会常务理事会,书院园子里结的第一批樱桃装在一个个小盆里摆在会议桌上,樱桃的酸甜抵达舌尖时,我的眼睛突然湿润了,这六年,多么像这樱桃的滋味啊。

所幸,眼前这片曾经的荒芜之地,曾经破旧的几间农房,因了文学之故在富春江畔熠熠发光,今后将迎来无数文人墨客,响起孩子们的朗读声。我仿佛已经看见一幅特别温馨的画面——陆老师在晨光里醒来,像在杭州运河边的家里一样,先靠在床头读会儿书,为他打理一切生活的夫人也会醒来,翻过身又继续睡。不一样的是,他起床后,会穿过书院的小径来到一片菜园,周末或者暑假,菜园里会响起孙女瑞瑞的欢笑声,也许还会有一两声狗吠,书院外会响起来访友人的脚步声。他会用桐庐土菜招待他们,会喝一点点土酒,会给友人们讲笑话,还没讲完自己已经笑得不行,脸红红的像个孩子一样。闲时,他练练书法,吹吹萨克斯,更多的还是读书、写作。他有一种强大的能力,总能葆有他自己最喜欢的一种状态,就像他的笔名"陆布衣",看起来低调、古朴、睿智、豁达。

"散文新锐",我总是这么打趣他,他也对这个"尊称"很满意。不过,这个写了几十年的"新锐",其实是一口深井,他井喷式的散文创作有如神助。我由衷惊叹他极其独特的散文气质,甚至比以前的杂文更喜欢他的散文,他给《浙江散文》写的每期卷首语,我都会收藏。每次读他的散文,我会感到脸上发热、后背发凉,感叹自己读的书太少了。也许因了我们率真豁达的相似天性,一颗不设防的赤子之心,也许因了五六年来散文学会工作的同甘共苦,我和陆老师就像无话不谈的兄妹。最近几年来,我进行中华优秀传统文化散文集《纸上》的创作时,常得他宝贵建议,就像我笔下的主人公们一样,他是我终身敬重并感恩的人。

此刻,我坐在陆老师笔下的"娘家小院"桂花树下,用语音输入这篇文章。霜降时节,桂花迟迟未开,我忘了问问他的书院有没有种桂花树。我想即使没有,书院在每一个属于文学的季节里都会桃李芬芳。这是我第一次在手机上用语音录入文章,我发现竟是如此流畅,因为这些话都是从我心里涌出来的。

"像一只金色的鸟,轻轻落入湖面,溅起了一簇簇金光。是一支游走的箭,靶心是下渚湖每一个生灵的心……传说,上古时期的治水英雄防风氏带领部落在此开垦荒莽,种植水稻,造福先民,使得吴越一带靠狩猎采集为生的氏族部落慕名而来。他们站在太湖边的一座高山上,问一位老猎人,防风氏部落在哪里。老猎人说,那一大片闪耀着金色光芒的水稻田,就是防风氏部落。之后,防风氏毫无保留地向他们传授了治水和种稻经验,福泽万民……"

这是我曾经写的散文《苍穹驿站》。下渚湖上陆老师的萨克斯声,曾经是我们同行五人生命中的一个驿站。我想,他关于散文的一切善念和善行,于无数后辈,就像防风氏部落那金色的阳光,亦是风雪夜里的一个驿站,一盏明灯。

苏沧桑,浙江省作协散文委员会主任、浙江省散文学会常务副会长。出版《纸上》《等一碗乡愁》等多部散文集。获十月文学奖、冰心散文奖等文学奖项。

论吹萨克斯对写作的益处

□ 周华诚

陆春祥陆布衣告诉我,他锻炼的方式有两种,一走运,二吹萨。他住运河边,走个路都叫走运,真让人羡慕,至于吹萨克斯,那更让人惊艳。但陆布衣总是淡淡地说,瞎吹,就是放松,玩玩。

最近一次听他吹萨,是在桐庐的百江镇,一大片稻田旁边的沙滩上。夜幕降临时,他走到人群前面,吹起了一支曲子,叫《可可托海的牧羊人》。大概是因为站在家乡的田野上,沐浴着家乡的夜风,风里带来粮食成熟的香气,头顶上的星星也特别多,所以陆春祥吹得也特别投入。听得出来,他的气息很悠长,旋律非常悠扬。我第一次觉得,在这样的田野和溪流之间听一曲萨克斯是非常美好的,我想,吹的人也会觉得非常美好。

我知道,吹萨克斯,要有强大的肺活量,否则既吹不响也吹不好。很多年以前,我刚到报社任副刊编辑时,那年的内部春晚,看着看着,到了他们中心表演,突然上来了陆春祥的萨克斯,让我第一次感到惊艳。那时候他已经是报社的领导了。后来,我在《作家》杂志上读到过他写的《学萨笔记》，他学萨就在他走运的京杭大运河岸边。京杭大运河浩浩汤汤，运沙船只往来不绝，偶尔拉响一两声悠长的汽笛，似与在岸边练习吹奏的陆老师形成唱和关系。运河千古繁华，气势磅礴，陆老师在运河边也吹得气势磅礴起来，渐渐音调里，就有了浩然之气；再渐渐，他的萨克斯就走上了报社春晚的大舞台。

在我眼中，陆春祥在杭州日报担任的是要职，作为分管经营的领导——熟悉媒体情况的人都知道，这是一个任务十分艰巨的岗位。几百人的单位，生活能不能过得好一点，腰包能不能装得鼓一点，基本要仰赖于经营这条线所取得的成绩。同事说，路过运河边的时候，偶尔能看到陆老师在吹萨克斯，我们听了，就觉得情况大可宽心，因为搞经营的领导能悠悠长长地吹一曲萨克斯，说明他胸有成竹，举重若轻，情况一定不坏。萨克斯本身硕硕大大的，看起来也很笨重，但陆老师居然能吹得那样悠长，叫人沉醉。有好几年时间里，我只知道两个人萨克斯吹得好，一个是肯尼·吉（Kenny G），另一个就是陆春祥。

举重若轻的陆春祥，不久之后，就更让人吃了一惊。他的一本书，《病了的字母》，居然获得了第五届鲁迅文学奖。老实说，在报社这样的文化单位，能写的人很多，出书的人也很多，但是居然悄无声息地捧回一个鲁迅文学奖来，为单位，不，为杭州市（其实准确说是为浙江省，他是当年浙江唯一获奖者）挣得一个大大的荣誉，陆春祥还是挺让人刮目的。

又要当领导搞经营，又要吹萨克斯，他哪里来的时间写作呢？陆春祥捧回这个奖,让我们报社老大也吃了一惊。据说,原来老大让他少写一点文章,多把精力花在创收的本职工作上。而现在,他不仅创收做得好,业余写文章居然捧回这么一个大奖,老大立即在内部《这一周》杂志上写了一篇《有感于陆春祥获奖》,他也感叹:只要把时间调配好,主业和业余是可以兼顾的。

陆春祥那时候,写作上主攻杂文随笔,他写得跟别人不一样,骂人都让人听了很高兴,回去想半天,才听出是骂人的话。文章写成这样,是不是高明呢?从获奖的结果来看,一定是高明的。那么,他到底是用什么时间写作的?我们也是后来才知道,他都是清晨五点多钟起床读书,双休日写作。他读书写作的时间,好像平白从哪里偷出来一样。

现在,陆春祥的写作势头很猛。他从杂文随笔的嬉笑怒骂,转向更加沉静的阅世读人——陆春祥的阅读量惊人,这是可以从文章里看出来的。据说在读大学的时候,他就一头扎进学校图书馆,中外古今都读,而且做了几千张读书卡片。这是一个热爱阅读的人,几十年如饥似渴。最近十几年,他专攻历代笔记,而且是有规划、有系统地读,像挖一口深井那样地读。再然后,这口深井就有了源源不绝的甘泉,他写出了历代笔记新说系列的一本又一本,个性极为鲜明,写作也更加沉潜和系统化,成果更加丰硕。一个获过鲁奖的作家,他试图用自己的写作实践来证明,最好的作品还是下一部。也因此,很多人觉得,陆春祥的写作如同他吹萨克斯一样,有着独特的悠长的气息,他吹出了自己强大的气场,然后跑马圈一般,建立起自己的写作疆域。

在我们这个年代，写作这件事，不再是依靠一本或两本书就能打天下的了，必然要依靠强大而悠长的气息才行。我觉得，陆春祥之所以能这样写下来，一定得益于他吹萨克斯的经历——他用一口气，直把乐音吹上云霄，如运河上的船舶汽笛一样连绵不绝。

周华诚，稻田工作者，独立出版人。出版有《流水的盛宴》《草木滋味》等十余种。获浙江省优秀文学作品奖、三毛散文奖等。策划主编"雅活书系""乡居文丛""我们的日常之美"书系。

陆春祥，《浙江散文》主编，浙江省作家协会副主席、中国散文学会副会长、浙江省散文学会会长。出版散文随笔集《病了的字母》《字字锦》《乐腔》《笔记的笔记》《春意思》《而已》《袖中锦》《九万里风》《霓裳的种子》等三十余种。曾获第五届鲁迅文学奖。

东捷老友记

□ 晓　航

与陈东捷主编认识应该是二十五年以前的事儿了。

二十世纪八十年代上大学的时候，我就对文学感兴趣，1990年毕业后，我尝试自己写写东西，偶尔能在杂志上发表一些片段。1995年，我又去经贸大学上学，记得毕业前夕的那个夏天，我一个人在图书馆里很长时间地写小说，图书馆的老师直看我，不知道我在忙什么。

我写的那篇小说叫作《重返过去》，写完之后，我请一位朋友帮我找找杂志，看看能否发表，那位朋友本也是文学期刊的编辑，于是他把我的和他的稿子一起给了《十月》。结果，我的那篇发表了，东捷那时就是责编。这很像陪别人考艺术院校，结果自己考上了的传统故事一样。我跟东捷从此认识了，东捷为人诚恳善良，年轻时英俊潇洒，爱打乒乓球也爱喝两口，这第二个爱好和我一样。对于一个业余文学爱好者，能在《十月》发一篇小说肯定是巨大的鼓励。《十月》在我心目中是神圣的,我高中上学住在奶奶家,独住的那间小屋里,长期摆放着一些文学杂志,里面就有《十月》,我因此偶然之间读了很多经典小说。

东捷是个很热情的人,人又特别厚道,他对我这样的业余作者非常尊重,像对待成名作家一样一视同仁。我原来曾在电台当过主持人,所以颇见过点世态炎凉。我当时做文学节目,认识了一些文学前辈,大部分人是很好的,但也有那种势利眼。我在那个位置上的时候给人家寄稿子,虽然没用,但是人家极其客气,后来,我不当主持人了,再寄稿子,人家很痛快地说,我们这儿几年的稿子都有了,你别寄了。真直接,佩服!

东捷绝对不这样,他讲义气,对谁都好。我也比较爱玩爱喝,年轻时属于那种特别能战斗的主儿,所以我们很快就喝到了一起。有一次,东捷的一位老同学张学昕(著名评论家)来北京找他,他就叫上了我,我们几个人迅速喝高了,然后就开始闹腾,比赛摸高,就是摸饭馆的房顶,一边笑闹一边跳起来摸。老板看得直眼晕,估计觉得我们几个就是神经病,也不敢说话。现在想想真好笑,年轻时真能折腾,也真不嫌害臊。

在《十月》发表第一篇小说后,我其实立刻陷入了困境,那是业余写作者常会遇到的状况,就是前几篇小说发表之后,其他的再怎么写也发表不了,退稿的理由有无数,但加起来就是一句话,写得不够好。那期间我很苦闷,当时我搬了新家,有了自己的房子,我把不能发表的小说目录写在一张纸上，贴在书桌上方的墙上激励自己，忘了纸上有多少篇，反正是写满了。

这种状态一直持续了三年，就在我暗暗下决心要放弃业余写作时，有一天，东捷忽然跟我说，明年《十月》要办一个《小说新干线》栏目，打算让一个新作者一次发两篇小说，问我有没有新写的东西。于是，我拿出了一篇《有谁为我哭泣》，认真改完后给了东捷，东捷看完了说很不错，问我还有没有，我就接着又写了一个短篇。

1999年《十月》第一期，我的两篇小说《有谁为我哭泣》《在冬天里奔跑》登上了《小说新干线》栏目，这让我倍感荣幸。最关键的是，东捷的这个举动彻底拯救了一个业余创作者，我本打算逃跑的，但正是《十月》的这次鼓励让我下决心一辈子写下去，不问西东。

1999年年底，东捷策划了一次"大饭"，请在京的年轻作家们吃饭，这可以看作是《十月》团结年轻作家的大行动。由于东捷的人缘，果然应者云集，那天晚上一共来了十桌人。我因为不知道天高地厚，主动申请和几个朋友担任"陪酒员"，挨着桌敬酒，结果，很快就把自己喝高了，高了之后整个晚上和人家飙英语，那个不堪那个散德行，后来东捷乐不可支地复述了我整晚的表现，我深感害臊。还是那句话，年轻时，最擅长的就是不要脸。

2003年北京遇到了"非典"，那一次疫情来得比较迅猛，但是时间不长，印象中在家憋了一两个月，但实在待不住了，于是我给东捷打了电话,我们两人一拍即合,决定冒着危险出来喝点。当出租车驶过高高的立交桥时,我打开车窗看着空空荡荡的街道,颇有一种风萧萧兮易水寒的"赶脚"(感觉),生活的多变性就在于吃喝的日常竟然也能诞生出"英雄感"来。

2006年《十月》又来了一次大行动,为庆祝《小说新干线》的成功(那时已经办了七八年了),决定在香山举行一次全国性的青年作家聚会。东捷指定我第一个发言,这个比较好理解,我是第一个登上《小说新干线》的,而且也当过电台主持人,不怕当众说话。

会议开始那天,我上台发言,先规规矩矩讲了一些话,然后说我作为业余作者,为了表达感激,送给《十月》一个礼物吧。这话一下子让大家愣了,当时的主编王占军老师闻言就站了起来,东捷也奇怪,没安排这一出啊。我接着马上说,我就给《十月》唱首歌吧,于是我拿出打印好的歌词,开始唱《野百合也有春天》。由于有点紧张,我明显唱得有点走调,但是喜剧效果达到了,全场先是哗然,继而哄堂大笑,我看见东捷也在笑,那一刻我知道自己的搞笑算是成功了,这也算为《十月》做的一点贡献吧。

后来的聚会又发生了什么,由于时间久远,我已经不记得了,就记得那几天大家还是各种喝,每天清醒的时间很少。两天之后我先撤了,因为还得上班,有一个印象很深,就是回到繁华的城市后,我反而有种落寞的感觉。我想,大家聚在一起爬香山多好玩,我回来干什么呢?其实,我就是在那样的时刻,已经开始琢磨未来到底要走什么样的路，做什么样的人。

时间过得很慢，时间也过得很快，它的这两副面孔常常让人惊讶。

2016年我的小说《霾永远在我们心中》获得了文学界非常重要的《十月》文学奖。说这个奖重要，首先是《十月》在文学界的地位，除了前辈们打下的坚实的基础，东捷他们这些年作出了许多出色的工作，使得《十月》这面文学旗帜一直飘扬在文坛的上空。其次是东捷为人正直，所以这个奖办得很公正，不分圈子，不看利益，只看文本，这对我们这些业余创作者是个福音。

这篇小说我其实写得非常艰难，我从2012年起开始写长篇，到2014年年初，写完了第一个长篇《被声音打扰的时光》。写完之后，没休息多久，我就闲不住了，想干脆再写一个中篇吧。谁想，这回我可给自己挖了一个坑，因为写了两年长篇，身心极度疲惫，再写中篇已经有些力不从心和逆反心理了，怎么也搞不下去。但是，我硬着头皮，一点一点磨，写完时简直快崩溃了。不过，令我意外的是，这个中篇拿出来之后，东捷和大家都说好，发表后很多选刊转载，这令我非常高兴，因为《十月》再次给了我鼓励，它在我相当迷惘的时候告诉我，我终于进步了。看来长篇确实对我有个很好的锻炼作用，我学会了一些多年来一直刻意忽视的现实主义手法（我十分讨厌庸俗的现实主义创作），这些方法恰好被我用到了这个中篇上。

2016年冬天的时候，颁奖仪式在四川宜宾李庄举行，我被邀请参加了。李庄是个人杰地灵的地方，也是一个千年古镇，从建筑的角度看非常漂亮，用的是新古典的手法。东捷显然来过这里很多次，《十月》也和李庄有着深入的合作。那天欢迎晚宴结束后，我和东捷为了多消消食，就徒步走回来，我们穿过小镇，沿着长江边走边聊。东捷讲了不少对于《十月》的设想以及未来与各方的合作，看得出，东捷对于《十月》非常上心，他的很多想法也在一步步实现。这让我不禁想起了股票市场中的那些长牛股，它们不管风吹雨打，总是能穿越牛熊一路向上，《十月》就是这样一种"牛股"。从一个旁观者的角度看，《十月》有东捷这样的掌舵人是幸运的，正是有了他的不断推动，这些年来《十月》才会稳步向上，一直屹立于文坛的潮头，不愧为文坛的排头兵。

2018年对于《十月》来说很重要，它创刊已经四十年。我参加了一次纪念活动，《十月》邀请了一些老中青作家举办一个座谈会，会上我遇到了很多师长和朋友。作为主编的东捷把会议准备得很细致，除了下午的发言，还有晚上精彩的朗诵表演。很可惜，那天我恰好有事儿，跟东捷悄悄打了个招呼之后就提前走了。

2019年我和东捷共同的朋友荆永鸣去世了，他是在领《十月》文学奖的过程中突然走的。那天早上知道这个消息时，我正在上班途中，眼泪无法控制地往下流，我完全无法接受这个事实，似乎冥冥中自有天意，就在前一天我还和老荆通过电话，我们平时很少打电话，那天也不知道怎么了，我忽然想起来要问他一些出书的事儿，谁想第二天就传来了噩耗。过了一阵，我见到了东捷，问他当时的情形，他描述了那时的状况，头绪非常多，一边颁奖一边得处理这件事，还好老荆的家里人和当地政府的朋友都非常通情达理，使得事情圆满而迅速地处理完毕。在饭桌上，东捷长叹一声，我的心中也非常难受，我知道东捷的意思，到了我们这个年龄，越来越觉得老朋友可贵，情感可贵，对我来说，交新朋友的兴趣不大，但是对老朋友一定鼎力支持。

2020年的开头就遇到了疫情，城市摁下了暂停键，大家都在家里待了足足几个月，四五月份之后情况逐渐好了起来，城市慢慢显现出了生机。我大概从四月份起就开始了日常的跑步锻炼，前一阵的一个傍晚回来，发现手机上有一个未接电话，一看是东捷，我打过去，他说正在我家附近和一个朋友吃饭，要不要过来一起吃，我连忙赶过去。三个朋友坐在一起时，大家甚是高兴，毕竟很久没见了，而且也馋坏了。那天晚上，我们照例聊到很晚，天南海北地似乎一下子回到了日常的生活，偶尔说起多少年前的非典我们冒着风险出去吃饭，大家都十分感慨，时间就那么快地过去了，人的一生也就在一眨眼之间。

写这篇有关东捷的文章对我也是大有裨益，它让我认真回顾和重述了过去的一部分生活，并且发现了那些对别人来说无所谓，但对我们来说却是熠熠闪光的时刻，所谓生活的意义也许就在那些不经意的瞬间吧。做个小结，我以为，《十月》是个好杂志，多年来它以一种兼收并蓄的姿态稳步前进，不愧为纯文学杂志的一面旗帜。东捷和他的同事们为此付出了艰辛的劳动，也作出了巨大的贡献。作为个人，东捷是一个非常善良、诚恳、厚道的人。记得有一次开一个全国性的作家会议，大家晚上喝完酒聊了很多，东捷讲了一些日常琐事，我们听了都很感慨。不久之后，我跟另一位老友聊起来，我们俩的结论是一致的，谁要是和东捷搞不好关系，那一定是那个人的问题，东捷是我们见过的世上最宽容、最厚道的人之一！

晓航，主要作品有《有谁为我哭泣》《佛光》《零落九天》《当兄弟已成往事》《当情人已成往事》《师兄的透镜》《穿过无尽的流水》等，曾获第四届鲁迅文学奖。

陈东捷，1991年起任《十月》编辑、副主编，现任《十月》主编、编审，编发的作品多次获得国内重要文学奖项。

"三好先生"陈新文

□ 彭国梁

所谓三好,是说他诗好、字好、编的书好。

先说诗。我见过几篇评他诗的文章,自然是十分中肯的。但说实话,关于诗,我最怕看这种理论文字。本来一首好诗,我读着有趣,但被他们分析来分析去,或从哲学的高度,或从玄学的高度,或从生命的高度,我看着看着,忽然就糊里糊涂不知所云了。

我说陈新文的诗好,我喜欢他的诗,是我觉得他的诗有趣。比如《三季》:"一阵风/吹散今年的春光/夏天的记忆被酷热蒸发/除了喘息没什么可以留下/秋树上爱的明月/依然有着弯弯的刀伤/愈合只是一瞬间的假象/那大路上的诗人/心中有歌却嘴上沉默/阴影拖在身后/无法称出重量。"

某夜,我读着新文的这首诗,不能自己。开始,我在自家的阳台上张望,在两栋高楼之间,一弯残月。我感觉这残月是被两栋高楼挤压的,那么孤单无助。周围没有星星,也没有云,有的只是高楼与高楼之间的冷漠。我伤感,我肌肉酸痛,我不由自主地又走下楼去。夜渐深，我坐在某一棵桂花树下发呆。仿佛那一弯残月知晓了我的心思，她忽然就从两楼之间跳到了最高的那棵桂花树上。我不由自主地在口袋里摸来摸去，我想摸出一片创可贴来。我想到那桂花树的枝丫间，摸摸那月亮弯弯的刀伤。我知道那刀伤已经愈合，但留下了疤痕，疤痕是一种记忆。每年的某个日子，就会隐隐作痛。我试图与那残月对话，想从她那里打探另一个人在另一座城市的消息。但我又分明看见几片桂花树叶飘落在地上，那是桂花树被月亮弯弯的刀伤所触动，而发出的几声叹息。

又比如《镜中一生》："旷野开了一朵花/镜中一定在开/另一朵/窗前闪过一个影子/镜中为什么不/香气弥漫/站在镜前/迎面撞上/一个无法抵达的自己/镜子映照着我/这世界即时拥有了/双份孤独/面对镜子/我想象已做好/一切加倍奉还的准备。"

我每天都站在镜前。一早起来，刷牙洗脸，然后看看我的胡子与头发。头发十天半月刮一次，否则那疯长的白发让人恐慌。胡子不刮，但十天半月要染一次，不能太黑，也不能太黄，要拿捏一个度。既要有岁月的沧桑，又要有秋天的气息。镜中的那个我，会不会笑话我呢？我用热水洗澡，镜子就被水雾覆盖。镜中的我便消失得无影无踪。我看不到他，他也看不到我，忽然之间迷失了自己。一天之中，我们要照多少次镜子呢？我住在二十一楼，电梯四面都是镜子。我被镜子中的我包围。如果孤独，那便是数不清的孤独。电梯中的镜子，有的让我变高，有的让我变胖。不看新文的诗还好，看过之后，我在电梯中无所适从。我想抵达自己，与镜中的自己握手甚至拥抱，但近在咫尺，却远在天涯。无数个自己，无数个世界。我在电梯中左顾右盼，作出各种古怪的动作。

新文的诗好，好在能让我偶尔失去理智。浑然不觉间，进入到他的诗中，成为他诗中的一个意象，一个细节，一个词。就像做梦一样，在他诗的世界里荒诞而又自如地行走，没有道理可讲。我感动，我陶醉，我迷失。同时，我又在镜中发现我的孤独像长寿眉一样长，深深的皱纹如月亮一般，有着弯弯的刀伤……

再说字。好多年前，写过一篇小文《渐显阔大气象，接近心手无碍——聊聊陈新文的书法》，不长，照录如下：

聊聊陈新文的书法，这实在是不准确的。准确地说，应该是聊聊我对陈新文的印象，这其中包括他所痴迷的书法。对书法我是外行，内行一见他的书法，就知道深浅，知道他的功力到了那个份上。我扬长避短，世故也好，圆滑也好，至少我不会轻易地显歪。

早两天我们在一起喝茶，他还给我看了一首新写的诗。他是有灵气的。看诗我比看书法内行，一个人能不能写诗，或者说能不能称之为一个诗人，我只要看他或她几首诗就可以了。有的人写了一辈子诗，说得不客气点，那是连门都没有摸着的。新文是能写诗的，新文是个真正的诗人。

在这个城市要找一个喝茶的人，当然不难，但如果要找一个不但喝茶，同时还能聊书的人就真的不那么容易了。最近几年，我和新文走得比较近，原因是一个字：书！新文在湖南文艺出版社供职，曾经编辑过不少的好书。比如《心灵鸡汤》系列，就有百多种。又有《风尚听读》《风尚悦读》几十种。我就主编过其中的四种，即"世界文学史上最美的散文和诗歌"等。这四种书都是新文责编，因此我们也就经常地相约喝茶聊书。说起来也许没人相信，我们聊书，聊得特别投入。比如某一本畅销书是如何出笼的，某一本书的广告语又是谁的杰作。聊书的创意，聊书的设计，聊与书相关的种种。好几个晚上，一不留神，就聊到了茶馆打烊。

我原本并不知道新文在书法上的造诣，有几次我和新文喝茶时，他忽然把手机放到了我的面前，让我看看他写的字。我一看，哎呀，不错不错，没想到他在书法上还有如此的功夫啊。新文便谦虚：写着玩，写着玩。我说，玩好啊，有一种玩的心态，那书法自然就会达到一种境界。去年的五月，西安的汉江送给了我一套珍贵的《西安碑林名拓典藏》，一个雅致的木盒装着十二册碑帖，其中还有一幅五张黄庭坚的原拓片。有一天，新文来近楼观书，我便向其展示，谁知新文一见，眼睛里就放出异样的光来。他先把那十二册碑帖翻了好久好久，后又把那五张黄庭坚的原拓片一张一张地展示在我一楼的长条桌上。我发现，新文整个的身心都被粘住了。我当时忽生一念，我于书法毕竟是外行，这一"典藏"放在我这里只会束之高阁，怠慢那是难免的。我何不拿出点古人"宝剑赠英雄"的气概来呢？我把这意思向新文一说，新文还真的没有太讲客气，因为他实在是太喜欢了。

后来聊天时得知，新文自幼就对书法特别喜爱。他没有拜过名师，全是自摸门道，但他路子走得很正，长期临帖不断。颜真卿、柳公权、王铎、何绍基;《张迁碑》《兰亭序》等,无数的名家名帖,他反复研习。从初中到高中,每到春节,他就会为当地的老乡写春联,每年都要写一两百幅。在他的老家,新文的春联是很有名气的。

"一为迁客去长沙,西望长安不见家。黄鹤楼中吹玉笛,江城五月落梅花。"近日,新文从QQ上发来几幅他的作品,我的感觉是:渐显阔大气象,接近心手无碍。假以时日,那是要在书法家的前面加上一个"大"字的。所以,我得选一个合适的时候,向新文求一到两幅字,然后静静地等待,等待着它的升值。

哈哈,某刊编辑让我为新文的书法写几句话,这简直就是他的"大雅"遇到了我的"大俗",不知我这么一通胡说,能否交差?

此文写作距今已近十年,现在新文的字自然是今非昔比。他的一位现任广州市社会科学院历史研究所所长的大学同学王美怡女士说:"他的字摆在我的面前,总让我想起许多朴素的事物。这些事物似乎在现代生活中消逝已久,难觅踪迹了。比方说,冬日小桥流水边的老树枯藤,山村茅檐之下初绽的寒梅,我甚至会想起少年时候在山里面,下雪的夜晚,听到飞雪折竹的清响……我眼中的新文,如今已经走到儒释道浑然一体的境界。品高,字自然不俗。无须炫技,也不带杂念,新文写得从容洒脱,字里另有一种老僧入定的朴拙。"

书法家兼书法评论家张瑞田先生则从碑学的角度评曰:"陈新文是当代文人,独钟碑学书法。这一点是不是先贤诗文的指引,或者是碑学书法独有的苍茫与铿锵,引起了诗人的灵感?应该是的。陈新文对新事物很敏感,他学习书法,不喜欢循规蹈矩,他愿意在变化中体悟书法的魅力,愿意在陌生中感受书法的点线、结构、韵味。这样的倾向,让我们看到了一位当代文人在碑学书法中的展开,静穆而沉着,深情而放达。"

最后说说陈新文编的书。今天下午,我一直都在读余秀华的诗。湖南文艺出版社2015年5月出版的《摇摇晃晃的人间》。随便翻开一页,我便读到了她的《心碎》:"……咖啡座前的那一个,不是我/月上柳梢头的时候,那个人不是我/相濡以沫的一个不是我/唱歌的不是我//流泪的那个是我/把爱和生命一起给出的是我。"我把这本书翻开又合上,合上又翻开,五味杂陈。这本书是陈新文编辑生涯中最重要的一本书,2014年《诗刊》9月号的下半月刊,在"双子星座"的专栏中集中推出了余秀华的9首诗。11月10日,诗刊社的微信公众号发布了这一组诗。陈新文说:"第二天晚上我就在朋友圈里看到了,非常震撼。她质朴鲜活有力的诗歌语言一下子击中了我。职业习惯让我觉得,这样的诗人值得为她出一本诗集。"

2014年11月12日,陈新文就和余秀华联系上了。此时,全国还没有任何一家出版社和她联系过。这是余秀华出版的第一本诗集。在她还没有大红大紫的时候,开印一万册,稍懂出版行情的都知道,这是要冒风险的。后来余秀华红遍诗坛内外,这本诗集自然大卖。据说至今已售出40万余册了。这在近一二十年的诗歌出版史上,创造了一个奇迹。这之后,湖南文艺出版社又推出了余秀华的自传体小说《且在人间》。

在陈新文所编的书中，还有李修文的《山河袈裟》，也是重中之重，很值得一说的。评论家刘川鄂、钱刚在评论此书时说："《山河袈裟》，十年一剑，铸就快时代的慢作品，它是李修文的惶惑之书。里面有着小人物，有着大悲悯，写颠沛流离，写山河浩荡，写人民与美，直至把自己写成了大地的亡灵。大幕拉开，人间天堂地狱融为一体，无比阔大。看到星辰闪电，发足狂奔；看到老僧禅定，山河入梦……"又有评论家贾想说："我们遭遇了一个奇特的文本，它坐落在散文的群山之中，却隐秘地孕育着叙事的溪涧。它的作者披着修辞的袈裟，僧侣一样在山河之间奔波。看上去只是在赞颂众生，其实却是在疗救自我……"《山河袈裟》是李修文的首部散文集，此书荣获第七届鲁迅文学奖。这之后，李修文的《致江东父老》，也是陈新文所编书中，很有分量的一本。

我和陈新文有着相似的经历，我编报纸副刊、编杂志、编书，可以说当了一辈子编辑。我是内行看门道，我深知，当一个好编辑，编出既有社会效益，又有经济效益，还有人文情怀的好书是多么不容易。一本书从策划、组稿到编校、装帧，再到印刷出版，其间的艰难曲折与辛劳，真不是三言两语可以说清的。陈新文从大学毕业便进入湖南文艺出版社，参与编辑的第一套书，是《潇湘战史》系列，六大本：《最后一战》《血在烧》《落日孤城》《八千男儿血》《逝水沧桑》《荡匪大湘西》。这套书我曾翻过，也知道当年产生的巨大影响，但未收藏。在写此文时，为表对新文和当年带他入行的编辑老师的敬意，我特在孔网下单，买了一套，以补近楼之缺。

陈新文编辑和策划的好书太多，限于篇幅，在此从略。如同书画，得留白。我说陈新文是诗好、字好、编的书好的三好先生，貌似调侃，实则有一说一，不打妄语。

彭国梁，出版《爱的小屋》《感激从前》《长沙沙水水无沙》《民国名人在长沙》《书虫日记》《前言后语》《近楼书更香》《近楼书话》《胡思乱想》等诗、文、画集四十余种。主编《悠闲生活絮语》等悠闲系列、《跟鲁迅评图品画》等图文系列、《我们的春节》等中国传统节日系列各类图书一百多本。

陈新文，湖南文艺出版社社长，《芙蓉》杂志社社长兼主编，参与策划、编辑的图书获得过中国出版政府奖、中华优秀出版物奖、鲁迅文学奖等。曾在《诗刊》《星星》等发表诗歌300余首。研习书法三十余年，出碑入帖，体颜追王，风格独具，清雅可人。

今生幸识宗仁发

□ 刘 庆

1996年9月的一天下午三点,我和宗仁发老师坐在长春宾馆的一楼大厅,等候作家出版社的编辑张懿翎。我记得我们面前是一个圆圆的玻璃桌子,桌子上放着我的长篇小说《女孩》,看着那叠无辜被打印上黑字的白纸,我的内心极度慌张。那天下午,室外的阳光很暗,宾馆的大厅十分嘈杂,这里是第三届中国长春电影节招待外地客人的指定宾馆,感觉所有人都在大声地打招呼,尽力地寒暄,张扬着久别重逢和初见的惊喜。我在等待着一次裁判,身边坐着和我一样期待结果的宗仁发老师。

两年前,我在老家的公安局目睹过一次审讯,一个25岁的女孩杀死了一个老太太,那个女孩无业。一个雨天,她在一户人家的门口躲雨,好心的老太太将她让进屋子,她见财起意,搬起花盆砸死了那个老人。案情毫不费力地破了,女孩将住宿的收据遗失在作案现场。我记得女孩被审讯时一遍遍地询问老人的情况,警察告诉她,老人一点事也没有,她只要交代就好。看着她惊恐闪烁的眼神,我深受刺激。

警察还出示了她敲诈一个老板的字条，她和那个人在野地里完成了交易。她发着抖，和她一起抖的是她身上穿着的那件偷来的宽大的旧毛衣。我想将这个故事写成小说。原来计划写一个中篇，不小心写长了，写成了长篇。这是我写的第一部长篇小说。

我把小说交给了《作家》杂志的编辑李健君。健君老师编发了我的第一个短篇小说，那时是1990年，我还有三个月大学毕业，这为我找工作增加了履历。健君老师看了小说非常兴奋，也十分为难，说他要将小说推荐给仁发看看，想办法说服宗主编，改成个中篇发表。小说在四五月间交到宗老师手上，七月读完。我怎么也想不到，宗老师认定这是一部好长篇，并担负起推荐发表的责任。他将小说寄到《花城》，知道懿翎到长春参加电影节，立刻带上我去见面。宗老师和懿翎见面，懿翎笑得很开心，一边拿起小说翻看，一边说，宗仁发看好的小说，一定是好小说。三分钟，我保证，绝没有超过五分钟，懿翎用力放下稿子，这部书我出了。当时，她就是这样说的。我的心跳好像停了，脑袋晕晕的。懿翎将我请去北京，用了一周的时间，我在中国文联招待所将小说修改完毕，然后就一心等着出版了。又一个月后的一天晚上，我和未婚妻的同事在饭店喝酒，BB机忽然出现一个上海的电话号码。我借了手机去外面回电话，电话里说，我是《收获》杂志的钟红明，我们要发表你的长篇，有一些修改意见要传真给你。天可怜见，我当时的目标是五年内在《收获》发表一个短篇小说。那一瞬间，狂喜到有如升天。我模模糊糊地记得，钟红明在电话里告诉我，她去北京出差，作家出版社的懿翎将小说推荐给她。我不记得给几个人打了电话报告喜讯,要求人家祝贺我,中间当然有宗老师。打完电话,我顺手将手机交给了服务员,可见当时狂喜到什么程度。

我一直以为,即使做文学,也有文运的存在。如果传说中的钟红明去北京出差没去看望著名的张懿翎,如果传说中的张懿翎没有因莫言老师的小说《白棉花》,到长春参加电影节约了著名的宗仁发,我的文学之路更可能白雾茫茫。1997年1期《收获》发表了我的第一部长篇小说,将小说的名字由《女孩》改成《风过白榆》。从《风过白榆》开始,我的每一部长篇宗老师都是第一读者。1998年,我和诗人任白准备辞职去创办《新文化报》,征询宗老师的意见。他说,如果你们失败了就到《作家》当编辑。这句话成了我们的底气和勇气,也再一次改变了我的人生。

二十世纪九十年代初,吉林省的写作者们有一个幸运的九月,《作家》杂志出版一期省内作者的小说专号,专号出版前会组织一次笔会。每次笔会都是文学的节日,当时《作家》杂志有孙里和宗仁发两个副主编,每人一期。我自认我的小说属传统一派,因此不敢将小说给主张先锋的宗老师看。我刚刚大学毕业,专业是统计学,虽分配到报社,不但当不上记者,领导总想让我去财务处当出纳员,就迫切地想发表点东西做资本好去当记者。1991年孙里主编的"吉林青年作者专号"发了我两个很短的小说,到了1992年由宗老师主编,心里便很忐忑。笔会期间,我在树林里找了一个树墩,趴在上面写成了一个叫《撕打》的短篇,毫无信心地交上去。奇迹发生了,宗老师竟然让我再交一篇,那一期我发了两个短篇,还有一篇《跨过额尔古纳河》。杂志的封二给作者发照片,我的照片下面,宗老师特地加上一个注解:刘庆,在单身宿舍里。这几乎是给我发了个征婚启事,还真接到了女读者的来信。不但给发小说,还负责打征婚广告,宗老师对一个刚上路的小作者想得真够周到了。

宗仁发在我们的心目中如神般地存在,他高大清爽,明朗帅气,大学毕业四年即在《关东文学》做主编,任文联副主席,那时他只有二十五六岁。《关东文学》是吉林省辽源市的小刊物,竟被他办成名刊,辽源也成为中国文学的重镇,其传奇再无法企及。当年,他到北京、上海,请作家们搞研讨会,想办法刊发大家们的作品。当时民间活跃的第三代诗人,包括李亚伟、万夏、韩东、陈东东一众还没有引起广泛的关注,《关东文学》就参与到这个现代诗的浪潮中去了。宗仁发和他的《关东文学》影响了一代诗人,同样也成长了一代作家。作家李洱有一篇随笔《向宗仁发们致敬》。李洱写道,1986年夏,他坐在华东师范大学文史楼前面的草坪上,仰望着天上的流云,心中一片迷惘,他不知道"以何种形式进入'美好的未来'当中"。格非从栅栏上跳了过来,手里拿着一封信。信里说格非的第一个中篇小说《没有人看见草生长》即将在《关东文学》上发表,好友的幸福极大地感染了李洱。半年后,他在写毕业论文的间隙,完成短篇小说《福音》,他想都没想,直接寄给了《关东文学》。1987年冬,毕业半年的李洱从河南回上海。他意外地看到一封信,里面有一份《关东文学》,上面刊登着《福音》。李洱说:"我立即体会到了一种前所未有的幸福,看到了文学的大门向我启开了一道缝隙。"

我常常想，在我的文学之路上，如果没有宗仁发会怎样，幸运的是我结识了宗老师，而且受惠良多。有了宗仁发，吉林省的文学活动很活跃，余华、格非、徐坤等都来长春参加活动，让我们有了向优秀作家交流学习的机会。1997年，宗老师带吉林作家去江苏交流，在上海，我第一次见到了钟红明。在嘉兴，作家张旻请我们喝酒，连从不喝酒的作家述平都喝得兴奋不已。在南京，白天我们见到了范小青、苏童、叶兆言、黄蓓佳，晚上茶馆里，韩东、朱文等一众兄弟共坐一室，大家都如星捧月般向宗老师表达敬意和谢意。吉林省的写作者们是幸运的，幸运的是有宗仁发和《作家》杂志，有了宗仁发，才有了眼界和境界。宗仁发的文友遍天下，当下成了名的作家几乎都是他的朋友，和他有过文谊友情，许多人在为文的成长之路上，受过他的帮助和指点。

宗老师待人心细如发，连在饭店安排吃饭都会照顾到每一位客人的感受，所点菜品色香俱足。他待人谦和，即使对最好的朋友亦是如此。有人将他和沈阳的编辑林建法先生并称为"东北二法（发）"。2003年，宗老师为了我的长篇小说《长势喜人》扩大影响而组织评论，他对我说，推荐给《当代作家评论》的稿子发不发，他没有把握，他和建法是好朋友，但建法不会看他的面子发稿子，他也不会影响建法的选稿标准。编辑家之间的文谊竟能如此纯净。后来我到了沈阳，和建法师住在一个小区，经常到他家里蹭书蹭饭，发现他和宗老师的友情真的十分深厚，就更敬重他们之间这种真正的友谊。

宗老师的办刊目标是要将《作家》杂志办成中国的《纽约客》。

1988年,他从辽源调到吉林省作家协会,任《作家》杂志副主编,后又接王成刚先生任《作家》主编。《作家》的前身叫作《长春》。长春是一个省会城市,但其地域的局限同样显而易见。宗老师意识到了地域限制《作家》"偏处一隅"(韩少功语)的藩篱,他要借鉴《纽约客》《大西洋月刊》等刊物的办刊经验,让文学在民族精神的滋养方面能有所建树,并承担体现时代风貌、引领时代风气的使命,将《作家》办成一代名刊。他的努力从《作家》荣获期刊编辑界的最高荣誉——第三届中国出版政府奖的期刊奖即可得到明证,他本人亦获得第三届中国出版政府奖的优秀人物奖。诺奖得主日本作家大江健三郎在给《作家》的题词中写道:"无论对于西欧作家还是东方作家,《作家》杂志都能给予广泛、公平和富有魅力的介绍,对此,我谨表敬意。"

结识有眼光的编辑家对于作家和诗人无比幸运,但对于编辑家本人则别有滋味。如果有更多的时间写作,宗仁发会是更出色的文学评论家和诗人,他的才气和睿智很早就从他出版的著作中喷薄而出。没有人比宗仁发更爱《作家》,为了这份他倾注心血的刊物,他放弃了省文联副主席的任命,这导致他在职务上不能再"进一步"。但他保住了一份名刊。我常常想,中国作家的作品尚差强人意的原因不在于眼界。当下社会的光怪陆离和创作素材之丰富对于写作亦十分难得,那么差什么呢?差的是众多的文化人太过聪明,他们知道自己和别人要什么,知道怎样才能有名有利,得到各方认可。以宗仁发对社会的洞察,他当然知道不接受提拔意味着什么,但他仍然选择了为之呕心沥血的《作家》。

很难想象，没有宗仁发的《作家》会是什么样。他因执着文学和《作家》而成名，亦因执着文学和《作家》而受伤。对于他个人不论，但对文学又是多么大的一种幸运。他在评论集《寻找"希望的言语"》里面，引用博尔赫斯的一句话——"要把岁月的侮辱改造成一曲音乐、一声细语和一个象征"作为一篇文章的标题。他写了2007年11月的一个夜晚，他和林建法、王小妮、徐敬亚在五指山市看星星，他们看了几个小时。他写道："在与时代问题的对峙过程中，诗人的内心无疑承受着巨大的压力和严峻的考验。如果没有一种强大的精神支撑，是无法持久坚守的。"

诗人宗仁发，评论家宗仁发，文学编辑家宗仁发，仁厚朋友宗仁发，持久地坚守了他的内心，并将持久地坚守下去。

今生幸识宗仁发，文学幸有宗仁发。

刘庆，辽宁大学文学院教授。出版《风过白榆》《长势喜人》《唇典》《冰血》等长篇小说。长篇小说《长势喜人》《唇典》分别被中国小说学会评定为2017年度中国小说排行榜。《唇典》获第七届世界华文长篇小说奖红楼梦奖首奖。

宗仁发，《作家》主编。编发的短篇小说曾获第一届、第二届、第四届鲁迅文学奖，编发格非的长篇小说《江南三部曲》获第九届茅盾文学奖。主编的《作家》杂志获第三届中国出版政府奖期刊奖，个人获第三届中国出版政府奖优秀人物奖。

我所认识的杨晓升

□ 马津海

认识晓升有二十年了。本人退休也有六年余,但一直保持联系,并仍然关注的同行唯有晓升;同为文学期刊主编,始终惺惺相惜的唯有晓升;国内文学期刊以百计,办刊理念近乎一致的唯有晓升。

说到晓升,还得先说说《北京文学》。与《北京文学》的渊源要上溯到二十世纪九十年代初,不记得准确日子了,忽接电话说当时的主编浩然先生,带编辑部一干人马专程来津拜访。于是那次得见浩然先生真容,和《北京文学》的同行们也认识了,也就是从那时,开启了《小说月报》和《北京文学》两刊之间的友谊序曲。

当时《北京文学》的社长章德宁讲,从《中国青年》杂志调来一编辑,叫杨晓升。我当时挺纳闷,《中国青年》可是团中央的机关刊物,发行量大,级别也高,影响力在当时国内青年人中首屈一指。而当时国内的文学期刊已经风光不再,逐渐萎缩并边缘化,各家主编们都在为发行量大降而叫苦不迭,为办刊经费无着而焦头烂额。记得当年连续开了几次文学期刊研讨会,专门研讨文学期刊的生存与发展问题。更有一届全国人大代表会议上,十几位作家联名提案,呼吁政府部门关注文学期刊的生存状况。在那样的大环境大氛围下,从一个鼎鼎大名的杂志,调到市文联下属的《北京文学》,还真引起了我的些许好奇。

在我三十余年的职业生涯中,参加各类文学活动不下百余。单就《小说月报》而言,每年要举办特邀编审会,原创版每年要举办作家采风笔会,还有两年一届的《小说月报》"百花奖"颁奖活动。《北京文学》每年至少也举办一次作家联谊会。加上国内各种文学活动,与晓升见面的机会渐渐多了,聊的话题也渐宽渐广渐深,直到后来无话不谈。

晓升是广东人,广东人的特点却不明显。首先是个子不矮,至少一米七五以上,方圆脸、阔鼻、厚唇,不太爱笑,初次见面你可能对他会有不苟言笑的印象。他讲普通话基本不带广东腔,这可能跟他大学毕业后一直在北京工作有关。说话男中音偏低带有磁性(说到这猛地想起,晓升唱歌极有天赋,各类型歌曲无不擅长,且字正腔圆,中气十足,每每被我刊副主编董兆林调侃为"麦霸")。

多年的交往,我的感觉是,晓升有强烈的事业心和责任感,他自己说过:"我是个责任感很强的人,做事非常认真投入,不会敷衍了事,随便应付。"我感悟他还有一个特质,就是为人正,这个正不仅仅是具有正义感,在言谈举止、为人处事,都透着一股正气。他的这种气场,使你与他对坐对谈时,也会不由自主地端正举止,正襟危坐起来。这么多年,晓升与我交流最多的就是如何办好刊,如何发掘好作品，对作家作品的看法，以及围绕办刊的其他话题。不记得是哪一次，他跟我谈了他的个人问题，一个国字号的文学刊物想调他去，好处是比他现在的行政职务高了。晓升诚恳地征求我的意见，我慎重考虑后回复他：现任职务虽然行政级别不高，但你是一把手，你的一切办刊理念和想法都可以顺利执行，干起来心情舒畅，人和是一大优势。而到了那个国字号刊物，行政级别是高了，人事情况也复杂了，上下左右要顾及的事自然也就多了，最关键的是一切都得从头开始。我给他的建议是：不宜去。后来晓升是否听了我的意见不得而知，但直到现在还在原岗位上。这是我们之间仅有的一次谈个人问题。

　　做文学期刊，很多主编或编辑都有两把刷子，一把是职务行为，即做刊物主编或编辑，一把是业余搞文学创作。其实编刊与创作是两个行当，好的编辑不一定能写好文学作品，好的作家也不一定能当个好编辑。晓升也有他的两把刷子，这两把刷子可都是硬棕毛的。著名文学评论家孟繁华这样描述："杨晓升的报告文学和小说创作两副笔墨上下翻飞。"另一位著名文学评论家李建军说："他的报告文学写作焦点，紧对着社会问题，紧盯着人们流泪的眼睛。"著名文学评论界前辈雷达更有这样的评价："他是一位出色的报告文学作家，具有广阔的视野和强烈的社会责任感，从当年拜金潮的批判写起，一路写教育的、科技界的危机和问题，直写到独生子女，特色突出……他的小说，注重日常生活和民生疾苦……他的选材的人民性是非常鲜明的，一是关注当下，有充分的现实感；一是严格遵循生活内在的逻辑，具有强烈的真实性。"

总之，晓升创作的两副笔墨都十分有建树，专业评论家们对此都有全面精到的评论文章，这里不赘述。给我印象较深的是一部中篇小说《介入》，晓升推荐给我，要听听我的意见。我读后很兴奋，遂打电话告诉他："这部小说写出了大家习以为常，见怪不怪，且从未有人说出来的真相。即所谓人人心中有，他人笔下无的效果。"后来某次交谈又提到了这部小说，我说，你这部小说的细节都真实到无可挑剔。晓升说，小说里面的很多情节、细节，来自他岳父住院的亲身经历。原来如此，晓升眼光敏锐而独到，他善于捕捉日常生活中的细枝末节的能力可见一斑。

晓升的另一把刷子就是办刊。他到任后，《北京文学》（精彩阅读）和《北京文学·中篇小说月报》两刊几乎一年一副新面貌，年年都有新气象，办得风生水起，令同行们羡慕不已。纸质印刷的文学期刊，在互联网多媒体的冲击下，近年来逐渐被边缘化，趋于小众，已是不争的事实。但晓升执着坚持，砥砺逆行，他的压力和担子，做过文学期刊主编的我尤其感同身受。

本文开头说到我与晓升办刊理念近乎一致，或也可以说高度相似。下面对比着摘录几段我们有关办刊理念的言论以佐证。

关于办刊理念——

杨晓升："我认为，面对文化环境已然发生变化与转型的情况，文学期刊自身普遍缺乏应有的觉醒和自我反思，普遍存在闭门办刊、孤芳自赏的现象，甚至怨天尤人或抱怨读者。而我认为，文学杂志既然是公开发行的刊物，首先是为读者办的，应该将读者放在首位，作品的好坏和刊物的好坏，首先必须交由读者检验，作家的创作和刊物的出版，都应当为大多数读者所喜闻乐见，唯有如此，文学杂志才有生命力。"

马津海："我认为，文学期刊的路越走越窄，其根本原因不在读者身上，而应当从创作者和文学期刊自身上找原因。""在进行了充分的市场调研，研究了文学期刊的现状之后，《小说月报》及时调整了办刊思想和刊物定位，从原来兼顾作家、期刊界、文学评论界、读者几方面，转向主要关注读者，一切从最广大最基本的读者和文学爱好者着眼。"

关于选择稿件——

杨晓升："比如编辑可以有自己的审美倾向，但绝不能以个人好恶选择稿件，选稿要服从刊物的大局和需要，要善待每位作者，质量面前人人平等，最大限度地杜绝关系稿、人情稿。"

马津海："办好期刊，我们还有一条重要的经验，就是必须刹住'关系稿''人情稿'，这也是许多文学期刊存在的通病。刊物定位准确，外包装吸引人，但是'关系稿''人情稿'这个口子堵不住，其他的努力都得付之东流。"

关于编辑——

杨晓升："在别人说三道四、指手画脚的时候（这种情况往往会出现在改版初期），一定要有自己的判断和编辑定力。二十世纪九十年代，之所以有一批文学杂志不断改版，三天两头变换花样，最终大都无疾而终，正是缺乏这种编辑定力。"

马津海:"作为文学期刊的编刊人,既不能厚此薄彼,也不能姑息迁就。否则你就对不起读者,你就会失去读者对刊物的信任。""不断通过信息反馈和市场调研揣摩大多数读者的欣赏口味,还要敢于对那些读者不喜欢的作品说'不'。"

还有许多办刊体验就不一一赘述了。一个文学期刊的主编与另一个文学期刊主编办刊理念高度相似,这恐怕在国内期刊界也算是佳话了。

还有一个奇葩话题。《小说月报》"百花奖"两年一届,在国内文学奖项中唯一坚持采用读者投票的方式产生获奖作品,并为众多作家所看重。在晓升就任主编后,《北京文学》从"百花奖"第十届开始,获奖篇目逐年增加。第十届三个短篇获奖;第十一届三部中篇、两个短篇获奖,占全部 20 篇获奖作品中的四分之一;第十二届两部中篇、一个短篇获奖;第十三届竟创纪录地有七部中短篇小说获奖!每次颁奖大会上都能见到《北京文学》的获奖责任编辑们,我经常调侃他们说:"你们简直成了获奖专业户,拿奖拿到手软!"

众所周知,《小说月报》"百花奖"由于不设评委,全凭读者投票产生获奖作品,它的权威性和公信力毋庸置疑。而《北京文学》连年高中,说明了什么?刊物与市场、与读者高度契合,或也可以说,这本刊物经受住了市场的检验,受到广大读者的喜爱。

晓升是二十世纪六十年代初生人,我是五十年代初生人,彼此相差近十岁。同为恢复高考后的大学生,他学的生物,我学的中文。结识之后,同道二十余年保持友谊,殊为不易,不能不说是一种特殊的缘分。

我们常常讲能量，正能量、负能量，而据权威科学家讲，能量无正负。但我仍认为，能量如果到了有血有肉的人身上，它就有了正负，它就有了情感色彩。你觉不觉得，你跟一个充满负能量的人谈话以后，你的心情会变得很糟，沮丧、灰暗、不开心？而你跟一个充满正能量的人谈话以后，你会变得昂扬、舒畅、积极乐观。晓升就是一个充满正能量的人。

关于晓升，短短一篇小文是写不全的。而且他还在前行，以他的个人品质和能力，还能走多远，真的无法限量。我只预祝他走得更远，他的两把棕毛刷何时换成钢丝刷，上下飞舞得更漂亮。期待！

马津海，男，著名编辑家、评论家，《小说月报》原主编。

杨晓升，时任《北京文学》社长兼执行主编，中国报告文学学会副会长。著有中短篇小说集《身不由己》《日出日落》《寻找叶丽雅》等。曾获第三届（2004—2008）徐迟报告文学奖、新中国六十周年全国优秀中短篇报告文学奖等。

林森的海角天涯

□ 符 力

　　约好了聚餐的时间地点,朋友到齐了就开瓶倒酒。这时候,往往有人推一下桌面上的一大串钥匙,顺手端起茶杯,说:我开车,晚一点还要去接小孩,你们喝吧。接着又有人说:我中药还没喝完呢。还可能有人面露羞色,说:不好意思啊,我最近封山育林……这样,就有人不爽了,听,他把话甩出来了:呵!你们是来吃饭的,哪里是来喝酒的!对此,大家照样说说笑笑,菜品也一碟碟、一锅锅地上得差不多了,就抓起筷子开吃。有人想喝啤酒就不强迫他喝红酒,有人举起清茶碰你的白酒杯也没什么不可以。这就是我海南文朋诗友相聚给人的感觉:随意,轻松。有一次,是我请客,大家都没带酒,也没人说非喝酒不可,便以茶代酒,边吃边聊。过了一阵,有人向我提议:还是喝一点吧?我没意见。酒上来了就一杯接一杯地喝,喝多了三瓶还是四瓶,喝的是力佳还是虎牌或者蓝带?如今已想不起了,但我仍记得那是在金牛岭附近的一家琼菜馆,喝酒的人只有两个,一个是我,一个是提议喝酒的林森。另一次,座中"80后""90后"作家诗人居多，聊到兴头上。林森也在场，他又一次笑着鼓动大家喝酒——他的笑，不是那种仰头没边的哈哈大笑，也不是藏一半露一半的微笑，而是像阳光下的海浪那样大面积地展开的、爽朗又略带挑逗意味的笑。他问："喝不？都憋着干嘛？"我正要说喝！他已经转头向门外喊话："服务员，先来几瓶燕京。"

是的，我想说的是林森能喝酒，兴致上来的时候，他会主动找人喝酒。他能喝，并不意味着他喜欢喝，而是心有快意，不喝不爽，不喝不激情飞扬。

一个人的性情，自然是从父母那里带来的，后天的影响也是重要决定因素。林森生于1982年，在瑞溪镇（海南省澄迈县）上读初中，和那个时代的流行风气相关，他看港台片，读武侠小说。2005年9月，他在天涯社区发的散文《忍把浮名，换了浅斟低唱——怀念古龙》里提到："当时小镇上租书的地点找不到别的书，我把能够找到的古龙的小说都读了，很少读别人的……读古龙成了一种瘾。金庸当然也是读的，可金庸一直如良师严父，古龙更像可以一起出入大街小巷的醉倒在晓风残月不管明天和生死的挚友。"古龙为人豪爽洒脱，嗜酒如命，他的小说故事情节有非比寻常的吸引力。他小说中的楚留香、陆小凤、李寻欢、叶开、萧十一郎等等，也个个都是天生海量……这些对正值青春年少的林森来说，影响是极大的。这样的影响，在他的人生中，肯定是深远且不可磨灭的。看过林森大学期间在天涯社区发布的长篇小说《北门》、早期的短篇小说《邦墩西里》，以及不少散文、诗歌，便可大致看出他青春期的骚动、狂想里包含着对滚烫的人生理想的憧憬，也能理解他为什么把自己最初的文学园地——天涯博客——起名为"林森的叶开"。

很幸运，林森在中学、大学期间结识了王蔚文、王鸿章、李朋、陈亚冰等文学同伴，他们在海南大学南门、北门一带吃夜宵，上网吧，谈诗，创办诗歌刊物《本纪》。而林森从《北门》开始，没有间断小说创作，一路走来，可以说写就一部"孤胆英雄"成长史，因为他身边没有一咬牙就坚持翻越二三十万字的小说高山的同龄人，无人与他竞争，与他相互激励，与他交流其中的艰苦与乐趣。如今，林森已取得相当耀眼的文学创作成绩单，书已经出版了十多部，这就是说，非同一般的梦想和期待，促使林森孜孜不倦，奋力前行。从爱读古龙的海岛小镇中学生，到国内"80后"青年小说家领军人物之一；从水产养殖学专业毕业生，到《天涯》杂志主编——林森的成长，着实可以印证这样的话：心有多高，路有多长。

李寻欢和叶开都很能喝酒，林森酒量也是不输一般文朋诗友的。李寻欢特别聪明敏锐，能轻易看破人事，把话头点透了，就给人留下毒舌的印象；林森聪敏，眼力和口舌都有点毒辣，怼起人来，也是不太容易应付的，只是看他乐意不乐意怼你。李寻欢看好的弟子叶开，武功高深，诚实善良，用智慧和诚心去感动别人，化解世代仇恨；林森也是一个坦诚、爽快的人，他有话就直说，不屑于藏着掖着。当然，他也因直率而说过有些过硬的话，给自己带来很多麻烦，好在他有自省精神，这些年里，我看到他变得越来越成熟。

从创作《暖若春风》到现在，林森用九年时间创作小说、散文、诗歌、文学评论，发表了诸多优秀之作。值得一提的是，最近几年，林森在鲜有作家涉猎的海洋题材的挖掘和书写方面，凭借身为海南作家更易于获得大量创作素材的优势，以及国家对蓝色国土的重视，积极发现海洋素材所蕴含的文学价值和人文意义，写下了中篇小说《海里岸上》和长篇小说《岛》。这两部小说，《海里岸上》引起轰动，几乎被所有的选刊转载，登上了所有的小说排行榜，也获得多个奖项；《岛》原发《十月》，新近出版，亦大受好评。这都很好地回报了一个肩负名刊主编重任又胸怀文学远景的青年作家的辛劳付出。对于《海里岸上》，有人如此评论："该小说扩写了中国文学地理，开阔、俊朗，有与大海匹配的伟岸气质，以双线交替的方式书写今昔两代渔民不同的生活方式、价值观念，展示时代的剧变。"而在长篇小说《岛》这里，林森撰文披露了他的构思和意图："我知道自己需要的，是苏东坡的那种超越性视野。在最终书写中，'岛'就不仅仅是海南岛，而是被缩减为孤绝的'鬼岛'；人物也被缩减为一个。孤岛上，一个人，独自面对天地、历史和悲怆的身世。当然，鬼岛之外，又有了更小、更遥远的无名岛；'我'作为另一个叙述者，环绕着更大的海南岛；海南岛之外，天地又是另一座岛屿。也就是说，我希望呈现的，是无限小又无限大的多重岛屿，它们环环相扣无际无边……可对我来讲，不仅仅是要写海南岛，还要写人类的终极困境，那就是我们能不能独自面对天地？又如何独自面对天地？"（《孤岛与天地》）可见，作为小说家的林森，很年轻，但他已经具有令人称羡的思想的深度和眼界的广度，以及日渐精湛的文笔；他在一件又一件作品中写下一个"80后"青年作家对宏阔又纷繁的当代社会生活的观察和发现，以及对人与世界的关系的思考和理解，显示了他不可低估的智慧和精神修养，着实可喜。

在文学道路上，林森已经走得很好、很远了，他还把家庭生活和工作都处理得很妥当，天天在朋友圈晒娃、晒亲手作出的饭菜。难怪前辈作家崽崽赞扬他是"海南青年作家中的模范人物"。回想起来，我初次见到能喝酒的林森、会写小说和诗歌的林森，已经是十三年前的事了。2007年下半年，我从虚拟网络文学论坛走到了现实中的文学圈，越来越来多地把早就知晓的作家诗人名字跟他们的本人对应起来。2008年，林森已经到《天涯》杂志工作了，我在天涯社区读到他发布的作品，还特别注意到他喜欢读古龙。很多年后，林森因快意而喝酒，因喜欢写小说而执着至今。酒量提升，文学精进，也能看见林森活得很性情，或许，古龙小说里的英雄人物已潜移默化到他的精气神里了。我白长林森近十岁，我们经常约茶约饭，有一段时间，我隔三差五开电动车载他回去，每次把他载到他家楼下，就推不开车上楼了。两人走得比较近，原因不少，其中一个很小的，是李少君老师交代我们多接触、多发现省里的文学新人，能帮就帮他们一把。例如，2008年底，《云起天涯——海南建省二十周年文学作品选集》出版后，李老师说文昌"80后"诗人吕小丹有才气，要盯着她。从那时起，我们没忘李老师的叮嘱。海南作者写好稿子往往都保存在电脑上，向外省投稿发表的心很淡薄。对此，林森总会不厌其烦地劝说他们："多写啊！主动投稿嘛，是骡是马拉出去遛一下！"他不是想让海南作家诗人热衷于作品之发表、名利之追逐，而是希望身边的伙伴们成长起来，让内地读者看到海南虽然远离我们这个国家的政治文化中心，但还是有人文胸怀文学梦想，一代又一代地接续海岛书香……除了在任职的《天涯》刊发本省作家作品，他还给熟识的国内各文学刊物编辑积极推介本省作家的新作。多年来，他推介的多部长篇、中篇、短篇，在《中国作家》《芙蓉》《十月》《红豆》《长江文艺》等刊物陆续发表。2020年，儋州"90后"诗人陈有膑被林森"逼"出一部短篇小说《去牛眼镇的日子》，后来该小说在《芙蓉》杂志发表，林森立即跟作者约定："你继续写，积攒几个满意的，我帮你推荐给适合的刊物、找人给你写评论……"出于某种编辑的"毛病"，他见到朋友，第一句话往往是："你最近写什么没有？"很多朋友的作品，都是被他"催逼"出来的。投稿是作者的事，采用刊发是编辑的事，林森不遗余力地帮助一个个作者，可以说是热心得令人泪目。可是，这正是海南作协的一个不成文的传统做法，已在文学圈传为美谈。记得2005年下半年，《天涯》第4期首次隆重介绍本省作家严敬的三篇小说，并配发了韩少功、蒋子丹、周晓枫、洪治纲的四篇短评。那时候，小说作者还在一家养猪场工作。后来，他被安排到海口市一家中学任职，从此改变了命运。

如今，林森担任《天涯》主编，梅国云担任社长，他们培养文学新人的使命感也随之加强了；在他之前，是孔见和李少君两人肩负着这样的重担；在孔、李之前，则是韩少功和蒋子丹……培养本岛文学人才，改变海南文化生态，这样的责任和情怀，在海南作协一代代领导人的身上得到很好的体现。如果把时间推至古远，去寻找拥有这般美好心灵和胸怀的先贤，我们能看到贬居儋州三年的苏公对他的学生姜唐佐的教育和殷切期待："沧海何曾断地脉,白袍端合破天荒。"如果苏公有灵,他看到一个"80后"文学英才正在成长为海南文学的顶梁柱,却不忘提携身边的同道,应该会面露微笑的吧。

符力,《诗刊》社中国诗歌网编辑、《海拔》诗刊编辑,著有个人诗集《奔跑的青草》,曾获2012—2013年度"海南文学双年奖"。

林森,《天涯》主编。著作有小说集《海风今岁寒》《小镇及其他》,长篇小说《关关雎鸠》《暖若春风》《岛》,诗集《海岛的忧郁》《月落星归》。曾获茅盾文学新人奖、华语青年作家奖等。

活色生香林那北

□ 裘山山

想到林那北，我就会想到"活色生香"这个词，漂亮、热情、生动、勤奋、才华横溢，还爱憎分明、心直口快，不活色生香才怪。

用事实说话。首先，她是一个作家，作品数量在作家里也许不算多，但体裁和题材的丰富性却是少见的。长篇小说、中短篇小说、纪实文学、散文、电影剧本、儿童文学都有，据说还写过电视纪录片脚本，涉猎如此之广也足以见出她的生机勃勃。其中纪实文学《三坊七巷》，从出版到现在一直加印不断。中篇小说代表作《寻找妻子古菜花》发表后引起很大反响，被数家刊物选载，进入了2003年中国中篇小说排行榜。最近刚出版的儿童文学《蜻与蜓》，问世后也是很快加印。

此外她还画画，是那种很少见的漆画。作家里会画画的人很多，好像除了我都会，但是会漆画的只有她。她的漆画更是活色生香，有一回她把自己的漆画往墙上挂，挂得很辛苦的样子，还在朋友圈撒娇喊累。我说既然这么辛苦就留两幅给我，我挂到我们家墙上。她说，哈，想得和你一样美。

另外她还主持一家刊物，是中篇小说选刊责任有限公司的法人。一本刊物成为一个有限公司的，据我所知只有他们家。既然是有限公司，就不能只办刊物了，需要多种经营。"多种经营"这四个字我会写，内涵不知。她不是那种坐在办公室布置工作看终审稿的社长，而是直接在一线摸爬滚打的老板，盖因他们有限公司人员也有限。新媒体时代迅猛到来，她一点儿没畏惧，马上带领编辑们投身其中，开微信公众号，开抖音，开阅读平台，弄得不亦乐乎。这也得益于她的学习能力，但凡小青年擅长的事她都擅长，做图片做短视频都有模有样。这么能干，自然就被评为了福建省新闻出版系统跨世纪优秀人才和福建省双十佳新闻工作者。

值得一提的是她还会跳舞，我就问你服不服？当然，她个子高挑，漂亮，不上台是浪费，所以从幼儿园就开始跳了。少女时代跳进宣传队，一直到当中学老师了还领着学生们跳。宣传队生涯对她影响挺大的，这里可以套用那个俗气的表达，她一定是跳舞界里最会写的。一直到现在，她还在跳。我看过她去年的演出视频，很专业，虽然肩周炎关节炎都没放过她，她戴着护腰护膝上台，舞姿依然轻盈优雅。

有一回我们聊起这事，她告诉我，除了宣传队，她还进过体操队、田径队和篮球队，总之长胳膊长腿都派上了用场。她自嘲说自己是四肢发达头脑简单。我说上哪儿去找你这么简单的人？不过相比之下我很羞愧，我的运动神经不是欠缺，是基本没发育。不要说跳舞，任何体育项目都不行。（仅游泳马马虎虎）她说她从小就好动，奶奶说她坐没坐相站没站相,像个猴子似地爬树翻墙。我连忙说我也是呀,我小时候也是爬树翻墙,还钻狗洞,还玩儿火。她说,我的袖口总是破的,新衣服转眼就磨破了。我说我的衣服扣子从来不全,爬墙上树蹭掉的。这下终于找到共同点了,我们俩哈哈大笑。她开心地说,我陈佩斯这样也就算了,没想到你朱时茂也这样。这里有个哏:我们交往之初,她说自己没个正经,而我却那么正经,所以她是陈佩斯,我是朱时茂。每每我胡说八道,她就会说,你朱时茂怎么也这样。

今年元旦刚过,北北又想出个新点子,让作家们录短视频在刊物公众号上给大家拜年。她让我也录一个,我推脱。她说又不让你上台演出,说两句话又不疼。我没办法,只好录了,发给她。很快疫情暴发,大家都没心思过年了,我也把这事忘了。没想到五月份,编辑部寄来一盒茶,过了几天又寄来一盒。我向她表示感谢,她说哎呀呀,本来给每个出镜的作家寄两盒茶叶表示感谢的,哪知小编生生分开了寄,寄得像个连续剧一样。我被她逗得哈哈大笑。北北的语言表达,那真的是活力四射。看她的表达,很容易误以为是个小青年,网络语和她的自创语比比皆是。与其说她生动,不如说她极具个性,很另类。眼光另类,感受另类,所以表达才与众不同。

但她并不是那种没心没肺只晓得傻乐的人。她也悲伤,也愤怒,也怀旧,也烦恼。疫情期间,她忧心忡忡,和我长谈过两次,叹息之后,又尽力去做些力所能及的事。我们的一个共同好友家里遭遇不幸,她也和我长吁短叹,然后尽力去安抚。她是个爱憎分明的人,当然我也爱憎分明,活到这会儿了是非观早已分明,但我通常闷着,她却会经常性勇敢表达出来。见到一些社会不公或一些蝇营狗苟之事,她会怒不可遏,恨不能拍桌子骂人。

这就是北北。她就像她写的马拉多纳,天真率性,不世故,是个灵魂的多动症患者。

最后我要假公济私,借这个机会吐她个槽。若干年前我们在一次活动中相遇,好像是在江苏,那是我们第一次一起参加活动,我对她还不太了解,没有防备。草地上盛开的花让我心醉神迷,埋头猛拍,却不料黄雀在后。当我站起身时,她得意地拿手机给我看,她居然拍了我,而且,好傻好难看。我卷成一团窝在草地上,风把头发吹得像鸡窝,猛看就像一堆牛粪。我马上说删了,不许发朋友圈。她哈哈大笑,说已经发了。我去她朋友圈看,真的已经发了,气我死了。她的文字说明是,某人正在专心拍花。

这就是北北,你拿她没办法。

裘山山,主要作品有《裘山山文集》七卷,长篇小说《我在天堂等你》《春草开花》《河之影》等五部,小说集《白罂粟》《野草疯长》《戛然而止的幸福生活》等十余部。曾获第四届鲁迅文学奖。

越来越晚熟的人

□ 艾　伟

那是 2002 年,我和北北成了鲁院首届高研班的同学。报到那天,吴玄一间一间去敲门,当然主要是敲女同学的门。敲开北北同学门时,我也在。吴玄的形象是经常会被群众打量一番并怀疑一下的,再加上他一口语言暴力,我在他身边的形象简直了,显得既君子又优雅。总之我觉得我是吴老师的反面。北北同学显然见过大世面,面对吴老师这个小"流氓",左一句"孩子",右一句"孩子",那口气翻译过来是,我是个成熟的人,才不同你们油腔滑调。北北那会儿也是如今一样的小脸,形象显然不是正宫娘娘的范,但精神上是正宫娘娘。她及时划出一条界线,拒绝"低俗"。

北北同学漂亮,身材修长,惹人注目,并且过着健康的生活。她经常在鲁院的一楼打乒乓,极有运动天赋,常常把男同学打得落花流水。后来我了解到她打过篮球,不知是参加的什么样的篮球队,校队呢还是市队,不得而知。那时候北北要搞文学,文学搞得严肃认真,谨守分际。这一点简直和我一样。

半年鲁院学习结束，我们各奔东西。北北大约在鲁院得了真传，这之后写得又多又好。常常传来好消息，她的小说得奖了，她的书畅销了，她的作品改成电影了。她的小说当然有女作家的细腻，但同时带着体育健将的身手，弹跳和节奏都很好，有肌肉律动的感觉。鲁院是个神奇的地方，到那儿的人往往有一小部分会残掉，从此就不写了或很少写了。还有一小部分就像刚打出的油井，灵感如同石油滋滋地往上冒。北北是后面的一小部分。

后来，北北突然变成了林那北。我还是喜欢北北这个笔名，非常好，中性，易记。当然现在习惯了林那北，也觉得好。只是当时觉得那个叫北北的作家都已经这么红了，有谁会发神经再改成另外一个名字呢？我开始以为有什么高人给北北指点迷津呢，因为女人都极为相信那一套，往往极其敬畏神奇的深不可测的命运，也跟着敬畏号称能预知命运的人。有一阵子我很是替她惋惜。

后来我才知道林那北这个名字和北北的父亲有关。她父亲希望自己的孩子姓林，而不是姓北。父亲的愿望是天大的事，也是件严肃的事，我料想北北一定经过一番天人交战。要放弃这么著名的"北北"，等于放弃一个成熟的作家身份，让自己重新变成一个新锐。

我最初在《人民文学》看到林那北这个新锐作家，没想到是我的同学北北。当然文坛就这么大，马上大家都知道了林那北和北北的关系。新锐作家林那北还是继承了老作家北北的资产，在文坛，谁都没把她当成新锐。事情就这么简单，就像鲁迅有无数个笔名，一个作家有两个笔名不算什么。

但是名字是有力量的。当北北变成林那北后，整个儿风格都变了。她开始画画了。画的是漆画。漆画我一点儿也不了解，想来工艺应该相当复杂。北北偶尔会解释漆画原理，我听不懂。她的画我是见过的，热情、朴拙、天真、强烈，有版画风格，只不过是有色彩的，并且还是纯度很高的色彩。

她向文坛能涂几笔的业余画家们给予热情的鼓励。比如我，如此拙劣的画作，竟然两次作了《中篇小说选刊》的封面画。中国的画家何其多，他们看到文坛这种套路，我猜，不但会昏过去，还会嫉妒死。她还给我们出了一套一半文字一半展示我们毫无章法的画作的书。这套书因为合作方出了问题，她毫不犹豫自己垫付了承诺我们的稿酬。我们知道这事后都觉得林那北是女侠，同时心有不忍。

林那北开始变得越来越像一个"晚熟的人"。她越活越天真了，越活越放得开，越活越不严肃，总之她越玩越"嗨"。她成了作家中少见的互联网达人。她主编的《中篇小说选刊》创办了一个叫"万众阅读"的平台，付费阅读，据传流量惊人。她说，纸媒是有价值的，但很多读者都到了网络，并习惯了网络阅读，纯文学一定要跟进。她简直像纯文学界的先知。春江早已水暖，偏偏纯文学一众笨拙的鸭子在岸边观望，不敢下水，林那北却敢。

她还玩抖音。夏天我们去山西采风，她向我介绍火山版抖音。她说，上面各种稀奇古怪，很有烟火气。说着她就拿过我的手机帮我注册了一个号，我们相互关注。她是我至今抖音账号上唯一的粉。所以，我常常可以见到她发在上面的东西。工作兢兢业业、编刊严肃认真的林那北，在抖音上却很不务正业，给人的印象是成天在大好河山里到此一游。拍大长腿美照，映衬着著名美景，配几句景点历史渊源的文字。有时候还会晒她跳的舞蹈，各种高难度动作，底子相当专业，让人觉得她明明可以靠脸蛋和身材吃饭，偏偏选择了才华。这是自带流量啊，简直有当网红的潜质。那些景区是不是都应该给她广告费？我觉得邀她去采风，可以免写采风文章，一个抖音的力量比小文章大得多啊。

我想起 2002 年在北京认识的北北，那时候她想过自己会这么不严肃吗？她那时候划出的那条界线一定还是在心里，只是以另外一种方式呈现了。我发现，当北北变成林那北后，她和吴玄特别玩得来，林那北大概也明白吴老师嘴巴痞，心灵其实不痞，对文学还很严肃，她从此也不再叫吴玄"孩子"了。总之，我认为林那北已经变成了一个心理上更年轻的人，一个引领严肃文学界时尚的人，一个大俗大雅的人。

艾伟，浙江省作家协会主席，著有长篇小说《风和日丽》《爱人同志》《爱人有罪》《南方》《越野赛跑》等，中短篇小说集《整个宇宙在和我说话》《战俘》《水上的声音》《乡村电影》等。曾获第八届鲁迅文学奖。

林那北，《中篇小说选刊》杂志社社长。出版长篇小说《锦衣玉食》《风火墙》《我的唐山》等二十六部著作。曾获《芳草》《人民文学》《上海文学》《作家》《小说选刊》等刊物小说奖。

周明全：悲观的理想主义者

□ 王晶晶

我和周明全是在三年前江苏作协和盐城师院合办"文学双月谈"时认识的。那次双月谈请的批评家有周明全、宋嵩、程旸、黄玲，青年作家是陶林和严正冬，我作为大学一方的协调者，叨陪末座。

那段时间是我回国后最忙碌的一段时间，同时还忙着另一个会的会务、上课、期中考核、深夜修改论文格式投稿，恨不能立地睡着。那天上午另一个会议的代表刚离会，下午明全他们就来了。晚饭陶林早早赶去作陪，我这个累瘫在家准备发言稿的出门障碍症患者则一拖再拖，眼看就要拖到晚饭结束了。幸好陶林坚持，不停问到哪里了。

等我赶到，桌上寥寥几个菜已经吃得差不多。我道声失陪，就说再点几个菜。只见明全犹豫了一下，问，可以再要点酒吗？我说可以啊，点了两小瓶啤酒。明全默默不语。

添酒回灯重开宴，喝了两口啤酒，大家活跃起来。我事先看到名单，以为《大家》的主编是位德高望重、不苟言笑、一本正经的文艺中年，完全没想到是眼前这位身穿牛仔衣，有几分落拓不羁、谈笑风生、活灵活现的"80后"。确认过同为"80后",大家仿佛一下子亲近起来,渐渐无话不谈。酒阑茶尽,意犹不足,不知谁提议夜游。我瞥了一眼包里没看完的小说,迟疑半晌,被稍一撺掇就高高兴兴同去了。

明全显然看上去比我们都成熟,可以说世事洞明、人情练达,这和他的工作经历有关。而他为当代批评做的贡献,编选"70后""80后"批评家丛书、做系列对话……我是直到身处会议现场,听了主持人介绍才知道的。

那时他正在写《中国小说的文与脉》里的文章,后来这本书获了2020年南方文学盛典"年度文学评论家"奖。授奖词里称他的文学批评"感情充沛,潇洒不羁,放胆为文,直白其心",实在是他为人为文的真实写照。

因为对"中国小说"共同的兴趣,我一向关注他的研究和评论,第一时间读了他的新书。书中对中国小说伟大的传统有许多创造性的发现和讨论,扎实而有趣,有很多个性鲜明的例子,给我很多启发;而对当代小说的评论又大胆锐利,妙语连珠。尤其可贵和与众不同之处在于他始终保持着真实的锋芒。在我看来这是殊为不易的,学院的体制造就了符合一系列理论和程式的批评,唯独缺少写出真实感受与判断的要求。长此以往,我们或许已经不习惯把握并表达真实之思,哪怕我们希望这样做。但是在周明全的批评中,我始终能看到他的"自心"。

他的诚实一面使他不绕过"中国小说"理论建设的难题,又使他在评论作家作品时有一说一、有二说二。在这个时代,我们似乎更习惯强不知以为知，尤其难做到于无疑处有疑，作为批评家，周明全却敢于说出他最真实的阅读体验。至于他文字的机智聪敏、妙趣横生，一如其人。应该说他的文章和他诚实有趣的人格一样可爱，一样天才，而后者比前者更可贵，更富有魅力。

我一向知道他是个每天接送宝贝女儿上下学、周末送辅导班、每天给家人买菜做饭的女儿奴，是个留着长发、喜欢抽烟喝酒、逛旧书摊的兴趣单一的男人；而我一向好奇，这个对"中国小说"执着求证的研究者和妙语连珠的评论家是如何穿梭于他的日常生活的。

直到今年清明节，我才有机会趁着到昆明开会，去他的办公室拜访他。

他的办公室，一书架、一桌、一椅、一沙发、一茶几。书架占了整面墙，塞满了书。他的办公桌上放着几块旺旺雪饼，旁边的字纸篓里还有不少雪饼的包装纸，和排山倒海的精神食粮相比，他的物质食粮简直草率简单随便到可怜。

开完会后一天，他带我去郊县他朋友的农场，算是尽了地主之谊。他同时招呼前去的还有退休的高官、从政的美女、失意的大学教授、经商的小说家……都是他的朋友，周明全似乎天生具有让朋友们互相认识的热情和让大家皆大欢喜的能力。这是我第一次到云南乡下，到时正吃午饭，流水席上满桌新鲜的牛羊肉、米汤、甜酒，还有山野里的菌子，简直比我们的年夜饭还丰盛。主人正介绍某种菌子的珍贵，明全就起身拨出半碗菌子帮你拌饭，嘴上却说可以了，要不然等一下你会一直看到两个周明全。

农场到处鲜花果蔬,鸡鸭满山,肥牛成群,鱼儿跃出鱼塘。主人摘下果蔬、到鱼塘网鱼,让客人能拿走多少就拿走多少。我想说,如果没有看到周明全坐船捞鱼的场景,便不能更真实地了解他——我必须把这段见闻贡献出来,否则对读者是不负责任的。鱼已经由众人从鱼塘起到网里,只见他穿着不知从哪里随手拿来的破雨衣(上面印着某某农药的广告),坐上一艘破旧的水泥船,划去渔网里捞鱼。仔细一看,他手舞足蹈、奋力划向前的船桨竟然是预备捞鱼的一根长柄的舀勺!我们在岸边差点笑岔了气。

追求真实、表里如一(俗称不装),这在很多人可能是所谓的人设,但对于周明全来说,他可能压根不懂什么叫人设,他就是他,我们看到的便是真实的他,也世事洞明人情练达,也诚实率真、为朋友不遗余力。这可能是他最可爱的地方,也是他的文学批评最可爱的地方。有的人让人看到真实的样子便人设崩塌,而周明全属于那种你越看到真实的他,越觉得人性动人的人。追求真实使他不停反思,时常怀疑,他是理想主义者,却并不乐观。作为朋友,我由衷希望明全始终面带他坐在渔船上挥舞长勺时露出的、堂吉诃德式的开怀笑容,战胜永恒的虚无。

王晶晶,2013—2016年任丹麦奥尔胡斯大学社会与文化系讲师、研究助理,2017年至今任教于盐城师范学院。发表论文多篇,著有《客厅内外——林徽因的情感与道路》。

他是"野狐禅"

□ 雷杰龙

一日,和一位云南文坛上广受尊敬的兄长喝酒,他突然问,你和周明全关系怎样?我说,很好啊,经常一起喝酒。我奇怪,问他为何有此一问。他说以前不了解周明全,最近和他喝过几次酒,觉得他不错,可以当兄弟。

我明白那位兄长的担心。文人嘴碎,涉及作家、作品,大多直抒胸臆,口无遮拦,少不了文字江湖上的刀枪烦恼。周明全是云南近年崛起的青年批评家,是云南文坛的"新贵",涉及具体的作家、作品时,他作风泼辣,不留情面,无端招惹的是非自然不少。在那位兄长眼中,或许,我也是一个傲慢无礼、尖酸刻薄之人,他担心我和周明全会掐起来。在他眼中,文人互掐、无端消耗是一件可悲之事,他希望云南年轻一代文人们能互相包容,最好能亲如兄弟,这才能让云南文学的生态环境更好一点点。应该说,那位兄长的担心并非毫无由头,但他对我和周明全的担心却是多余的,因为在他担心之时,我和明全早已是兄弟。

和许多人一样，我和明全的兄弟之情始于酒桌。明全好酒，我不好酒，但却善饮，一起喝酒，大多能够尽兴。但作为同行，如果没有"道"上的交流与契合，喝再多的酒，也不过是酒肉朋友，是不大可能成为兄弟的。

和明全，一次次喝酒，其实是谈读书。情感的增添，也大多是在谈读书中发生的。最终成为兄弟，酒只是助缘，真正的因缘，其实是文字。

和明全刚认识的时候，每次喝酒，他总是很兴奋，说他最近又读了某本书，于是就听他讲那本书。由他谈的那本书，我联想到自己读过的某本书，如果他没读过那本书，就会认真听我说那本书，并且掏个小本子出来，记下那本书。过些时日相遇，他会兴奋地说，读过我前次说的那本书了，接着就兴奋地说那本书。我有点吃惊他竟然真的去读我说的那本书，并且读得很靠谱。朋友们聊天谈读书，一般也只是过过嘴瘾，事后能像他那样去认真读书的真是少之又少。正是他那样的读书劲头，让我对他刮目相看，知道他是一位真爱读书，真爱文学的朋友。况且，我还知道，那些年他在云南人民出版社从事行政工作，他上的是一所我认为并不靠谱的大学，他所学专业也非文学，而是绘画。但他身上没有一点行政气，也没一点画家味，要说有什么气味的话，除了酒味，就是书卷味。只是，那时觉得他的书卷味还不强——他还像一块新鲜的海绵，正在拼命吸收着书卷的气味。

2015 年，他出版了一本名叫《"80 后"批评家的枪和玫瑰》的书。

这是一本明全专访和综述"80后"青年批评家的书。作为一名小说写作者，我也关心前沿批评家们的思想潮流，但在这本书出来之前，我关注的视野只到"70后"批评家。这本书给我提供了一个关注"80后"批评家的文本，我认为明全眼光独到，行动有力，为文学做了一件有意义的事情。正是这本书，帮助我开始重视"80后"批评家的思想成果，拓展眼光，除书中那些人物之外，通过他主编的《"80后"批评家文选》《"80后"批评家文丛》等书，关注了王晴飞、李振、方岩、黄德海、岳雯等一大批优秀的"80后"青年批评家。

数年前，周明全出任《大家》杂志主编。因为《大家》杂志的特殊性，这是一件引起文坛关注的事件。二十世纪九十年代，高举"先锋"大旗的《大家》杂志横空出世，创造了不少当时的文学"事件"。之后，《大家》历经波折，它的命运，就像先锋文学的命运。这么一份重要的文学杂志压在"80后"的周明全身上，作为兄弟，有点为他担忧。不过，此时的周明全，早已不是十余年前我认识的那个周明全。通过多年的刻苦阅读、写作和历练，他已经是一位成熟的批评家和文学工作者，我相信他定能胜任他的工作。

周明全到来之后的《大家》杂志，给我最大的感觉，便是回到文学的常态，不再强调所谓的"先锋"。或许，这么做，有收敛和保守的嫌疑，但能抛弃早已消亡的先锋，本分地回到文学的常态，又何尝不是一种睿智和勇气呢？正如著名翻译家柳鸣九先生观察二十世纪八九十年代法国的文学现象时所言，那时的法国和欧洲（其实也是世界文学），所谓的文学流派已经走向消亡。各种文学流派已经合流，经典写实主义和现代派文学既互相影响,又相安无事,各自独立。从那时起,再也没有和未能产生一个有重大影响力的文学流派。这就是说,《大家》杂志诞生时高举的"先锋"旗帜,在当时的世界文学潮流中早已偃旗息鼓。如果说当时的"先锋"旗帜尚有意义,那不过是当时中国文学和世界文学之间还有时间差,"先锋"的目的和意义,正是为了补上那个时间差。用一次和明全兄喝酒时他说的话便是,如今,那个时间差早已补上,《大家》杂志还要那么面破旗干什么,难道老老实实回到常态,回到文本就办不好《大家》杂志吗?对文学,我相信的永远是人,是作家,是作品,而不是标榜的某个流派。

我欣慰于明全兄的从容和自信。他在自己的《中国小说的文与脉》中写了篇后记,名叫《我是批评界的"野狐禅"》。如果仅以文学出身而论,他说自己是"野狐禅"并不为过。不过,这位"野狐禅"的批评家如今早已书卷气十足,谈读书时早已能和我说,杰龙,我觉得这本书你应该读一读,那本书你也应该读一读。一次喝酒时,他又和我说,杰龙,你发在《人民文学》那篇小说《斗鸡》来自唐传奇的《东城老父传》,我最近读到一个唐传奇《吴保安》,牛肃写的,我觉得你应该改写它。你是大理人,你把故事背景放到"天宝战争"里,一定能写成。和我这么说的时候,他从包里掏出一份《吴保安》的打印稿递给我。这是给我派任务啊!结果,根据那份两千余字的打印稿,我写成了一万八千余字的短篇小说《记骨》,发表在《人民文学》杂志上。这位"80后"的批评家,已经能给我这个"70后"的小说写作者派任务,如果他以参文学为"禅",那他的

"禅"早已不能说野了!

雷杰龙,供职于《边疆文学》杂志社。在《人民文学》《钟山》《花城》《江南》《大家》《诗刊》《滇池》《当代文坛》等杂志发表小说、散文、诗歌、文学评论百余万字。

周明全,《大家》主编。著有《隐藏的锋芒》《"80后"批评家的枪和玫瑰》《"70后"批评家的声音》《中国小说的文与脉》《八个会议一个时代》等。曾获第十四届中国当代文学研究优秀成果奖,2020年南方文学盛典年度批评家等。

钟求是的那一面

□ 哲 贵

一

每个人都是立体的，多义的。诡异的是，我们看人却是片面的，只看某一面，也只愿意看某一面。很多人对钟求是的认识也是如此，认为他认真，较真，不圆通，甚至有点古板。不可否认，这些特点他身上有。可是，我们在很大程度上忽略了他身上另一些宝贵的品质，譬如他对世俗的抗拒，对底线的坚守，对理想的不懈追求，包括对人的宽容。毫不夸张地说，他是一面镜子，从他那里，我看到了自己的懦弱和犹豫。但我不想在这里表达求是身上那些美好的品质，恰恰相反，我要说的正是大家认为的那一面。

忘了什么时候认识钟求是。我这里所说的认识，指的是第一次见面。我怀疑是在一次乱哄哄的酒场。喝酒的场合总是群情激昂的，气氛和身体是热烈的，甚至是沸腾的，特别是进入后半程，整个酒场处在颠簸和飞翔状态。那个世界是变形的，也是失真的。等到次日酒醒，很多事情已经变得影影绰绰、若有若无了。所以，在酒场上，人与人交往是可疑的，那种速度和热度，是通过巨大的外力推动的，是身不由己的，带有很大的想象和虚拟成分。但求是不是这样，即使身处波涛汹涌的酒局，他依然是冷静的，依然保持着应有的清醒，在这方面，他是讲原则的，甚至是"残忍"的。2020年12月6日晚上，在富阳举办第六届郁达夫小说奖颁奖典礼的前一晚，求是和我请一众朋友到一家温州人开的海鲜楼宵夜，喝到12点，大家酒兴调动起来了，海鲜鲜美，气氛蓬勃，主要是喝酒的人对路，大家正准备放飞自己，这时，求是举杯站起来说：晚上就到这里吧，明天一早还有活动呢。好了，钟主编踩刹车了，大家意犹未尽，但是，从某种程度说，意犹未尽就是没有尽头的意思，那就散了吧，明天还得起早呢。我想，如果是我，肯定刹不住车，是舍不得刹，根本不想刹，我已经飞起来了，哪里还管明天的活动，喝了再说，喝倒几个算几个，明天的活动明天再说。但求是不是这样的，他在这方面是清醒的，是理智的，孰轻孰重是拎得清的，该踩刹车的时候，他绝不脚软。

  这估计是求是给大多数人的印象，似乎他的内心收敛着，尚未向人敞开。我想，于他来讲，这未必是一种刻意行为，可是，对于他人而言，在与求是交往过程中，便会产生距离，甚至偏见。

  其实，我有时想，求是给人这种印象，也不全是他性格上的原因，这可能跟他曾经工作了十五年的单位有关，跟他从事的工作性质有关，不是他时刻在保持清醒和距离，或许，在很多时候，是别人有意无意中将他"定位"了。

那时候，我们都生活在温州，他在特殊的涉外部门工作，是某个重要处室的头头。我认识求是的时候，他还没有调到文联，可能正在调动，因为文章开头说的那次喝酒，一个主要议题便是他为什么要调到文联。

我听说，组织找他谈话时，他还有另一个选择，去另一个系统当副手，虽然算不上是一个炙手可热的权势部门，但从仕途晋升的角度考虑，是更具有可能性的。求是大学学的是经济，经济是理性的产物，是讲逻辑的，是讲实效的，是权衡得失的，再加上十几年在特别部门的特殊训练，理性已经成为本能，也就是说，到文联上班，于求是来说，是经过深思熟虑的，他不是一个脚踩西瓜皮滑到哪里算哪里的人。

放弃好的仕途单位，这不符合逻辑，至少从世俗的目光来看，不符合一般人对职业的选择。可是，我要说的是，这个逻辑在求是这里是成立的，这种职业选择在求是这里是必然的。往小里说，是一个人的性格，往大里说，就是命运。

二

求是到文联后，我们接触开始频繁起来，所谓的频繁，就是经常在一起喝酒。坦率地说，求是的酒量很一般。有一次，我忘了是哪一年，应该是在一个温州作家作品研讨会之后，我们一堆人喝散伙酒，喝得兵荒马乱，谁也没有注意到求是和吴玄，好像是互相看不起对方的酒量，两个人把杯"干上了"。我估计二两半白酒下去，他们对真实世界已经失去了判断，不计后果了，所以，又各喝了一些，求是不记得是我送他回家了，到家后，他爱人给我打电话，说求是回家后，嚷着要她陪他继续喝酒——不喝不行，态度相当坚决。当我赶回酒店，吴玄已经趴在洗手台上吐得不省人事了。以酒量计，求是大概是二两的量，但他不排斥酒，据说每天在家晚餐都会喝上一盅，大概一两。出去开会，喊他宵夜，他都快活参加，如果自己单位举办活动，他还偷偷从家里带酒出来。

在温州，很多时候是三个人喝，除了求是和我，还有一位徐建宏。徐建宏专攻葡萄酒，以喝啤酒的姿势喝葡萄酒，以把自己灌醉为目的，是酒中豪杰，从来没把我和求是放在眼里。求是是一贯的低调，只喝啤酒，我偶尔陪徐建宏喝一两扎葡萄酒，最终还是换回啤酒。如果是我和求是两个人，肯定是喝啤酒。他对啤酒只有一个要求：酒精度越低越好。而我恰好相反，酒精度越高越好，即使是冬天，我也要喝冰镇啤酒。我和求是喝酒的比例一般是三比一，其实，两瓶以后，他的节奏就跟不上，酒局绝大多数是以他喊停而告终的。

在文联这段时间，求是写出了一系列使他声名鹊起的小说，有《秦手挺瘦》《谢雨的大学》《你的影子无处不在》《两个人的电影》等等，还写出了长篇小说《零年代》。但我能够感觉到，他对自己是不满意的，觉得没有写出应该写出的作品，他有目标，也有信心，可又有点迷茫。这可能是他离开温州的一个原因，或许是主要原因吧。2009 年，他离开了工作十年的温州文联,调到《江南》杂志社当副主编。

十多年过去了,求是跟温州文联的老同事依然保持来往,过一段时间,便会约起来聚餐一次。如果有温州文联的老同事到杭州开会,他总是想方设法宴请。在这一点上,求是显得特别念旧,特别重感情。这体现了他性格中的另一面,他并不总是在克制自己,他内心有特别柔软和主动的部分,只是平时没有表现出来而已。而我在不同场合听到温州文联的老同事说起求是,也都是赞美之词,说他办事认真、负责,说他对待同事真诚、善良,说他如果继续在文联待下去会如何如何,总之,对他的调离是不舍的,是充满感情的,差不多是在追忆美好时光了。

三

说起来,我和求是真正交往应该是他调到《江南》之后。也可以说,这时,我才开始真正认识求是,这里所谓的认识,指的是对他这个人的了解和理解。这么说有点伤感情,也对以前的历史不负责任,十几年的交往都干什么去啦?都是吃吃喝喝啦?仔细一想,确实如此,因为同处一城,见面机会多,住得近,除了偶尔交流一下最近所看之书,还真是以吃吃喝喝为主,每次见面都是在嘻嘻哈哈中愉快地度过的。

实事求是地讲,求是的朋友不多,他对朋友是挑剔的,是绝不含糊的。我想，只有内心极端珍惜朋友的人，才会对交往的朋友精挑细选，才会像选老婆一样选择朋友。他在昆阳老家有几个少年朋友，是从小学就开始交往的，他每次回温州，只要时间允许，昆阳是必须去的，而且要住一夜，跟那些朋友喝顿酒，吹一次牛。他这些少年朋友我都见过。大约是2018年初夏，求是的小说集《昆城记》出版后，应邀去老家做新书分享会，我去站台。我在台上一坐，发现前排几位读者神态怪异，一般参加这种活动的人，都是抱着看耍猴的心态来的，那几位表面上也嘻嘻哈哈，但嘻嘻哈哈的同时又夹杂着紧张，紧张里又有期待。他们的表情特别专注，差不多是"含情脉脉"了。分享会结束后，我们去宵夜，席开两桌，分楼上楼下。我去楼上敬酒，开门进去，见到的就是刚才坐在最前排的那几位。我当时就有预感，那几位一定是求是的少年朋友，果不其然。

　　我不知道他在温州还有什么朋友，但他每一次回到温州，我们总会找机会见上一面。求是爱人没有调到杭州，他每两周要回一趟温州。到了那个周末，我会短信问他：周末如果回来，一起喝个酒？有时他也会主动短信我：周末回来了，吃小海鲜去？有时我会带他去一些酒局，见到酒局上一些形形色色的人，他会略显拘谨，但他是得体的，客气地接受别人的敬酒，也会主动回敬别人，至少要"打一个通圈"，这点礼数他是一定要尽到的。半瓶啤酒之后，他面红耳赤了。这是很好的保护色，他会主动说，我酒量很差的。酒局之后，我们找个茶楼坐坐，聊聊工作，聊聊近况。有时候，只有我们两个人，那就先吃小海鲜，再去喝茶。因为见面的机会少了，话题便会涉及人生深处。当然也聊小说,聊他新写的小说,聊他耗费两年心血完成的最新长篇《等待呼吸》,聊这个小说可能的命运。

四

当年喝酒的时候,我没有料到,有一天会和求是成为同事。估计他也没想到。2019年7月,我调到省作协,2020年5月,调到《江南》。这时,求是已经当了六年主编。

关系不一样了,成了同一个锅里吃饭的人了。这种关系是危险的,因为是朋友,又同是写作的人,现在成了同事,成了上下级,距离缩短了,可以回旋的空间缩小了,也就是说,很多问题无法回避了。譬如对一篇稿子的判断,好还是不好?好在哪里?不好在哪里?这其实不是一篇稿子的问题,而是两个人文学观的问题,甚至是两个人世界观的问题,有时候是不可调和的。求是肯定想到了这一点,所以,2020年5月25日下午,作协领导将我送到杂志社时,开了一个简短的会议,求是在那个会议上说,我对哲贵是信任的,对他的文学判断是信任的。我听得出来,这话是讲给大家听的,也是讲给我听的。

事实确实如此,在此后的工作中,求是完全体现了他对我的信任,我认为好的稿子,他基本认可。有时,我们会同时看一个稿子,然后一起分析优缺点,商量用与不用,在这个过程中,他既是主编和作家,也是读者。他是开阔的,是可以商量的,是设身处地为作者着想的。

同时，在编稿过程中，他的认真和讲原则也完全体现出来。他每个月会收到很多稿件，有些是自由来稿，有些是朋友的投稿，到了双月下旬，他会将这些稿件打包给我，让我分发给编辑，再由我写了审稿意见给他。我知道，有的来稿者是他的朋友，而且是知名作家，在可用可不用的情况下，我基本会将稿子送他终审。我可以负责任地说，到目前为止，特别是在他的朋友来稿中，他没有签发一篇可用可不用的稿子。要知道，坚持一次两次是容易，而杂志的编辑与出版是长年累月的，这是最考验人的品格的。我想，《江南》这些年质量与口碑稳步上升，与求是的坚持是分不开的。一份杂志，松开一个口子是眼睛一闭的事，守住一个口子却需时刻睁大眼睛。做人何尝不是如此？

哲贵，浙江省作家协会副主席，《江南》杂志副主编。出版小说《猛虎图》《金属心》《信河街传奇》《某某人》《我对这个时代有话要说》等。曾获郁达夫短篇小说奖、首届曹雪芹华语文学奖等。

钟求是，《江南》主编，浙江省作家协会副主席。出版长篇小说《零年代》《等待呼吸》，小说集《街上的耳朵》《两个人的电影》《谢雨的大学》《昆城记》《给我一个借口》《我的逃亡日子》等多部。曾获第八届鲁迅文学奖。

剃了头的胡弦

□ 霍俊明

以前谈论胡弦更多是从诗歌和写作的内部出发,今天终于有机会静下心来谈谈我印象中的胡弦了。相熟这么多年,我更为感慨的是人与人之间相遇、相识、相知的偶然性和命定性的成分。

"如果群星通过万有引力运行,被控制在/各自的轨道和位置。万幸,/还有些小星星是自由的。/——它们在隐秘中穿过黑暗,并在/靠近我们时成为闪亮的流星。/必有神力庇护了这微小的自由;/必有某种爱,任性,不守规矩,不怕毁灭。/必有人在更遥远的地方,为火/和黑子,各写下一首赞美诗。"(胡弦《爱的天文学》)

人与人之间的相遇、别离以及心理距离又何尝不是天文学和光年意义上的?茫茫人海能够相遇是何等艰难,真该是分外珍惜,值得珍惜的当然更多来自没有被燃烧为灰烬的记忆。"……岁月的真实/来自个体对庞大事物的/微小认识。而道德的珍贵恰恰在于/它最像流星:/落向人间时,发着光,/——以及那燃烧掉的绝大部分记忆。"(胡弦《天文台之夜》)

几十年间，你会遇到很多人，但是随着时光流转和人心向背，能够成为你真正意义上朋友的却不在多数。显然，无论是诗歌、写作，还是为人、性情，胡弦都是我的朋友甚至兄弟。此外，我们的意气相投不知是否与我们共同的乡村经历有着更为内在的联系——我们都曾在乡镇当过几年的中学教师，而胡弦像一个"讲故事的人"一直深度凝视和讲述着乡下的亲人、风物、旧事以及心灵史。这种交往的踏实感和拒绝任何伪饰，正如曾经的土地伦理和大地共同体一样让人安心。尽管到今天它早已经破碎不堪甚至随时都会烟消云散，但是作为记忆的原始部分，胡弦的苏北平原和黄河故道上的"杜楼村"与我的冀东平原和还乡河畔的"霍家庄"会永远如胎记和精神对跖点一样牢固地维系下来。"生命由记忆构成，如果不生活在记忆中，我们会忘记自己是谁，成为一个真正失去时间的人。像我这样从乡村走出来的人，乡村记忆是生活的基因，对现有生活进行考量，往往也会建立在乡村记忆的基础上。这几乎是无法人为选择的。同时，回忆也是一种自我选择，它会帮我们看看，我们原来的生活，有哪些值得用心灵去重新经历。"（胡弦《关于乡村记忆及写作》）

2021年10月23日下午5点钟，我到达徐州观音机场，这还是我第一次来徐州，而这里正是胡弦的老家。接我的车在高速路上行驶的时候，我看到越来越密集的大货车，在持续的轰鸣中四周则是越来越低沉的黑暗。多年前的徐州，那时胡弦还是一位在报社任记者的青年，"报社记者对写作是把双刃剑，虽然扩大了生活的空间感和深度感，但过快的节奏让人来不及消化生活，对写作伤害比较大"（《书斋里的安静耕耘者》)。在高速路的夜行中我感到疲倦和困顿,竟想到了胡弦的那首诗《高速路边》——"有一辆白色小车从麦田的小道上开过来,/向墓地靠近。/我们总爱说逝者长眠,但也许并非如此,/比如,他们也需要鞭炮声把他们/从梦中唤起。又或者/一些人去世得早,那时,高速路尚未建好,/尚没有一辆又一辆车子嗖嗖驶过,/带起熟悉又陌生的风声,/驶向他们从没去过的远方。"

2020年的冬天午后,我和胡弦乘车从盐城往淮安,隔着车窗那么多的事物倏忽疾逝。如果是在古代,我们应该是在缓缓步行或者同乘一艘简陋摇荡的木船,而时过境迁,我们的心境都被扭转了……也许时光流转、时代易变中我们只能接受命运和境遇偶然带给我们的些许眷顾。2021年深秋,我和胡弦在微雨中站在沱江边,那时无栏杆可拍而黑夜已经不可阻止地漫卷而来,"江水平静,宽阔,/不愿跟随我们一起回忆,也不愿/激发任何想象。//它在落日下远去,/像另有一个需要奔赴的故乡"(胡弦《下游》)。

连日来,我一直在回想我和胡弦第一次相遇的时间、地点以及具体情形。拨转时光的指针,再次来到2004年,那时胡弦还是《扬子江诗刊》的编辑,来首都师范大学讨论即将推出的新栏目"新诗第二课堂"。我那时还在读博士,当时在北区走廊里见到了胡弦——第一次碰面,他给我的最深印象就是鼻子真大,当他笑起来的时候,眼睛眯缝得更小而鼻子就显得格外大。那时,我们只是礼貌性地互相打了招呼,尽管那时我已经注意到了他的诗,尽管他并不是一个诗歌层面的早熟者。他从20世纪90年代初开始诗歌写作,而直到他到南京工作后,诗歌的个人精神气象才逐渐显形和凸显。多年来，胡弦仍记得当时在《诗刊》任编辑的邹静之在一个诗歌班给他改稿子的情形，邹静之当着众多写诗者说，这么多人里今后也许只有胡弦能够真正写出来——真是慧眼如炬。

胡弦兴趣广泛甚至称得上庞杂，而中年之后越来越喜欢的则是散步。他给更多的人留下的印象是总笑眯眯的——看起来越来越慈祥，不温不火、做事周到、面面俱到，即使是一件小事也往往是替对方着想——尽管有时候在旁人看来具有不可思议的戏剧化效果。雷平阳曾经写道："这次我与胡弦同住一间房，我们可以借机说说话，两个人都觉得是好事。但每个晚上，聊天之后，待我入睡了，胡弦都会穿一条裤衩就出门了。他也没去哪儿，内部招待所到处都是空房间，而且不上锁，他随便推开一间，倒头便呼呼大睡，次日晨，又穿着裤衩回来。我没有问他为什么这么干，他也没解释。他的外衣一直用个衣架挂在墙上，散会那天，为了纪念我与他住过一间房，就站到了他的衣服下，让他给我拍了这张照片。"但我也偶尔见过胡弦因为遇到一些人和事不开心而直接抨击的时候，见过他津津乐道陈年往事以及诗坛轶事和段子的时候，也见过他开心时像个乡下孩子般嘿嘿地笑起来的时候。实际上，我们看到的都只是一个人的局部和侧影，也许只有自己最了解自己的性格、好恶以及处世法则，甚至很多写作者都有密不示人的精神抽屉和灵魂日记。

我评价朋友最重要的也是不可替代的一个标准就是这个人不管居于何种位置和何种处境都一定要讲情义，显然胡弦符合这一标准，在此仅举一例为证。2013年11月12日凌晨2点40分,韩作荣因大面积心梗抢救无效去世,享年66岁。14日上午在八宝山举行告别仪式,在人群中我看到了从南京风尘仆仆赶来的胡弦,能够越过千里之遥来见故人最后一面,这样的朋友是真朋友。

胡弦早年因为在报社应酬而喝坏了身体,到了南京工作之后基本上是滴酒不沾了。2012年7月21日,北京遭遇60年不遇的特大暴雨。我那天在暴雨中乘坐飞机到达热浪滚沸的武汉,胡弦也从溽热的南京赶来。在东湖的梧桐树下,我们几乎整夜长谈。武汉街头吃小龙虾那晚胡弦照例不喝酒,而我和张执浩以及荣光启三人喝了一箱多啤酒。近两三年,每次见面,我都会怂恿胡弦,而他也不得不破例喝点啤酒或些许红酒。

2020年,胡弦突然"洗心革面"。本来浓密的头发突然剃得只留了薄薄的一头茬儿,加之穿着的衣服比较宽大,看起来竟然像是寺里出来化缘或传法的僧人。这一突出的变化导致很多人见到胡弦时都惊讶得很。实则,那时胡弦正在写作关于运河的一系列小长诗,极其耗费体力,有时甚至写到虚脱,剪了光头正是为了激励自己从头开始重新梳理自己的写作。真是,古有壮士剃发明志,今有胡弦剃发明"诗"。

2007年5月27日,南京。在秦淮河畔,我一直隔着雨雾静静地看着不远处的白色栀子花,那时我想到了胡弦等南京诗人。梧桐树的阔大阴影,潮湿、油腻的夫子庙街道以及城市拐角处灰蒙蒙烟雨中的民居都让我感怀时间一次次带来的虚无与沉默,"高大的悬铃木覆盖了这里的每一条街道，/它们不断蜕皮，像无所事事，又像/一种永远无法输出内心的表达，/铃铛也沉默着，从不发声"。（胡弦《经过：从秦淮河到颐和路》）那时我没有去打扰胡弦，这么多年我一直不太愿意到一个城市就呼朋引伴，在心里能想到一个朋友就足够了。这么多年，我数次搬家，但是一直保存着胡弦送给我的一本自印的白色封皮的诗集小册子，那是我见过的最薄的一本诗集。胡弦也是我的诗人朋友中一直保持深度讨论诗歌的少数者，无论是每次见面还是在邮件以及微信中，我们谈论最多的恰恰是诗。

2015年4月17日，我前往江西参加谷雨诗会，到江西宾馆已经夜里十点多了，胡弦就住我隔壁，相约出来一起聊天、喝茶。一路上，香樟树的味道好闻极了。在吉安的钓源古村，在廊道、祠堂、古戏楼、绣楼和池塘旁，我和胡弦一直在谈论诗歌，不远处的水面微微波动。前些年，胡弦开始着手创作长诗时，我们就具体的创作问题以及技术、细节交流得很多。为了写作这些长诗，胡弦付出了诸多心血，其最新成果《运河活页》《经过：从秦淮河到颐和路》已经刊发出来。记得是2020年在绍兴，一天晚上因为非常开心所以胡弦也喝了不少黄酒，基本上大家都被黄酒给"泡"软了。喝过黄酒的人都知道，如果喝多了会非常难受，而胡弦居然第二天仍然在头疼和晕乎乎的状态下还专程去看了绍兴最著名的八字桥（始建于南宋嘉泰年间），而目的只有一个，那就是为写作运河的系列诗歌做准备。

平心而论，我特别欣赏胡弦这种为诗歌创作所作的必要准备——功夫在诗外，实则这是创作态度使然，是观察事物的眼光使然，是

"词与物"从陌生、惊异到相熟和转化的彼此交互的精神过程,"一个过客,随着情感深度的增加,对于你蓦然遇见的崭新事物,也可以一眼就认出你与它们的血缘关系,并继而成为风物之子"(胡弦《诗歌创作谈》)。

作为诗人,既需要这种直觉经验和"纯粹知识",也需要现实经验和及物性词语的支撑。正是意识到此种经验窘境,胡弦近年来一直在不断估量"词与物"的真正关系以及如何打破写作的惯见和经验,"我有时在附近的街区里散步,周围都是坚固的老建筑,但它们并非事后之物,对于过往,对于那些高潮、激烈的东西,它们有更长久的保存方式。它们的气息,应该相通于一种可以依靠的写作方式"(胡弦《诗歌作为一种精神生活》)。

胡弦说过:"秋后的菜园里,往往剩到最后的,就是一棵棵白菜——这是要陪我们越冬的菜。"(《白菜在歌唱》)白菜古时称为菘,被认为是有操守的植物,"隆冬不凋,四时常见,有松之操"。陆游有诗云:"白盐赤米已过足,早韭晚菘犹恐奢。"(《村居书事》)推广到世间法则,陪我们到最后的也只能是那些最真正的朋友,他们自然是少数中的少数。

在南京的梅花山,我给胡弦写了一首十四行诗——"现代建筑和远山之间隔着那么多/梅树和陵墓/我刚刚见过几只昆虫的遗骸/稳固的意义已然终止/流水上的夜航船/鲜活的浮世戏剧/分离的醒目如同船头晃动的灯盏/南方的薄雪多像是迟暮的脸颊/借助酒杯说话的人声调那么高/夜色却一滴一滴低垂/薄凉的现世/是谁一次次摘下精心描画的面具。/'没有人真正死去/恰如没有人能真正活着离开人世。'"

霍俊明,"70后"诗人、研究员、《诗刊》副主编,著有《转世的桃花——陈超评传》《有些事物替我们说话》等专著、诗集、散文集十余部。

胡弦,《扬子江诗刊》主编,江苏省作家协会副主席。出版诗集《阵雨》《沙漏》《空楼梯》《石雕与蝴蝶》《星象》《定风波》《琥珀里的昆虫》,散文集《永远无法返乡的人》《蔬菜江湖》等。曾获第七届鲁迅文学奖。

我的同事赵丽宏

□ 甫跃辉

我在进入《上海文学》工作前就认识赵丽宏老师。那时我在《收获》杂志实习，编辑部在上海作家协会一进门那栋楼的三楼尽头，要走到那儿，总要经过赵老师的办公室。即便是白天，那条通道仍有些幽暗，又隐约有些回音，即便待在办公室里，也能听到说话声、笑声回荡在通道里。但在这些声音里，从来没有赵老师的。赵老师说话声音总是轻的。在那时的我看来，赵老师难免显得严肃，显得不好接近。之所以还会跟赵老师认识，是因为我的研究生生涯就要结束了，因为编制问题，没法留在《收获》。没有编制，就没法以应届生的身份获得上海户口，而一旦失去这个机会，要想获得上海户口，就得至少等七年。说实在的，我对这些事是有些稀里糊涂的。后来的事，很奇怪，如今竟然想不起来具体的过程了。总之是《收获》的老师介绍我认识了赵老师，大概是在赵老师办公室和他见了一面吧。赵老师问了我一些问题，问的什么，我全忘了。印象深的是，赵老师办公室里堆满了书，然后就是我的局促，坐在沙发上，不知说什么好。

这样局促的状态，在我进入《上海文学》后，仍持续了很多年。赵老师给我的印象仍然是不苟言笑，是很典型的"领导"的样子。而且，在进入《上海文学》之前，好几位前辈和我说过一些事情，感觉单位里的人事没那么简单，而我偏是个处事简单的人，经常被人说是情商低，因此，干脆经常独来独往，和谁都不是很亲近的样子。这样，我和看着不苟言笑的赵老师，就更不可能走得很近了。

但一些小细节、一些小事，仍在渐渐改变着我对赵老师的印象。

比如，有一次开编辑会议，大家都说的是上海话——那时，整个杂志社就我一个外地人。我到上海那么多年，上海话基本是听得懂的，况且，就算不怎么听得懂，我想又不需要我发言，就半懂不懂地听着得了。赵老师却忽然说，大家还是讲普通话，不然小甫不一定听得懂。比如，赵老师好几次和我说起有关他的活动，告诉我时间地点后，总不忘加上一句，不能去也没关系。而我呢，还真是一直都"没关系"，赵老师也从没计较过。再比如，有一次因为我工作上的疏忽，负责的稿子编校上出了问题，赵老师知道了，头疼是自然的，却没说一句批评我的话，只是想着如何尽量弥补。再比如，有一次我家里出了点儿事，我频繁地和赵老师请假回去处理，赵老师总是说，请假的事不用担心，你什么时候回去都行。还问我，钱够不够用？

说到请假，我请假可是真够多的。记得有一次我请假回老家，村里小卖部的人经常见我跟个街溜子似的，趿着拖鞋、卷着裤腿去买东西，还问我是不是调回施甸街了。除了回老家，还有一些文学活动，我也经常会跟赵老师请假。赵老师每次都说，没问题，你去吧。大概是两三年前，我又一次跟赵老师请假，赵老师说，小甫，只要是你觉得合适去参加的文学活动，都可以去参加，不用跟我请假。这是多大的信任！我打心底里感激。但我后来遇到各种活动邀请，仍然是要先跟赵老师请假的——我虽然自认脸皮够厚，但这基本的礼貌还是要有的。当然，赵老师对我出门参加活动这件事，也不忘提出一些要求，比如希望我多跟见到的作家们约约稿。我第一次去见王蒙老师，赵老师就很郑重地写了一封约稿短信托我交给他。那之后，王老师在《上海文学》发了不少文章。直到最近一次我去伊犁，知道我会见到王老师，赵老师仍旧提醒，不要忘记跟他说，给我们写点儿东西。

时间久了，我觉得赵老师在我请假这件事上，对我何止是宽容，几乎可以说是"纵容"了。而赵老师对我的"纵容"，还体现在对我的去向问题上。

我进《上海文学》以来，在编辑这个岗位上，自认为还挺认真的，十多年来，一直坚持着每稿必复，对所有稿件一视同仁。当然，也可能因为自己的审美水平不够，错过了一些好稿子。但其实啊，我并不想一直做编辑。我还是想去做专业作家。在这件事上，有两位前辈给过我意见，一位是毕飞宇老师。毕老师建议我还是先做编辑，不要过早地去做专业作家，最好在四十五岁后再考虑。另一位是邓一光老师。有一次邓老师问我，做了多久的编辑了？我说八年了。邓老师说，你竟然能做八年？我当初做了八个月就受不了。对于两位前辈"背道而驰"的建议，我也不知道哪位的更好一些。但不管怎样，我仍怀揣着一颗去做专业作家的心，虽然我仍然认认真真地在做一个编辑。

渐渐的，这心思是藏不住了。有一次，我直接跟赵老师说了。赵老师问我，你考虑好了吗？我说考虑好了。赵老师说，你要是考虑好了，我会帮你留意的。这是多久以前的对话了？我记得不是很清楚了。作协招专业作家，并不是每年都有的事。有时候可能五六年招一次，有时候可能更久。又过了一阵，赵老师又和我聊起我去做专业作家的事，赵老师说，我帮你问过作协领导了，按你写作的成绩，应该没问题的。可作协什么时候招专业作家，仍是未知数。赵老师又说，你真的考虑好了吗？《上海文学》挺好的啊。我说，是挺好的，就是还不够自由，毕竟还是要上班的，虽然可以请假，但总不能天天请假啊。（说这话时，真得脸皮够厚才行。）我还想着多走一些地方，为自己想写的小说做些准备。赵老师说，你就把自己当成专业作家得了……类似的对话，进行过很多次。有时候，我有些过意不去，心想哪有下属和领导三番五次谈论跳槽的事呢？有一次又说起专业作家的事，我直愣愣地来了一句：赵老师，我是这么想的，我想在《上海文学》待到您退休，等您退休了我就离开。我还记得说这话时，我和赵老师在作协餐厅面对面坐着吃饭。赵老师愣了一下似的，说我退休还有好几年呢。我意识到，我说的话不大妥当，却也不知道怎么说好。

好几年过去了，我仍然没当成专业作家，而谈论我什么时候去做专业作家，仍然是赵老师和我之间最主要的话题之一。赵老师从来说的都是，尊重你的选择。当然，有时候也会说一些挽留的话，甚至于有一次忽然跟我说，让我做编辑部副主任，且又一次问我，你是真的考虑清楚了吗？如果留在《上海文学》，会有别的安排。我仍然说，我考虑清楚了，还是想去做专业作家。又过了一阵，有一次和赵老师聊天，不知道怎么说起我参加活动时很少提及在《上海文学》工作的事。我说，有时候活动方会要求提供工作单位和职务，我从来都说我是《上海文学》的普通编辑，不会说是什么"编辑部副主任"，因为很多人喜欢搞"职务贿赂"，把那"副"字省掉，这既让我尴尬，又让我觉得对同事不大好。听了这话，似乎尴尬的倒是赵老师了，他笑一笑说，想不到这事还会对你造成困扰。

其实，我对赵老师造成的那才是真正的困扰。我真不是个听话的人，三天两头请假不说，还不时惹出些事端来，而赵老师总是容忍着这一切，从来没批评过我什么。

大概只有一次例外吧。那次是《上海文学》六十周年庆祝活动结束后，几位年轻同事和几位年轻作者约了一起喝酒。我们仨虽然在一个办公室待了几年，喝酒却还是第一次，似乎都挺高兴，喝着喝着，就多了。多了就不免要继续喝。后来，酒没了，有人到附近小卖部买了一瓶伏特加。这真是一枚深水炸弹，朝醉醺醺的我们扔下去，我们便都炸裂了。那晚上究竟是怎样的情形？我们几个各有记忆，或者都没什么记忆了。总之是一塌糊涂。也不知道怎么就把电话打到了赵老师那儿。深更半夜的，赵老师赶到作协来照顾几个醉鬼，和我们家里人联系，将我们一个个弄上出租车，确保我们一个个安全到家。赵老师六十多岁了，而这几个醉鬼，才二三十岁。这让人情何以堪？！后来，好几次赵老师对我们提出批评，每次都让我无地自容。但我就此戒酒了吗？那也没有……哎，这真是只能对自己翻个白眼了。

这次醉酒事件，无意中还让我知道了赵老师的另一面。赵老师说，他年轻时候，是能喝一斤白酒的人，就是现在，酒量也很好。但单位里好几次聚餐，我却从没见过他喝多。从来喝酒，他都是点到为止，始终都是温文尔雅的样子。许多年前，那个大碗喝酒的年轻作家赵丽宏，是怎样的呢？

除了这样的突发事件让赵老师操心，还有更多日常的事情让他操心。比如我的经济问题。因为好几年里，我是单位里唯一的外地人，而《上海文学》的工资又不算高，我的经济问题就成了赵老师操心的一件事。

2014年下半年某一天，赵老师把我喊到办公室去，有些兴奋的样子，跟我说起江苏作协的一件事，他们要招签约作家，为签约作家提供的费用还不低。他觉得我申请到了这个项目的话，能解决很大的经济问题。后来，我真去申请了，在接下来的五年里，顺利成为江苏作协的"合同制作家"，每年有八万元经费。这件事最让我震惊的是，作为上海作协领导之一的赵老师，并没有一门心思想着要把作家"留在"自己的一亩三分地里，而是想着，如果对你有利，就让你去你可以去的地方。在那五年里，我好几次听到，有人怪里怪气地说，现在甫跃辉么，又不是上海作协的，人家是江苏作协的。两相比较，赵老师的心胸之宽广可想而知。

赵老师似乎从不介意我去了哪儿，只介意我写得如何。他不介意我成天想着去做专业作家,不介意我去做了五年的江苏作协合同制作家,他只是每次和我说话都会问我,最近在写什么?我会说一说自己在写什么,也会说一说写作上的困扰,而赵老师的回应,总是鼓励性的,几乎没什么批评的话。

赵老师也会和我说说他的写作,最近这些年,赵老师的写作是越来越开阔了,不单有散文、诗歌,还有好几部反响很大的小说,远的如《童年河》,近的如《树孩》等。快七十岁了,他仍有无穷无尽的精力,每隔一段时间就要出版一本新书,每出版一本书,他都会签名后送给我,送给编辑部别的同事。

这些书我都会带回家给孩子翻一翻。孩子还是个"文盲",文字是看不了的,但可以看书里的插画啊,有一段时间,她就很喜欢长篇小说《黑木头》里的插图。说来也是神奇,之前以散文和诗歌名世的赵丽宏老师,在六十岁后,却出版了如此众多的儿童小说。时间让我们更准确地看到一个人,也让一个人更准确地看到自己。赵老师的底色,应该是一颗纯真的童心吧。

这些年,我们聊天时不知不觉地又多了一个话题,就是孩子。他和我说起他和儿子的相处,说儿子小时候隔着书房窗玻璃看着他,说爸爸我好孤独。而我也会和他说一说自己孩子的趣事。

我有时把孩子带去作协,好几次和他遇到。上次去,小朋友回来和我说,在院子里背诗给那位赵爷爷听了。而她可能记不得了,就在她两岁多时,这位赵爷爷还曾抱着她,蹲在一把沙发椅前,握着她的手画画,画的是一只小老虎。据说,那把沙发椅是作协最古老的沙发,年纪有她和赵老师加起来那么大。

甫跃辉,实力作家、诗人。出版长篇小说《刻舟记》,小说集《少年游》《动物园》《鱼王》《安娜的火车》《五陵少年》《万重山》等。

赵丽宏,曾任《上海文学》杂志社社长,现为《上海文学》杂志社名誉社长,《上海诗人》主编,上海市作家协会副主席。著有散文集、诗集、报告文学集等各种专著九十余部。曾获上海市文学艺术杰出贡献奖、罗马尼亚爱明内斯库国际诗歌大奖等数十个奖项。

赵宏兴的笑

□ 洪　放

认识赵宏兴，是从他的散文诗开始的。那些年，我也写些散文诗。宏兴兄当时已名满散文诗界，他不仅写，而且编。他利用业余时间每年编一本《中国当代散文诗》，让散文诗界的各种树木都聚到他这园子里。有的婀娜，有的刚直；有的沧桑，有的青春；有的爱得惊心动魄，有的伤得淋漓尽致。他自是一个高明的园丁，让这些树每年都往上长一寸。而这些树中，他自己是一棵柳树，独立且飘逸，他把散文诗的骨子和风致，全都呈现了出来。

记忆里，首先是他的笑。他的笑，浅，如同羞涩。其实是一潭水，他只是将所有的重都压在水底。那笑，自然是轻的。轻的笑，成了他的招牌。笑过后，他用浓重的肥东方言说事。而笑，还是浮在他的嘴角上的。

二十世纪九十年代，赵宏兴就经常去我当时工作的家乡桐城，原因是去见著名诗人陈所巨。他坐在陈所巨老师的自行车上，两个男人，从桐城的街巷里穿过。想必他们也听见了桐城的古往今来，甚或看见了那些吟诵不已的一代代读书人。他们最后停留在所巨老师的蜗居。然后，招一帮诗人朋友来，聊诗，聊文坛趣事，宏兴那时也写过相当多优秀的作品，在一干业余作者面前也是小名人了。但他的朴实，同蜗居周边的田野一样，是里里外外都浸透着的。后来，所巨老师仙逝，宏兴重情，写了篇纪念文章。他描写细节能力极强，将那辆自行车写得十分到位。由此一看，那浅浅的笑之后，他其实还是一个十分重感情的人。只是他不喜欢过于显露。这种浅浅的自然与质朴，既是他的为人，亦是他的为文。

从那时，我就时常觉得宏兴就该是一棵树。从柳而到松。松是一种同天地自然呼应得最彻底的树。松紧紧守着脚下的泥土，松也用无数的松针，去探究这个世界。一如宏兴用无数的文字，去触摸这个世界。

前几年我调到合肥来工作后，与宏兴接触的机会更多了。有时在会议上，有时在编辑部，更多的时候似乎是在饭桌上。每见宏兴在席，我总想若有机会，也来看看这棵松树酩酊大醉一回。然而没有。我从来没见过他醉，原因是他压根儿就不端酒杯。人家劝酒，他还是浅浅地笑，说：不照不照，我就一瓶啤酒的量。这话肯定有夸张，我至今也不甚相信，但也没法，没人能劝得了他喝酒。他这意志的坚定，就像他文字的坚定一样，总是盘得牢牢的，动荡不得。不过，在他的家乡肥东，倒是有人给我说过宏兴喝酒的段子。用他自己的话说：他从不把酒带出肥东。这话还真一点不假，他在肥东喝过一两回酒，但人还没走出肥东的地界，酒就退赔了，让人捧腹。

从前，我一直想：一个不喝酒的男人，是多么无趣。但见宏兴后，觉得不喝酒自有不喝酒的风趣。他是用眼看着大家喝，咂摸着大家的兴致。他就是那棵松，站在众树之中，又独立于众树之外。

宏兴写散文诗，写诗歌，写散文，更写小说。至于他写得到底怎样，我说了不算，那些选刊和评论说了算。他写这些文字的时候，也是老实的，甚至有些呆憨。他从不做作，一丁点儿的小心思，都润在文字里。乍一看，都是些土啊，菜啊，花啊，蜜蜂啊，再细看，却有更多的名堂。他写小说《伙牛》，憨厚得让人发愣。他写小说《父亲的土地》，粗糙中又见出米白清香，再咀嚼，又有说不出来的痛与悲凉。作家张炜认为："赵宏兴的《父亲和他的兄弟》是一部长篇小说，但更像一部家人回忆录，因而也更亲切、更朴实。情感都落到了实处，生活也落到了实处，没有任何突兀和夸张。通篇的文字也是这样踏实安稳，没有刺耳的文艺腔。小说的文字需要这样回归，虚构作品需要这样真切。在事事张扬的网络时代，过于尖叫和大声已经很熟悉了，最后成为不出预料的常态。而我们正读的这部书，却是另一种沉静朴拙的面貌，也就是超越了常态的。"作家许春樵评论说："赵宏兴不愿将生活撕得太碎、太烂，也不愿让读者对人性过于绝望，所以父亲在小说中就显得至关重要。这是一个隐忍、克己、宽容、善良的形象，是一个成功而动人的形象，他受够了委屈甚至是侮辱，但他还是以自己的道义和担当支撑起了家庭，也支撑起了不灭的人性光辉。"季宇认为："赵宏兴是一位沉稳而专注的实力派作家，在这部长篇小说里，他的叙事心平气和，诚恳扎实，充满了悲悯的情怀和对人性深刻的审视。"

一棵经历了风雨的松树，他在文字里表述他对这个世界的感知。我虽然常读宏兴兄的作品，但除了引用上述名家的评论外，我几乎不能再写什么。我只读，我觉得读他的作品，就是对一棵松树的最大的尊重。

几个月前，到《清明》编辑部，宏兴指着新换的编辑部办公室，一一介绍。作为这家大型期刊的负责人，看得出来，他更乐意于让《清明》这棵大树枝繁叶茂。他是少有的既写作又编辑的两栖作家，他有一个形象的比喻：编辑是杂食动物，而作家是偏食动物。这个比喻确实好，一下子就将编辑和作家区分了开来。这显然是他经过多年思考得来的真经。于编辑这个行当，非得有牺牲精神。我有时甚至想：假如宏兴不做编辑，专事写作，那会是何种结果？当然只是想，他现在的结果就是最好的——挖空心思将刊物编得越来越大气，越来越有影响；忙中取静，写诗，写散文，写小说。

而且，都做得好。就像那浅浅的笑，一直挂在这松树的苍翠上。

洪放，安徽省作协副主席。曾出版长篇小说《秘书长》《百花井》等。发表中短篇小说一百余万字，曾被《小说月报》《小说选刊》《新华文摘》等转载，并多次获奖。

在宁静的地方

□ 胡竹峰

2003年前后吧,在报纸上断断续续看过一些赵宏兴的文章,写的是亲情,看得出来是真人真事,看得出来有真实情感,很朴素,很周全,遣词造句稳稳妥妥。几年后,我去了郑州工作。那时候周末得空照例去书摊看看,有一回看见赵宏兴签名版散文集《岸边与案边》。拿起书翻了翻,勾起少年的阅读旧事,也就买回来了,不愿意看见一个作家的友谊在旧书堆里被人挑挑拣拣。

《岸边与案边》写的都是家常事,说的也是家常话,老到、从容。

再后来,我回安徽工作生活,认识了赵宏兴。各类笔会各类采风大家常见面,偶尔还会相逢在饭局上。那几年,交朋友的兴致淡如残茶,也就没有和他火热,而宏兴的性格为人,望之整齐严正,也不是火热的做派。但我供职的报社每每有些文学活动,总会想起宏兴,请他来写一篇文章,请他来说一段话,以壮声威。有空他就来,倘或无暇出席则是很歉然的样子解释缘由,让人觉得很舒服很老派,日子就这么一天天过去。

有回宏兴主动找我要过一本书，大概是说我散文如何如何好之类，选了本散文集《豆绿与美人霁》与他。送了也就送了，并无下文。后来再遇见，宏兴主动说请我有空给他供职的《清明》写点文章。一来我写得少，二来不太想在本省报刊发表太多作品。自然也无下文。

前些年我写戏剧系列散文随笔《击缶歌》，陆续有三五家杂志刊出，宏兴看了，说很喜欢，让我给他一组。以为是客气话，他却催了几次，我将文章发去，果然很快刊登了，不必细表。收到杂志，卷首语中一段话让我惊讶也让我受用。受用不是因为承蒙抬举，而是文人间的一份懂得。

"胡竹峰的《击缶歌》以民间戏曲为线索，于嘈嘈切切中书写一方文化，文字灵动，文采清俊，在散文的深度和厚度方面均有令人欣喜的开掘。"以民间戏曲为线索书写一方文化，这话让我有知者之遇，而文字灵动，文采清俊，开掘散文的深度和厚度云云，我都不敢当，只能算作朋友的一个拥抱，人生总是在泄气中鼓励着负重前行。

古人早就说过文人相轻，宏兴身上有文人相亲一面，让我大有好感。每回见面，从来没听过他谈论起谁的是是非非，人有兴趣的永远是办杂志，谈文学。我的话不多，他的话更少，但说起文学，宏兴偶尔也滔滔不绝，遇见不同的意见，甚至会径直争一下，羞涩地红着脸谈自己的观点。他的声音不快不慢，音调不高不低，永远不会据理力争，却也绝不妥协，哪怕退让也坚持己见，还能在他脸上看见若有若无的不平。

宏兴身上有羞涩，我觉得羞涩是好品质。不独羞涩，还有内敛，内敛更是好品质。

宏兴早期用过一个笔名"红杏",我以为好。文学本是红杏一枝出墙来的事情,还常常墙里开花墙外香。如今换回了本名,宏兴就是宏兴,本名也好。《说文解字》上说:"宏,屋深响也。"兴,兴致,兴会,兴盛。这么些年,宏兴编辑、写作,有诗歌、小说、散文、随笔,一本接一本,兴致勃勃又不动声色。见多了众声嘈杂、大张旗鼓,难得有人不动声色。

宏兴是肥东人,肥东是包拯的故乡。宏兴身上似乎有包拯的影子,不苟言笑,对文章铁面无私。偶尔见一些作家给他写稿子,他总是客客气气收下,但具体到作品得失刊用,自有规矩。这么多年他编辑《清明》,固守叙事,固守现实主义传统。好不好不知道,也轮不到我来置喙,但凭那一份韧劲,值得喝声彩。

见过一次宏兴的豪气,是他敬业的一面。那年我在鲁迅文学院,宏兴来北京组稿。他让我张罗了十来个作家,大家喝茶聊天,度过了一个很愉快的下午。末了宏兴请大家吃饭,去的是新疆菜馆,烤肉丰美,大家团团围坐,宏兴难得有谈兴,说了一些文事。后来果然有一些人的作品在《清明》刊登,这事让我很感动,《清明》并不缺好稿子,我们那一次读鲁院的都是年轻作家,宏兴不薄新人,这是他的厚道与热情。

记得宏兴说过,宁静的地方,空间才会开阔,思想才会自由,所以他的散文不喜欢往热闹处写,喜欢往宁静处写。他编杂志写小说都是安静的,他的小说多是乡野天空下的悲欢离合,多是篱笆黄昏早霞云朵的故事。由文到人，宏兴为人也宁静，这是我对他文章与人的印象。另外的印象是性格不算风趣活泼，但低调温和，对事又严谨又认真，做人宽厚朴素。日常晤对接待，他的表现，用古语说是诚和敬，没有锋芒，话多是发自心腹，和和气气，这样的人如今不多的。

胡竹峰，安徽省作协副主席。出版有《雪天的书》《竹简精神》《不知味集》《茶书》《民国的腔调》《击缶歌》《雪下了一夜》等散文随笔集二十余种。曾获"孙犁散文奖"双年奖、"紫金·人民文学之星"散文奖、刘勰散文奖、林语堂散文奖等文学奖项。

赵宏兴，《清明》主编。出版有长篇小说《父亲和他的兄弟》《隐秘的岁月》，中短篇小说集《头顶三尺》《被捆绑的人》和诗集、散文集《刃的叙说》《身体周围的光》《岸边与案边》《窗间人独立》《黑夜中的美人》等。曾获《芳草》文学奖、梁斌小说奖等多种奖项。

我认识的徐则臣

□ 傅小平

我清晰记得那次与则臣见面的情景,时间大约是 2017 年 8 月 25 日。那时,我在北京参加图博会(北京国际图书博览会),和则臣约好活动结束后见面聊聊,因为顺义新馆这边已经完事,我又不想来回倒腾,就预订了他家附近的酒店。那阵子,他该是住在安和园了,此前出现在他作品末尾的地理标识往往是知春里,再之前是北大万柳。我拖着行李穿越小半个北京城前往,如今想不起来具体是在哪个站点下了,但记得出了地铁口就在正值下班高峰的密集人群中见到了他。简单招呼后,他引我走向不远处的人行道,在停车处找到共享单车,扫码,打开,把车从里面倒出来,推着进了熙熙攘攘的车道。翩然上车后,他拽过我那塞满了衣物和书籍、分量着实不轻的拉杆箱,单手握着车把不紧不慢地骑行,我在一旁走着,看他在人群和车流里穿行自如,他骑得真是一点都不费劲,看上去远比我走着来得稳当。

这算不得多有文学性的景象,似乎都不值一记。如果非要找个记的理由,该是我知道则臣车技了得,而且喜欢骑自行车,他在散文

《新世纪.com》里说,有段时间经常回到他教过两年书的那座城市,借俩自行车一个人沿运河逛逛。他说他特别喜欢自行车的速度。两年后趁去荷兰之便,他还写了一篇《阿姆斯特丹的自行车》。如果还要找个理由便是,我记得在傍晚此起彼伏的人群声里,在和则臣有一搭没一搭的谈话声里,在轮子滋啦滋啦的转动声里,在拉杆箱摩擦着地面的嗒嗒声里,我脑子里有过一闪念:多好,他的写作也是这么稳当!

写这篇文字的当儿,我就想,则臣在写作上岂止是稳当,他真是一步一个脚印,越往后写越是显出天空海阔的气象,也因此总是不由让我满含期待。我最是记得他在上海读首届作家研究生班那会儿,有一次随我去我租住的老房子,边走边说那阵子读了哪些大作家的作品,一本本读完拉倒,随后说了一句:至少得有一部大作品!写它个五六百页,四五十万字才算完事。我当时大约说过,这对你不是难事,没准过两年就写出来了!这当然不是什么"预言",一个作家但凡写到他当时那个份儿上,定然会生出写大作品的雄心和抱负,他又完全具备与之相匹配的创作力,写出大作品是水到渠成的事。果然没过几年,他就捧出了"70后的成长史"——《耶路撒冷》,我没问过他,这是不是他那时期望的大作品,但想来应该是,何况这已经不是他迄今唯一的一部,因为还有为他赢得茅盾文学奖的《北上》。

当然我说稳当,不单是说则臣那种让写作者心向往之的写作状态,而是说读他的几乎每一部作品,都能读出一种恰到好处的协调感和平衡感,他写作大约就像他骑行一样,即使有负重,也能凭感觉或是理性找到那个最佳平衡点,让车不紧不慢、不偏不倚前行,稳稳地抵达他要去往的地方。要做到这一点，显然是难的。大多数时候，我们在身体和灵魂之间，或者说在形而上与形而下之间，都处于一种失重和不适状态。反映在写作上也是如此，即便大作家的写作也不例外。则臣重读黑塞后，写了篇《孤绝的火焰》。在这篇读书随笔里，他写道："黑塞在小说里给了形而上充分的空间，形而下的世界则寥寥几笔，我看不到一个人在通往未知的征程中必将面对的无数的偶然性，也看不到他在众多偶然性面前的彷徨、疑难、否定和否定之否定，那些现实的复杂性被提前过滤掉了，生命的过程因此缺少了足够的驳杂和可能性。"所言极是！即使是黑塞这样的大作家都会这般失衡，何谈一般作家呢。不过，体现在中国当代作家的写作中，他们在小说里往往是给了形而下充分的空间，形而上的世界则寥寥几笔，也没能写上几笔。

如此，就像则臣在《福克纳的遗产》里说的那样，整个文学都是趴在地上的，在海拔以下写作，眼光也就没法高过地平线。"那么，地平线以上的部分如何被表达？需要想象力开拓、需要胸襟承担的那一部分如何实现？"则臣在"回到日常和最基本的生活"的同时，着力书写的就是"地平线以上的部分"和"需要想象力开拓、需要胸襟承担的那一部分"，他有时像是要强化这些部分，在写作中偏向精神先行、理念先行，或是主题先行，虽然他知道"世界上最好的小说，都是主题先行。当然，最差的小说也可能是主题先行"。而在大多数作家那里，由此而来的创作总是差强人意，则臣却是"主题先行"也写出了好小说，这在于他有能力和自信为作品赋形，就好比是强大的灵魂为身体赋形。他的"三姐妹"系列——《西夏》《居延》和《青城》，可以追溯到相应的、带有浓厚历史意味的词,他让它们在时间中慢慢发酵,最终成就了"三个女人,三种爱情"。

不得不说,是很多方面成就了则臣的写作,但无论谈哪一方面,都不能不谈到他的理论素养。他是一等一的好作家,我们却因此忽略他同时是绝好的批评家。他不只是对所读作家作品,所见世间万象有深刻的洞见;对自己所写的作品,以及所秉持的文学主张,他也有很好的阐发。他那些围绕理想中的好小说——兼具或者无限接近于长度、密度、难度,以及宽阔、复杂、本色这六个特质的"大作品"而做的阐发无疑是重要的,他因此对自己的创作有着格外清醒的认识,他的问题意识和精神疑难,也或许部分源于此。他曾经这么答问:"我所有的想法只是从不同的角度对那个好小说的描述和逼近。可能会有一些矛盾处,但整体上这些想法是渐进的、相互修正和完善的。一个作家不可能完成了所有的写作才开始整理自己的写作理论,他会边写边想边实践,要实践出真知,要理论联系实践,互动着往前跑。"也或许是这种良性的互动,他的写作在"身体"与精神之间有着奇妙的平衡,虽然他在小说里总是化精神于无形,但透过语言这个身体,我们能看到他对世界、对人生、对历史、对时代都有自己的定见。他说,卡尔维诺是为数不多的有着自己独特而又完整的世界观和人生观的作家。他自己也是!他的那些定见,反过来说也有益于读者更为充分地认知他的写作,并确证他的写作价值。实际上,我写这篇文字,也想着多谈一点自己的感想,却总是发现他已经做了更好的阐释,也就宁可引用他的原话。认识他这些年,和他做过几次访谈,他的答问每每让我折服。因为职责所在,我还做了一些话题对话,也总是首先想到请他支持,因为我知道他对文化、文学,总能谈出自己的真知灼见。当然,也有一些作家善于写创作谈,或者是写对于创作的思考,但具体到写作本身,免不了会眼高手低,则臣是例外,他眼高手也高,不止于此,更应该说,他心高手也高。

某种意义上正因为则臣能做到眼手合一、心手合一,他的作品才自带平衡感。他在表达自我与呈现历史、时代之间保持了平衡。在分析麦克尤恩的《赎罪》时,则臣说他对这部小说感兴趣的一个理由是:个人日常经验和宏大叙事的对接。这也正是我对《耶路撒冷》和《北上》感兴趣的重要理由。在处理"大"和"小"的辩证关系时,则臣游刃有余地把个体的命运融入了历史与时代背景里。这是不容易做到的,如他自己所说,这其中"大"要足够"小","小"也得能足够"大",境界、视野、细节储备以及相互转化的技术难度,少有作家能够完美地实现。但则臣做到了在"大"的背景下,"小"既能自足,又具备可供升华至"大"的品质。这也应了他自己说的,如果长篇小说能与我们身处的时代产生可资信赖的张力,那么这一文体必定会在形式上呈现出某种同构性。而找到那个与自己力图呈现的历史、时代相匹配的结构,也或许是则臣每每在写小说,尤其是写长篇小说之前,都要在谋篇布局上狠下功夫的原因所在。他下这些功夫无疑是值得的,正因为他找到了那个经得起推敲的好结构,他才能充分表达出自己想要的东西,又能跟别人区别开来,并在区别开来的同时,真正确立起自己独特的写作价值。

则臣区别于很多同时代作家的，当然还有更为重要的平衡感，他在承继古典与守望先锋之间，也在讲好故事与探索叙事之间保持了平衡。他在很长时间里都坚持认为，好小说要形式上回归古典，意蕴上趋于现代，后来稍稍做了调整，认为在意蕴上肯定要现代，但在形式上不能一味地古典，形式必须服从于内容。而形式上所以坚持古典，是因为他觉得这更符合中国人的审美和接受习惯。当然他绝不会为了迎合这种审美习惯，把小说降到仅只是讲好故事的层面上。他明白"故事只是小说之'用'，发现、疑难、追问、辩驳、判断、一个人对世界的独特理解、故事与现实与人的张力，才是小说之'体'"。而在某种意义上，也只有做到写作意义上的"中学为体，西学为用"，他的小说才不失中国文学的味道，又体现了世界文学的眼界。我记得也是在那座老房子里，他问我"借"了几本书，我印象中有郑义的一本小说，还有康拉德的作品集和奥兹的两本小说。这些书或许是他那时想看，而恰好手头没有的，我旧事重提则是因为从中大致可以看出他的阅读和写作取向：郑义的小说有寻根的意味，则臣的写作接上了传统的根脉；康拉德某种意义上进行的是全球化写作，则臣的小说也是越到后来越见出国际视野；而奥兹以充满隐喻和想象的诗性语言，写出他对犹太民族乃至整个人类现实的关怀，则臣也是以他质朴，并且充满质感的语言，在世界文学的坐标上写作。他曾为我的对话集《时代的低语》写过一句推荐语，说我"既能在世界文学中谈论好中国文学，又能在中国文学中谈论好世界文学"，这是夸奖之语，但用在他自己身上倒是合适不过，他自当归入极少数既能在世界文学的坐标中写好

"中国文学",又能在中国文学的参照下写好"世界文学"的作家之列。唯其如此,可以说则臣的写作在立足中国与放眼世界之间也难能可贵地保持了平衡。

从审美角度看,正因为则臣有着这种为同时代作家稀缺的平衡感,他的作品才透出难得的雅正、中和之美。这事关他的为文之道,也或许事关他的为人之道。则臣笔下少见至善至美的大爱之人,更少见不可救药的邪恶之人,他在小说集《跑步穿过中关村》里写到那些卖假证、卖发票、卖黄色光盘的小人物,干着违法的事,在俗人眼里已经算有点小邪恶了,但深入小说的肌理,我们会觉得他们干这个行当,也是可以理解的,或者说从则臣的眼光去看,是情有可原的。这应了他自己说的,尊重和悲悯应该是一个人与生俱来的品质,这跟写不写作没关系。在敦厚关爱的环境里长大,则臣对人和事相对宽容理解。看待一个人,也就不喜欢绝对。即使在写作时,他可能会把一件事往极端推,也可能会把一个人往极端里写,但推进的过程中会时刻提醒自己,正视他的复杂性,写出他性格里的弹性。或因如此,则臣的作品才在具有独异性的同时,也特别能引发读者的共情。

也因此,我总是能从对则臣作品的阅读中,也从与他的交往中获得教益。我们是同龄人,并且都是在改革开放元年出生,这本是没什么可说的,只不过是时代变换太快,这一代与那一代之间总有着诸多不同之处,代际话题也就被屡屡提起,放宽眼界看,谁管李白杜甫差着辈分,鲁迅茅盾不是一个代际,莫言是"五零后",余华是"六零后"呢。而"七零后",尤其是1976—1985年出生的一代,更被认为是"过渡一代",似乎过完这个"渡",这一代的使命就结束了。事实当然不是这样,相反因为"过渡",这一代更显丰富和复杂。难道不是在巍巍群山的过渡地带,物种更加多样?既有阔叶林也有针叶林,既有乔木也有灌木,既有老虎、斑马奔跑,也有狮子、大象踱步。如此看,"七零后"作家注定不可替代,将会有,也必将会有自己的"高原",但在茫茫高原之上,如果还能耸立出几座"高山",才会更加不可替代。想到此,我不由轻叹一声:幸好,有则臣在。

傅小平,1978年生,祖籍浙江磐安,现居上海。著有对话集《四分之三的沉默》《时代的低语》,随笔集《普鲁斯特的凝视》,文论集《角度与风景》。曾获新闻类、文学类奖项若干。

徐则臣,《人民文学》副主编。著有《北上》《耶路撒冷》《王城如海》《跑步穿过中关村》等。短篇小说《如果大雪封门》获第六届鲁迅文学奖,长篇小说《北上》获第十届茅盾文学奖。

诗人底色徐晨亮

□ 汪惠仁

在我们国家，文学有着特别的生产方式。

比如作协组织、各类选本及各级别奖项设置等，在影响着我们显性的文学生产。除此之外，文学期刊在各地的普遍存在与印刷发行，也是极具中国特色的文学现象。没有哪个国家有中国这么多的文学期刊。文学期刊，在相当长的时间里，在现当代中国文学生产中扮演着重要而复杂的角色，承担着重要而复杂的功能。多少重要文学流派、重要作家、重要作品，在现当代中国的流布，其机缘在文学期刊之助阵。

从二十世纪八十年代以来，百花文艺出版社陆续创办了文学期刊数十种，至今印行的还有六种，其中的《小说月报》《散文》影响最大。

而晨亮，曾经在《小说月报》主持工作多年。

晨亮在百花文艺出版社一开始做书稿编辑。一做便不同凡响，一本关于红楼梦，一本关于街道美学，给我印象很深，似乎没有做什么推销。那个年代出版不像今天这么能折腾，这么两个小众倾向明显的选题，书居然近乎到了畅销的地步。

然后，他就到了《小说月报》。

然后，他就开始了更猛烈地燃烧。

他好像不用睡觉。他越忙越胖，他越忙越白嫩。晨亮的母亲在郁美净日化厂工作，社会上说，郁美净广告里的粉嫩小孩正是小时候的晨亮。会议、书刊互动、新媒体、影视剧，一些活儿是他自讨的，一些是公家压在他才华横溢的肉身上的。我因为严重缺乏才华，深患焦虑，睡眠也少，有时半夜两三点，看到黑暗里手机提示灯在闪烁，我心里知道，是晨亮又推送了新的公号了。便是如此，疲惫的我第二天早晨在单位的走廊里，遇到的徐晨亮，依旧是衣冠楚楚，精神焕发，步伐矫健，耳朵里塞着蓝牙耳机——祖国文艺的任何讯息休想逃过他的掌握。

他在主持月报工作期间，在保持期刊风格大体不变的情形下，为文学新生力量的发现与推广，倾注了巨大精力。他的目光的搜寻范围深入到了同仁杂志、地县内刊、类型文学及文艺跨界写作。可能，一些朋友是晨亮到北京之后才留意到他的非凡的工作能力与状态，而事实上，在天津，他早就是这样发着光与热。

现在的晨亮有一个转变。如果把他的到目前为止的编辑生涯分为两个阶段，不妨分为天津时期与北京时期。在天津时期，他明显地将自己定位成一个本分的文学媒体行业的服务者，服务作家，服务读者。他做的，主要是文学信息整理搜集，然后推送。而现在，尽管他的工作并没有脱离服务的性质，但转变是明显的，他越来越成为一个兴趣明确并独立发声的批评家。和青年作家的对话,不再是期刊的抽样调查式的问答,批评的引导性、剖析的深入度以及话题的"风险"偏好一再表现出来。你看他与班宇的对话,还有对一些科幻小说的点评,你能感到,他往幽深的地方甚至"危险"的地方去了。

我很能理解他的这一转变。我生于二十世纪七十年代之初,他生于七十年代之尾。都属于七十年代,我们的文学记忆与经验交集不少。二十世纪八十年代末到九十年代初的那几年,中国当代文学是有个寂寥期的,所谓的"失语症"就是那时流行起来的。那时,作为职称写作意义上的文学理论与批评自然没有停止生产,但它们不在文学现场,也不在生活现场。这一情形迫使一部分文学编辑特别是文学期刊编辑以"在场"之名走到了前台,由此诞生了一大批"三位一体"的人,编辑兼作家再兼批评家。这个新的文学生产的格局一直延续到今天。今天的徐晨亮自然身在其中,而且他正在主持一个面向中国汉语写作的全文体的选刊,他需要一个头绪,需要建立起自己更残酷更犀利的选择系统,否则面向无穷文字无法作出自己的取舍。

晨亮,当然还有为数不少的有才华的文学编辑,投身到文学新势力的发现中,令我敬佩,也催促我不断学习。我觉得他们的劳动,不仅关乎文学,而且关乎百年国家民族之梦,那个和融舒展、自由、充满创造力的梦。

我很羡慕晨亮这样的"未来主义"的工作姿态。着眼于未来,为之真正付出,并且能够警惕某些亢奋情绪的蔓延,这很难。但如果能做到,未来就不是听之任之的未来,现在就不是随波逐流的现在,过去就可以是重新打量的过去。在这个意义上，我愿意与晨亮，与更多的文学期刊同行，一起努力。

晨亮长期生活工作在天津，在我看来，这是极其宝贵的经历。当代期刊出版史上，并不缺乏基于营销学的所谓的"点子王"式的人物，缺乏的是出版定力。连续出版物的出版理由只有在坚持中才能慢慢浮现出来。天津自清末以来，对国家现代化贡献巨大，有着自身深厚的文化定力，特别适合产生期刊人才——晨亮在其中。

晨亮到北京后，我与他见面机会很少，他的生活及工作信息，我主要通过朋友圈来了解。他对女儿的爱，让我这个情感粗糙的人深感惭愧。有一次，不是周末，他回天津了，恰好在城际列车上遇到，他说，闺女刚上幼儿园，有些不适应，他不放心。

晨亮是个诗人，虽然他的诗人经历我们很少说起。这是一个不容忽视的本色与底色——至于他到底写过什么诗，在诗上有什么样的成就，都不重要。重要的是，他曾经是个诗人。是诗人，就意味着他在识别信息、处理信息及交流信息上有别于常人。

我从青春期开始，到现在半百年纪，一直敬重诗人。

晨亮到百花，我记得是个诗人送来的。当天，我们便在天津的狗食馆吃了酒，并像诗人那样交换了信息。

汪惠仁，百花文艺出版社总编辑，《散文》《小说月报》杂志主编。

恰逢同学少年时

□ 张　莉

2007年9月,我离开北京到南开大学博士后流动站做中国现代女性写作课题研究。公寓楼下有家咖啡馆,明亮安静,桌子尤其宽大。我喜欢下午到那里,要杯咖啡,临窗读书、写字。那时我在南方一家报纸开设了"目击当代文学现场"专栏,读者似乎颇不少。

那天正在咖啡馆,电脑里跳进来一封邮件。"哎,你是清华的张莉吧?"打开信,是徐晨亮发来的,几乎是一分钟之内回给他,套用他的句式:"哎,你是清华的徐晨亮吧?"很快约在那家咖啡馆见面。晨亮告诉我,他关注当代文学,看到专栏,一直犹豫作者是不是他认识的,毕竟这名字重名率太高,于是辗转托朋友打听,就有了那封邮件。

我们认识是在2000年。那年我考入清华大学攻读现当代文学专业硕士学位。晨亮是高我一级的师兄。现在想想,那三年时光有如梦幻。在清华,我第一次知道李健,他和卢庚戌刚刚组建"水木年华";那时的校园里,常有男生在草坪或树下弹吉他;每到周末,学校都会有场地放映《大话西游》;每个清早,图书馆门前都会排起长队……

在清华，很长一段时间里，我都喊晨亮师兄，尽管那年他只有二十一岁，看起来还是少年。当然，他不仅比我，也比其他同学年轻——当同龄人都还在读大三，这位少年已经读研究生二年级了。我定居天津后，更意识到晨亮身上的光环：他毕业于天津耀华中学著名的实验班，中学只读了四年，考入清华大学中文系时只有十六岁。

数年不见，"鲜衣怒马"的少年变成了沉稳严谨的编辑。他温和而彬彬有礼，讲起事情娓娓道来，没有名校才子气。几次见面都是在博士后公寓楼下的那家咖啡馆。通常会聊文学话题，小说、散文、小说家以及文学史等等。有那么一段日子，我把写好的论文发给他，他会给出自己的看法。是的，2009到2010年，在我初到天津颇感孤独和惶惑的日子里，晨亮给予我评论以建议和鼓励。那时他已经在百花文艺出版社工作，刚调入《小说月报》编辑部，我们会互相推荐好作家、好作品，讨论杂志的新栏目构成；我会听他讲如何理解"小说月报"公号和读者定位，他也会听我的看法和建议。在许多文学问题上，我和晨亮有基本的审美信任，这是难得的事。大概就是从那时开始，我们互称对方老师。

博士后出站，我在离天津师大不远的华苑安了家。我们偶尔也见面聊天，约在我家附近的咖啡馆，可惜那是商业气息很浓的所在，中午常有谈生意的人，声音嘈杂。就是在那里，一个春天的傍晚，我见到了徐老师美丽的女友、后来的妻子。徐太太温柔活泼，是优秀的美术编辑，摄影技术一流，她曾为我拍过许多难忘的照片。听他们讲爱情故事可真是开心！两个小学同学多年后成为出版集团的同事，再后来，有情人终成眷属，这实在是一段佳话。

2013年，我和徐老师签了一份出版合同，以我在《名作欣赏》的"张看"专栏为蓝本，出一本有文体意义的评论集。用一年半的时间打磨那书稿，却找不到合适的书名。我不想将就，于是，又等了一年，直到我想出"持微火者"这个书名。排版、校对、封面设计，关于《持微火者》的方方面面，我们通过多封邮件。徐老师常在午夜时分甚至是两三点回信，看得出他的忙碌和敬业。2015年，《持微火者：当代文学的二十五张面孔》出版，收到了不错反馈，我要特别诚挚感谢徐晨亮老师和他的同事齐红霞老师为编辑、推广此书所付出的劳动。

第二年春天，《持微火者》获得图书势力榜十大好书奖，这个奖不仅颁给作者，也颁给责任编辑，因此，我和徐老师一起在广州领奖。那时候，还不到四十岁的徐老师已经担任《小说月报》执行主编了，这本杂志在当代文学的影响力有目共睹，而他的工作也深受业界关注，让无数同行葆有期待——晨亮逐渐形成了独到的文学眼光、文学趣味和新锐鲜明的编辑风格；他身上有大编辑的宽厚、包容和气度，也有亲和力和生活气，是独属于他的"少年老成"。在天津，朋友和同事们都喜欢他，亲切地喊他"亮亮"。

后来，我和徐老师因为工作原因，各自调离了天津，来到了北京。在北京这两年，和徐老师的见面很少，仅有的几次都在会议上，也是匆匆打个招呼。这也是没法子的事。京城米贵，居大不易——在浩大的北京约个清闲的见面，何其奢侈。这些年，我的教学科研任务多，要适应新环境，而徐老师的工作愈加繁忙，不论杂志还是公号，《中华文学选刊》都做得风生水起。不过，即使不见，每次拿到《中华文学选刊》，也都会想到徐老师的劳动。当然，我要特别感谢他对"我们时代的性别观调查"的支持，一些新锐作家便是他引荐给我的。

此刻，写下这篇印象记时，我不止一次想起自己的读研时光，想到自己的老师和同学。那时候潜心在旧馆里读书、查资料；那时候眼里只有文学和学术，有纯粹的文学心和文学梦。当然，我也想起那绿草如茵的大草坪和典雅安静的老建筑，想起每天下午四点校园里播放的校歌"西山苍苍，东海茫茫……"在学校时并没有觉得那个旋律有多好，但多年后发现，它早已渗进血液里。

二十年，时间风霜把每个人改变。但是，我以为，面对时间的滔天巨浪，人到底还是要有所守持、有所不变。——徐晨亮老师身上不变的是什么呢？在我看来，无论怎样，他心里都住着那位诚挚、踏实、勤勤恳恳、孜孜不倦的清华少年。

张莉，著名评论家、学者，北京师范大学文学院教授。曾获第八届鲁迅文学奖。

徐晨亮，曾任《小说月报》执行主编，时任《中华文学选刊》执行主编，现任《当代》执行主编。其编辑的文学作品曾获得众多文学奖项。

浓淡之间贾梦玮

□ 潘向黎

梦玮是个沉稳、大气而淡泊的人。这么多年,这个帮助很多作家登上舞台、大放光彩的人,自己却总不愿意走到台前。这不是谦虚,也不完全是低调,而是一种真正的自信带来的淡然——他不需要。这次一定是他推辞不掉才答应的。然后,他就对我说:这事非你出手不成!典型的贾老大口气。我回答:当然。

义不容辞,却不好写。写印象记,距离很重要,不能太远,也不能太近。可是人又不是为写印象记而活的,我和梦玮每次见面总是有说不完的话,还经常两家人一起吃喝说笑,完全是自家人的感觉,早错过写印象记的最佳时段了。突然想起十年前,何振邦叔叔在《时代文学》上做我的小辑,当时请了裘山山、潘凯雄、毕飞宇和贾梦玮各写了我的一篇印象记。梦玮的开头这样写道:"要把朋友落实在纸上确实是一件不易的事。等到你真的要去写一个朋友,而且是一位很好的异性朋友时,似乎就更难了。潘向黎之于我,似乎是熟得不能再熟了,太熟了,往往就成了空气,无处不在,但你却无从下'手',不是要写这篇文章,也就根本想不到'下手'——好朋友根本不是用来写的。"说得好。那我今天就来写写空气吧。

记不清和梦玮什么时候第一次见面,最早只知道他是和我父亲联系的《钟山》编辑,看他写给我父亲的信,钢笔字写得不错。真正记住这个名字,是1999年夏天。因为《红颜挽歌》,那是他的第一本随笔集,写的是历史上的后、妃、宫女,即中国三千多年间宫墙之内的那些特殊的女性。他把这本书寄给了我,里面有一封短信,最后一句话是"欢迎你来南京做客",是我们关系史上昙花一现的客气。我读了那本书,觉得写得很好,于是趁兴写了一篇书评,题目叫《红颜的知己》,交给了《新民晚报》读书版,里面说:"我发现他的心态极好,慧眼独具又善解人意,对人性充满了理解和同情,而且支持真正意义上的女性解放,堪称红颜知己——红颜的知己。"我还说他是时尚杂志上所推崇的"新好男人"。结果发表出来以后,我们共同的好友施战军开玩笑说:你这是为梦玮做了一个艺术的征婚广告啊。我才知道他还是单身。

后来不知何时就认识了,不知何时就成了自家兄弟姐妹,一起吃饭、喝茶、聊天、打扑克。梦玮生性不计较,我打错牌,他会说:"打得好!有个性!"别人刚想嘲笑我,一听也只得忍下来了。有一次一个朋友惹我生气了,我忍不住到梦玮面前吐槽,梦玮沉吟片刻,说:"这个家伙需要原谅,但他值得原谅。"后来证明,梦玮是对的。

梦玮的人品和能力,在江湖上是有口碑的。我们这些好朋友更有体会:只要有梦玮在,我们都很任性,因为梦玮能包容;我们都很愉快,因为一切都有梦玮来包揽,什么都不用我们操心。

不过当年,他的终身大事却让我们操心了。他挑剔啊。其实他人缘好,机会多,暗示或表白的女孩子也不少,可他以无言的严苛一一否决了——真是欠揍啊。后来我对其他几个亲友说:都别管了,等着吧,会有人收拾他的。后来,他遇到了一个天才少女(这个小天才,足够写三千字,这里按下不表),从看到这个天才少女的第一眼起,我就知道,老天爷出手了。梦玮之所以结婚这么晚,是因为要等她长大。李晓愚出现了,梦玮终于得以表现出传说中天蝎座的深情和专一。

说晓愚是天才少女,其实梦玮自己也是个天才型选手,他的经历颇为传奇:初中毕业后,因为青春期逆反而辍学,是的,他没有上过高中;然后小小年纪独闯江湖,从代课教师到临时工到会计当了个遍(他只说过一次,那天是艾伟、黄咏梅和我当听众,咏梅和我当场不停地惊叹,惊得细节都记不全了),总之就是在社会摸爬滚打,然后靠自学考进了南京大学中文系硕士研究生,师从丁帆先生。

这里出现贾梦玮人生中另一个重要人物:丁帆先生。因为他,我和梦玮还多了一层关系,同门。不过,我和梦玮在师门的座次有点不好定,他读硕士比我早进师门很多年,本来是师兄,可是他后来又回炉读了博士,此时我博士已经毕业了。所以,我不肯叫他师兄,又不太敢命令他叫师姐……这个问题我们在丁先生面前提出过,一向爽快的师尊本尊含笑不语,我们也就放下了。反正,叫什么都行,叫什么都不重要。

梦玮从《钟山》的编辑一直当到主编,翻开阳春白雪、大气厚重的《钟山》杂志,他作为编辑家的功力和成就,就在那里了。何况他推出的作品获鲁迅文学奖、茅盾文学奖的有 9 部之多,更何况他主编了"零点丛书""21 世纪江南才子才女书"等那么多的丛书,更更何况他日夜忙碌,有时还自己贴钱地策划和主持了那么多大型文学活动,一次次点亮了文学人的眼眸。对事业,对作者,对朋友,就可以看出他的性情是浓的。

不过,这些付出影响了他的写作。我很喜欢他的随笔,立意不俗,有内力。《红颜挽歌》《往日庭院》《南都》,这几部都和历史有关系,显得厚重和苍劲。说一个秘密:梦玮对历史特别有兴趣,大概是二十年前,我们在电话里拜年,他说他梦想写一部历史学的研究专著,我说我的梦想是写一部长篇小说,我们约定互相每年催问一次,看谁先实现心愿。后来我出了长篇《穿心莲》,毫不留情地对他说:"你输了。"他苦笑着说:"我没时间。"

"好朋友不是用来写的",是用来往伤口上撒把盐的。面对事业鼎盛、名满天下、有了两个儿子、幸福得有点过分的贾老大,我偏偏要问:"梦玮,你的历史专著写了吗?"哈哈哈。

潘向黎,现为上海作家协会副主席。出版长篇小说《穿心莲》,小说集《白水青菜》《轻触微温》《女上司》《中国好小说·潘向黎》等多种,散文集《茶可道》《看诗不分明》《梅边消息:潘向黎读古诗》《万念》《如一》等多部。曾获第四届鲁迅文学奖等文学奖项。

梦玮和"贾书记"

□ 朱　辉

认识贾梦玮二十多年了,具体多少年,没有去算,总之他一入职我们就认识了。那时他还是个头发浓密、身材挺拔的小伙子,话不多,始终微笑着。后来相熟了,他有时也会板脸,但微笑始终是他的主要表情。

那时,作协和《钟山》还在颐和路,我在河海大学工作,相距不远,脚一带就过去了。在一个业余作者眼里,编辑部是神圣的,哪怕它有点杂乱;《钟山》位于一栋著名的建筑里,这更显得高大上。好在来了个年轻的编辑,他居然比我还略小一点,这很好。

人与人是讲缘分的,跟刊物也要缘分。在我的写作生涯中,《钟山》是最重要的刊物之一——考虑到我的《七层宝塔》发表于《钟山》,我应该去掉"之一"。我四个长篇中的三个,首发于《钟山》,梦玮是责编;中短篇发了多少,我没有统计,多不见得多,但都是我自己偏爱的。我写作,一贯很慢,态度认真,不改到自己满意我不会给《钟山》,但梦玮还是会提意见。他友好而严谨,措辞很客气,但你无法漠视他的建议,哪怕他说:你看看吧,不改也能发。记得我的《吞吐记》,他对结尾,男女主人公一个在天桥上、一个在桥下那一幕提出了疑问,他在电话里说,不改也行。但我还是改了,因为他有道理。这个道理的背后,站着哼哈二将,一个是职业精神,一个是文学能力。

我从认识之初,就称呼贾梦玮为梦玮,现在基本还是这样喊他。这其实颇有不当,因为他是我的领导,他分管着江苏作协的几个刊物,《雨花》也是其中之一。但喊惯了,也就不改口了,只是在正式的公务场合,我会称他贾书记。贾书记在工作上,那可是一着不让,绝不马虎。他讲规则,有底线。我就任之初,他闲聊般地说起了好编辑的五大能力,其中一个,"退稿能力",让我这个写了几十年小说的资深出版社编辑耳目一新。编刊物,退稿是难免的、必须的,但怎么退稿,后续如何,其实有讲究。他跟我说这个,并没有举例说明,因为他有个原则,那就是退了人家稿,不能往外说。我大有收获,深有领会,回到《雨花》编辑部,立即就召集编辑开讲,并且承认,这是贾书记的经验。

梦玮自带气场,沉稳厚重。偶尔遇到奇葩事,我会毫无保留地啪啦啪啦说,他听,不插话,耐心听我讲完。这其实不容易,我啪啦啪啦讲是因为我觉得可以畅所欲言;他听,是一种理解和宽厚。这时候,他似乎年纪比我大。

做领导是不容易的,上面有要求,下面有期待。在文化行业做领导尤为不易,文人,有时候本事不大,眼光很高,所谓眼高手低,我们见过不少。要做到游刃有余不逾矩，不那么容易，但梦玮比我高。他朋友很多，口碑甚好，在朋友心目中，他是个靠得住的人，这个我知道。但有个事，还是超出了我的预料，我约请某著名作家写专栏，篇幅、体裁、刊出节奏之类，都谈好了，作家却跟我说：你等等，我得问问梦玮。我当时有点吃惊，这是为啥呢？

我当然不会坐等。我自己找到贾书记。梦玮哈哈一笑说：写啊，很好啊。于是这事算是定下来了。

他当然要支持《雨花》。《钟山》在中国当代文学的重要地位，已无可置疑，贾书记不会对《雨花》袖手旁观。

相识那么多年，有时，我也会为梦玮感到遗憾。正如他口才很好却不多说话，他才华横溢，却写得不多。主编这活儿，差不多是压制一个人写作才能的专门职业。看烂稿会被带坏节奏，我到现在都很怕，不知梦玮是否有这感受；但写作时间被挤占，则是不言自明的。梦玮上班，两头不算，光中间的地铁，单程就要近一个小时，他告诉我，他在地铁上把名著又重读了一遍。可以预期的是，他还将继续读下去。我本以为他是捧着书，古典地读，原来不是，他有个 Kindle。某一次我们一起出差，返程时上了车，他一拍脑门，说：不好，忘了东西了。他马上打电话，请人家帮他到宾馆找 Kindle。

梦玮也是个时髦人，就是说，他也能与时俱进。他有衣品，懂汽车，虽然他没车，但说起来头头是道——听一个吃汽车饭的专家谈车有什么意思？梦玮谈，才好玩。这是一种爱生活的态度，真性情。

到我们这个年龄，交友是审慎的，内敛、守成是应有之态度。老朋友各有性格，这正常，但我特别珍视朋友的真性情。写这个印象记其实是有难度的，难在太了解，写个长篇素材都嫌多，还要挑，已经"印象"不起来了；于我而言另有一个难度，那就是梦玮是我的领导，是贾书记，按理说，傻子才去写领导的印象记，说好，是要被人鄙视的。但我还是愿意写，因为我也有真性情。义不容辞，情也不容辞。多大的事呢。

最可爱的梦玮是在聊家常的时候。我不避讳，他也肯说。说到他儿子，他顿时两眼放光，神采飞扬，还配上了手势。众所周知，他有两个儿子，我说都像他，他说有个像他妈。两个儿子，各有性格，因为成了双，多了无数可想而知的乐趣。他说这个，说那个，说他们两个，即使各有评价，甚至表现出无奈，但其中包含了多少的"凡尔赛"呀！我们只有淌口水的份儿。他还会说，他倒是想生个女儿的，但有高人告诉他，他至少要生到第四个，才会是女儿。哼。

梦玮为数不多的手势里，有一个是拍脑门。如前所述，丢 Kindle 时他就拍过一回。后来有一阵子，他拍脑门的次数陡然增多，动不动一拍脑门："靠！"憨态可掬。憨态可掬是有原因的，因为这手势是他家的小二子帮他更新升级的。小二子表示惊奇、顿悟和种种复杂的心情，都会一拍脑门，头一点，嘴里说："我靠！"梦玮见贤思齐，立即就学会了。说起儿子，他的脸上就会露出最灿烂的笑来。

朱辉，《雨花》主编、江苏省作家协会副主席。主要作品有长篇小说《我的表情》《白驹》《牛角梳》《天知道》，中短篇小说《对方》《暗红与枯白》《绝对星等》《和辛夷在一起的星期三》《放生记》等,曾获第七届鲁迅文学奖等。

贾梦玮,《钟山》主编,江苏省作家协会副主席。出版有散文随笔集《红颜挽歌》《往日庭院》《南都》等。获多种文学创作、文学编辑、文学评论奖项,策划责编的作品中有9篇(部)获得鲁迅文学奖、茅盾文学奖。

阎安先生其人其事

□ 弋 舟

"说话的语速很慢，说着说着就停住而没了下文。有时候，似有所思，一副遥远的旁若无人的表情，甚至会站在某处发愣，有时候他几乎是在定定地盯着你看还嘿嘿地笑几声。所以对于心急的人来说，他总是慢了两到三拍（反正不是慢一拍）。这种'慢'，还体现在他极其传统的近乎绝迹的书写方式——喜欢手写、在纸上落笔，而不是通过电脑和手机的现代化媒介。"

这是另一位诗人对诗人的描写，没错，几可成为人间共识。诗人行世，就是这么个标志性一般的架势，以至于，隐去姓名，大家也知道所言者谁。

那一日，我去跟诗人报到，没有勾肩搭背，没有嘘寒问暖，我们面面相觑，他语速很慢地对我道："我是阎王的儿子。"

然后，"就停住而没了下文。似有所思，一副遥远的旁若无人的表情"。

几个意思呢？尽管完全算不得陌生，尽管，亦足可称兄道弟，但当日之后，诗人将成为我的上司，于是，这劈面一句，不免还是要令人惴惴。

阎王的儿子？听上去，这算是一个恐吓吧？看那架势，断不是戏言（诗人平素也不善戏谑）。定睛去看，竟真看出了与往日的不同，深目短髭，颇不似中土人士。再看，却也不曾青面獠牙，倒是看出那副"遥远的旁若无人的表情"，其实是有表情的——落落寡欢，看在我眼里，竟是忧戚。由之，是恐吓，更是一个叹息吧？

我像所有合格的下级一般，安静地等待着高深莫测的上司揭开谜底。而他，"几乎是在定定地盯着我看还嘿嘿地笑几声"。我不算是个心太急的人，但昏天黑地，我分明感到，此刻，自己眼前这位未来的上司，至少比我慢了不止八拍。

"我是阎王的儿子。"

当他抛出这句叵测的话后，我们便不在一个时间里了，我们也不在一个空间里了。时空相隔，事实却是我并未提速，并未如火箭一般地被发射出去，甚至还被拖拽得有所延迟，依然抓着那句话的尾巴参悟玄机，却无端地感到被抛向了一个略显粗糙与仓皇的"领先"境地。我从未体会过，原来"领先"竟是一个不堪的滋味，它让你有些不安，有些失措，好像没费劲儿跑了个第一，正不知该得意还是该难堪，乃至，开始对自己产生怀疑，生平第一次，觉得"快人一步"是件糟糕而羞耻的事。

诗人就是这般搅乱时空，颠覆定见。

我们不在一个维度里。在这漫长的八拍里，我略显粗糙与仓皇地至少闪过了两个念头：其一，认领一个父亲，这是诗人纯然的古典性表达——他来自大地的北方，在《北方的书写者》中，开宗明义地宣誓"我要用写下《山海经》的方式 \ 写到一座山 仿佛向着深渊坠落"，那么，"我是阎王的儿子"，便是一个《山海经》的句式。在我们对于"古典性"的定见中，父亲从来表征着沉默的苦难，他们匍匐于北方黄土的高原，无论高贵或者卑贱，都是儿子们汲取力量的源泉；其二，认领一个父亲，这是诗人纯然的现代性表达——想想那著名的俄狄浦斯吧，诗人唯一的命运就是弑父……

可是，无论他想表达什么，这又与我何干呢？显然，这两个念头是彼此否定的，它们缠绕着，相互拒绝，却并未闪烁出思想的火花，只是让你无端领先的那八拍尽显荒谬——你的"领先"，只是精神过度亢奋的冗余，你不过是在无效地挥霍着自己的脑力；而"落后"的诗人，与我隔着一张凌乱的桌子，已经展开他那种标志性的"极其传统的近乎绝迹的书写方式——喜欢手写、在纸上落笔，而不是通过电脑和手机的现代化媒介"。

诗人那落笔之纸，多是16开那么大的本子，落下之笔，字迹只比印刷体的初号大，不比印刷体的初号小，字体似隶似篆，绝不似草似楷。那么，写些什么呢？我想，怕是将"我是阎王的儿子"又书写了一遍吧？他在记录什么？大约是时光的证词，自我的落实，他人的破绽，以至于仅仅就是为了反击残忍的白纸？都不重要。在我眼里，这个书写的行为，只能孤立地指向行为本身。因为，其后的日子里，我不断地警告自己，与诗人面对，必须止步在八拍的领先里，如若放任自己烧脑，一路绝尘而去，必将一发不可收拾地裸奔进诗人陷阱一般的谶语里——"向着深渊坠落"。

他仿佛洞察了我的觉醒，继而抬头，"几乎是在定定地盯着我看还嘿嘿地笑几声"。我知道，麻烦了。称兄道弟无妨，但如今这样一位仁兄将要成为你的上司，来日苦多，你势必忽而如在天堂，忽而如在地狱。他超乎寻常的"不动"，导致你的正常都像是在"乱动"；他一旦偷袭般地启动，你就得勉力佯装成岿然不动。这一切，只是因为当你在他"慢"的表象下自以为"快"了他八拍时，实质上，他已经神游八荒，风驰电掣，快了你不止十八拍。你身在领先了一圈的幻觉里，实际上，他只是处在已经比你多跑了一圈半的落后的假象里。于是，他修辞一般地慢下来，让你以为需要像等待灵魂一般地等等他、等等自己，这时候，你觉得是在体恤他，实则，他却是在体恤你。他用慢掩藏快，恍兮惚兮，最终让你得尝与之跑在虚无之地，以一种精神的方式相斥相吸，共同拓宽彼此边界的滋味。

回到"我是阎王的儿子"。

——事情原本没有那么复杂：诗人的父亲本名"阎旺"，昔日黄土高原上的村庄，"公家人"草率，将身份证给弄成了"阎王"。这不过是大地上亘古常在的现实，但它太像一个隐喻，以至于，让你都无力轻慢地将其视为一个隐喻。

落实了原委之日，我已经多少适应了诗人的"慢"。不错，只能是你适应他，他绝无适应你的可能。他恒定在自己的节奏里，就仿佛以一己之力，确立了一种迥异于他者的时序。重要的还在于，这一切对他而言，全然天经地义，他并不刻意，甚至毫无意识，就仿佛自己是那根本初子午线，是所有时区天然的刻准与起点。无论你身在东部时区还是西部时区，与他相对，只能视倒错为寻常，且彷徨于无地。

罢了，我们便沉默着抽烟。

也只能沉默着抽烟。他是自洽的，于云雾缭绕中在16开的大本子上似隶似篆地写初号那么大的字。我却时而昏聩，时而神旺，明明同在一个几平方米的逼仄斗室里，却宛如道里迢迢，连接上了广宇。好吧，唯有沉默盛放得下一切，就好比唯有大海盛放得下鲸与自由。方生方死，骤升骤灭，极端的话，我们一早上能抽掉一条烟。

费烟费茶。所有的日子里，他跟我说得最多的话，就是这么两句——一句：有茶吗？一句：有烟吗？没有的话，他当然会让你有，可作为一个下级，我还是拎得清的，十次中，也得回一次：有！啥都有！拐过头，我也会趁他游离出本初子午线的短暂片刻，提醒他，馈赠他人时，不带这么问的，这么问情商太低，明摆着让人不好如实相告嘛。这就是开玩笑了。而据说，坐落着柳青雕像的那个院子里，能跟他开玩笑的人，不多。许多次，当我看到造访者坐在八风不动的他面前留不是去也不是的时候，不免总会对自己还能跟他玩闹两句而感到庆幸。否则将怎样呢？日久天长，掀桌子的心都有！

作为一个拎得清的下级，能跟他开玩笑，只因为有一日，又是面面相觑时，他亦语速很慢地对我来了一句：

"你是我呼吸的一条通道。"

俨然是一句诗，但我依然无力将其只视为一句诗，因为那就像他写下的另一句诗：连灰尘落上去都会觉得羞愧。

还因为，在烟熏火燎地对坐中，我大致明白了诗人语速很慢的语言。他几乎不是在对着一个具体的我开口，当他开口，发出的也不是词义，毋宁说，不过是一声叹息。这声叹息，阴阳顿挫，就成了"我是阎王的儿子"，就成了"你是我呼吸的一条通道"。这是滋味万千的喟叹，哼唱一般，饱含着诗人对于自己整体性的指认，在全部的能指与所指之间，是尘归尘土归土的谦卑与骄傲，还有那么一点点专属诗学的高级的幽默，一点点拼命的呼吸。

当然，作为阎王儿子的那个诗人，有名有姓，唤做阎安。

这个阎王的儿子，从世界的苦处来，倔强地迎风长成一个诗人。昔日的某一刻，他穿着朋友新婚的毛衣——那是一件"中国大西北最前卫的毛衣"——自觉是一道闪电，下沟上梁，横行在黄土高原的沟壑间，想一想就很拉风；又一刻，他将一本地级刊物办成了"中国十大先锋刊物之一"，成了落魄英雄的庇护地，想一想，还是很拉风。最终，他"悍然"地成为了他，一边以大地之子的自尊整理着原始的"石头"，一边以自然主义者的仪姿耕耘着极富现代性的"庄园"。在"石头"与"庄园"之间，是他本初子午线一般的"遥远的旁若无人的表情"。铸就这表情的，是他全部的"钢铁是怎样炼成的"，也是他全部的"钢铁是怎样炼不成的"，没错，依然是很拉风，既是行吟诗人，又是胸藏大愿的流浪汉。

诗人认领了他的命运，那命运的起点，是草率大地上一次草率的误写，就此，中国农民阎旺的儿子，宿命般地成为了阎王的儿子，成为了一个诗人。而当你要去描述这样一个纯粹意义上的诗人时，最可怕的限制就是报纸一个版面那样的容量，描述他，要么只言片语，形同金句，要么至少数十万言，勉力朝向无穷，但现在，你只能在这样一个最可怕的辖制里说东道西。好在，诗人自己知道，他从被草率的误写中来，他就只能向着被深广的误读中去。

这孤注一掷的诗人，夹着皮包和大本子，像个上司一般走进坐落着柳青雕塑的院子里来了。他只能坚定地自己默记与叹息，因为他知道，自己此生注定哪个时区都去不了，而且，他也哪个时区都不想去。所以他以"慢"为旗，内心却疾驰如电，警觉，凌厉，披发左衽，绝不似中土人士，如同一个真正的阎王的儿子一般，时刻准备着，被误写误读，准备着捍卫父亲的名字、诗的荣誉，并且，以父与诗的名义，突然对世界展开降维的打击。

弋舟，《延河》杂志副主编。著有长篇小说《我们的踟蹰》等五部，小说集《刘晓东》《丙申故事集》《丁酉故事集》《庚子故事集》等多部，随笔集《犹在缸中》等三部，长篇非虚构作品《我在这世上太孤独》。曾获第七届鲁迅文学奖等众多文学奖项。

阎安，《延河》杂志社社长、执行主编，陕西省作家协会副主席。出版有诗集《与蜘蛛同在的大地》《乌鸦掠过老城上空》《玩具城》《无头者的峡谷》《时间患者》《鱼王》《整理石头》《蓝孩子的七个夏天》《自然主义者的庄园》等十余部。曾获第六届鲁迅文学奖。

梁鸿鹰印象

□ 季亚娅

那书页纷飞如振翅的鸽群……我宁愿和你居于纸上。

校书郎:《文学共和国》

一

引文出自杜撰。来自对梁鸿鹰《岁月的颗粒》这本散文集优美而整饬的形式感的喜欢和模仿。

是的,作为编辑,对作者强烈而深刻的印象,往往先来自这个人的文章。文在人先的时候,文字就像一柄遥望镜,或午后风吹过的波光粼粼的湖面,传递出这个人的气质、偏好、语调声腔。第一次编辑梁鸿鹰老师的散文,是2016年的那一组《安放自我》。这一年首届琦君散文奖颁奖词这样说:"出入生活,深潜生命,梁鸿鹰的《安放自我》堪称典范。自我很大程度由记忆构成,安顿记忆就是安顿自我,

'安放'一词像一道光打在由语言构造的事物上,让人想起伦勃朗的画,无论明与暗都是时光,这光从生命最初的来处,指向文学的神秘归途。这光使最普通的事物具有了秩序与神性。"这一组从时光深处生长出来的文字,老去的儿子慢慢长成"父亲"的样子,姥姥庇护着最初的温暖与记忆,用以抵挡那"世界上最寒冷的早晨",丈夫在给弥留的妻子梳头,儿子在给母舅亲人报信;你用回忆固执地抵挡离别,抵挡去者日以疏的命定。这一切让你难过,抛下书本想起自己和其他人类相同的处境与相似的分离。

请注意这些引文,这些篇首的引文构成一种节奏、一支安置情绪与记忆的锚,类似乐队演奏前的调音与定调。它当然是一种"安放自我"的隐喻,因为这些旁人的文字,因为有阅读的前史,我们能更平和从容地处理个人经验,不会让无限大的自我遮蔽认知视野,也更容易在比较的参照系里理清自我的来路和去处;也因为有阅读,我们就和这凡尘俗世、案牍劳形的日常划开了距离。是的,这位写作者公务繁冗,这种文体类似古代士大夫的书写,它的曲折和细密,像是本事之于李商隐,典故之于辛弃疾。这些引文还常常是多调性的和多义的,写作者似乎在说,我将要写下的这些经验的片段、这些"时间的颗粒",可以从各个角度来排列组合和对应阅读,写作者鼓励一种非沉浸式的、更辽阔的、复杂的阅读方式。与一般的回忆散文不同,这种方式必定划定出理想读者与一般读者,它是一种教养的阶梯,即我不仅是在我的经验与语言里分享我的处境,它还必然是、只能是在全人类共同文学处境里的悲欢。它类似于一种小书目,一种教师般的分享,顺着我阅读视野里的图书馆，被我感召的读者可以与世界文学中其他伟大灵魂相遇。

请注意这种当代用典的方式，这些高度书卷气、极富教养的文字表达，从形式到内容深受翻译体影响的雅致汉语。这些来自世界各地的翻译文字，从俄苏古典文学到古希腊哲学再到当代法国理论与美国文学，熟悉二十世纪八十年代以来译介风潮的读者当有会心。不是卡佛也不是齐泽克，这些引文与当下更流行的翻译文字区分开来，有种泛黄的淡定的老派气息，仿佛二十世纪八十年代"再启蒙"的正午时刻那炫目之光遗留下来的光晕。这是深受二十世纪八十年代外国文艺滋养的一代人。那些年相伴相随的外国文学，构成许多心照不宣的审美与心智的认同时刻，这也是一种"岁月的颗粒"。如果阅读是一种邀约，审美的门槛则拉开另一种亲和之外的距离。这优美的精密的文字使你肃然，使你知耻而后勇，使你知道纸上的"文学共和国"有它智力的和美学的标准。

还是2016年，我扛着琦君散文奖的奖品，一只温州琦君故里的青瓷花瓶，叩开作家出版大楼6层总编辑办公室的门，送上这份组委会的托付与褒奖，那是他公事羁绊缺席颁奖仪式而委托责编代领的。梁老师邀我聊了一会天，聊天内容已经完全不记得了，只记得当我在沙发上坐下，露出衣裙下的双脚时，突然想起他《到底能走多远》里写到的各种古今中西"脚的故事"，立刻缩手缩脚，自觉地把后跟脱了块漆、有点儿斑驳的高跟鞋朝沙发深处藏了藏。他当然是洞悉和强忍笑意的。

嗯，见师长，要正文字，整衣冠。

二

他1981年上大学。

在我心中，二十世纪七十年代末八十年代初最初恢复高考那几届大学生，是当代中国最接近理想知识分子的一群人。那是一个民族积攒了十余年的精华、企盼与激情于一朝迸发。他们在大历史的变动与激荡中几度起落，在行动中求知，知世情而了解底层。他们很少有后来某些学院精英们"何不食肉糜"式的凌空虚蹈。务实、勤奋、坚韧。他们身上有我称之为知识分子最核心能力的洞察力。

梁鸿鹰的求学和职业经历，是四十年前教育改革的一个缩影，也是改革开放以来文学体制的一个缩影。这四十年里，梁鸿鹰由大学老师进而入中宣部文艺局，进而作协创研部，进而《文艺报》总编辑，可以说是我们称之为"当代文学"或"新时期"文学体制的内在参与者。从这个新的文学话语体系的学生与教师，到文学政策的参与制定者和执行者，再成为二十世纪八十年代以来中国当代文学的见证者与同行人，他的身上长着半部当代文学史。

理解这样一位人物，当然不能仅仅从文本，而必须从事功、从人和历史的细节钩沉、从文学现场的具体语境，去理解他的坚守，他平和之中的坚硬，他对历史传承的责任，以及基于传承的守正创新。不是没有过挫折，我未感受到他的怨天尤人，反而在一个接一个的工作实绩中读出他的淡泊、行动力与决心。文艺气旋的中心容不下小布尔乔亚式的脆弱与消沉。

也许还有隐秘的文化因素，与人为善的与世界相处的方式，下意识自我反省的诚实习惯，这使得你的气质远离激烈偏执而平和坚韧，你习惯用旁观者的眼光打量舞台中心，克制自我感动与抒情式的表演。你有着洞穿浮名功利的清亮的眼神。

我是自己成为文学从业者之后才理解这些的。他早年有两支笔，一支是文学批评，一支是翻译和外国文学介绍，近年又在各大文学杂志撰写散文专栏。当代文学内部的各种形式他都在探索、尝试。我甚至想，如果把他各种文体的作品编辑成一张报纸，是不是各个栏目由他一人统揽就足够了？从一个人身上分身出一群人，这还真是一位总编辑风格的写作方式，创新、多元、包容、可信赖、总体视野。

他是这纸上"文学共和国"的守门人。

三

他有一群1980年以后出生的朋友。

晓晨、阿曼、子钰、翩翩、尚恩、行超……《文艺报》这些年轻的记者编辑，是我见到的最没有媒体江湖习气、最具理想主义特征的一群媒体人；他们的精神状态自由舒展不卑不亢，没有对权力或声名高位的追捧和媚态，对"小人物"和"小地方"也颇有点"齐物论"的平和真诚，可以想象他们遇到了怎样宽厚、平等、无拘无束的工作环境。当然他们也有可爱的自由率性，据说他们的梁总某次对《十月》杂志的陈东捷主编抱怨：我每天早上准点上班等着他们来，经常楼里就我一人，打电话求他们开会。东捷主编说：对啊对啊！梁总又说：对我的指示，他们经常咚咚咚跑过来怼，你说得不对要按我的来。东捷主编说：是啊是啊！两位领导互倒苦水，互认知音。

这些才华横溢的年轻人，从经典的外国文艺和理论批评版块，到最近两年的"新力量"和"凤凰书评"，版面做得是风生水起，拳脚大展，当然离不开背后支持者如山的胸怀和如海的滋养。还不止于此，我说的是一份七十年的老报纸，它的总编辑和他率领的团队，依然葆有年轻而朝气蓬勃的精神力。常与变之间分寸的把握，守境与越界之间的想象力空间，才是考校守门人眼界、胸怀和功力的地方。小朋友们告诉我，他们的梁总出生于六一儿童节，是一位不折不扣的双子座，工作中的各种创新念头比他们还多，每件事能想出八个不同的主意。

这真让我大跌眼镜。这个人如何能同时兼顾规矩和脑洞、守成和创新？但不久又遇到另一件让我吃惊的事。在我心里，他的外形和文风是高度统一的，皎洁如朗月清霜，挺秀如高山松柏，端正笔挺的仪态堪比他翻译文本里的旧贵族，什么时候见他俯身折腰啊？2020年末某次青年工作委员会召开武林大会，我记得主题是讨论《文艺报》的创新，他是我们这一组的主持人。会议从上午开到下午。不知什么时候主持人离席了，旁座捅了捅我的胳膊，示意我朝后看，只见我们的梁总，正俯身低头逐字逐句校改大男孩记者的会议报道。男孩坐在笔记本后，他弯腰站着，一只手扶在后腰，一只手在屏幕上指读比划，冬日午后的斜阳将两人罩在淡金色的光束里……

正是俯首只为孺子，如兄如父，亦师亦友。

我想起了他笔下的父子关系，对这些孩子们，他的灵魂深处藏着一位掏心掏肺、手把手教的老父亲。这些未来的文学守门人们，也许正在厌烦父辈的唠叨与叮咛，对他们将要遭遇的责任与考验，对被选中的命运尚有天真未凿的未知与懵懂。一切留给时间吧，他们将拥有他们的"岁月的颗粒"。

转眼到了2021年。新年某位小朋友拉着我和他们梁总一起吃羊蝎子火锅。蒸汽欢腾中，梁总彻底暴露出双子座好奇宝宝本性，从男朋友到房租到服装潮牌打听了个遍。这又像是那座边地小城里长辈关爱年轻人的方式。说好的长幼秩序和规矩呢？我边震惊边啃掉第五块羊蝎子。季亚娅你还真能吃啊！再加两斤羊尾骨！梁总皱着眉喊服务员。什么，还会缩脚藏鞋不？我正撸起袖子连手都顾不上擦。

季亚娅，北京大学文学博士，《十月》杂志执行主编，中国现代文学馆特邀研究员，有评论集《文学的行间距》。

梁鸿鹰，《文艺报》总编辑。出版评论集《守望文学的天空》《文学：向着无尽可能》《向道与叩问》《写作的理由》，以及散文集《岁月的颗粒》，有《阿西莫夫诠释人类万年》等译作若干。

龚学敏和他的山姿水色

□ 杨献平

第一次去九寨沟,是冬天,更是几年前。斯时,九寨沟对于我这个外来者,又不是很喜欢游山玩水的人来说,一切都是新鲜、激越和美好的。但在那奇峰异色、天堂仙境一般的地方,我只是记得,有一个诗人便是出身此地。他起初的一首诗,就是写九寨的,名字叫作《九寨蓝》。当时,在九寨的诺日朗瀑布处,用手机再次找到他的《九寨蓝》,一个人安静默诵之间,蓦然觉得,虽然时隔多年,这一个作品仍旧充满生机。它不复杂,甚至有些单向度,纯粹的自然主义倾向,是一方胜景于一个诗人内心和感觉当中的影像,竟然还是那么清晰、鲜嫩、自在、丰饶,不涉技巧,更无关微言大义,或者诗歌一般的方法,以及隐喻和象征等惯常路数,而是一个诗人在此等山水之间,出生和生长之间的天乐一般的文学反映与生成。

文学艺术这个东西,与大地甚至与宇宙的关系更为紧密,也和"神灵"、天赋有着直接的关系。记得前些年,有些诗人作家讨论地域性限制的问题,这个话题,乍听起来有点意思,但本质上,地域之于每一位艺术家、诗人的作用，就像是一种天然的"灌注"和"加持"。地域及其所谓的地域文学之所以受限制，是那些作家和诗人到底还没有明白，文学艺术的对象永远是人，而人无论肤色和语言，甚至地区和国度，其基本的情感及情感要求，甚至精神向度、灵魂质地都是趋向一致的。因此，我觉得，无论是哪一种艺术，只要写人，写到了人的现实生存和心灵精神的困境，写到人类的"共鸣点"，所谓的地域限制就是不存在的了。

记得当时，诗人龚学敏，即《九寨蓝》一诗的作者也在现场。就这个问题，我和他还如此这般地闲聊了几句。我更想表达的是，九寨这样的地方，山之姿态、水之颜色、草木和鸟兽品类之丰富，无疑都对这里的人有着深刻而又细密的影响甚至塑造与造就。我们眼见的事实是，九寨的山水，自然是世上最美的了，独步天下的美景，既是大自然的造化，又是上天的赐予。多少人去了，熙熙攘攘，前赴后继，至今绵延不绝，可大多数人在五彩池、五花海和熊猫海等地发出空前绝后的惊呼，作姿留影之后，带着"到此一游"的饱足感，转身姗姗而去，余下的便只是到此一游的基于影像的回忆。而诗人和作家，自然是可以称之为众生中之"异类"的，他们天然地秉持了人和自然、和大地的关系，表面看起来与常人无异，但他们内心的触角和灵敏度，不易被洞彻，却强大而又柔韧，时刻都在无声地散射着幽秘、凌厉、韧性的光芒，由此唤醒和激发艺术作品的诞生。

如果我没记错，那是2017年或者更早时候，我刚从军队出来，在转业还是退役这两个选择上摇摆不定。也正在此时，认识了当时已经是著名的《星星》诗刊执行主编的诗人龚学敏。第一次见他，是在一家馆子里。那时候，尽管我已经客居成都数年，但对于成都这座庞大的城市，很多都是陌生的，尤其是诸多的诗人和作家。现在回想起来，因为长期在军队服役的缘故，当时的我，从里到外还都是单纯的。似乎正是因这种单纯，我和龚学敏有了交集。

人在很多时候的邂逅，注定有很强的蹊跷性。那时的龚学敏，诗歌已经名满天下，除了他赖以成名，数十年后仍旧读起来令人觉得"舒服"和"佩服"的《九寨蓝》之外，还有长诗《长征》和《紫禁城》。就这两部作品诞生的"时期"而言，那时候长诗写作还是比较罕见的。"长诗"当然不在于所谓的长度。计算机普及之后，字数多少早就不是一个写作的难度了。文学的难度在于独创的难度、独特的难度、精神的难度、思想的难度和艺术的难度。据说，《长征》是龚学敏早年孤身重走长征路的"结果"。事实上，很多的卓有成就的作家和诗人的"库存"及其"能量"，多数是在还没有真正涉足"当代文学场域"之前积累和"形成"的，且一直在起主要作用。也正是这样的一种无意识，甚至有些懵懂的做法，使得他们的写作呈现出更持续的迹象和力量。

当然，《长征》一诗的成功也得益于龚学敏当年的孤身漫游与有意识的精神回访。长征不是一个孤立的政治、军事事件和奇迹，而是一种精神的象征，是人类历史上最伟大的一次探索性的"远征"，尤其是"远征"自身的"效应"和之后的震撼性的、持续至今的深远影响。龚学敏所做的，也正是对这种精神，特别是长征对于一个后来者的深层的"触发""启示"的觉悟。所有优秀的诗人，都有一个自觉的行为，他们知道自己想要的"方向",也很清楚自己的"方位"。《长征》一诗,在2016年进行了一次大的修订,从中可以读出,一个诗人对于写作及其作品的重视。并且,在修订过程中,龚学敏又逐字逐句地把《长征》一诗进行了全新的审视和打造。

优秀的作家,珍视自己的创作,更注重对自己作品的不断"审视"和"省察"。我以为这是优秀作家与一般性的写作者的重要区别所在。在文学创作上,"敝帚自珍"绝对不是一个优秀的习惯,基本等同于"孤芳自赏"。文学是需要创新的,一个作家和诗人倘若只是在一个平面上滑行,并且沾沾自喜,以为是惊世之作、不朽神品,那肯定是要出问题的。关于这一点,也正是我尊重龚学敏的一个重要原因。毫不讳言,相对于《长征》,我更看重《紫禁城》这部长诗。当时,这两部作品我是同时拿到和读到的。《紫禁城》给予我的感觉是更丰富和复杂,更有现代性与"长诗"意识,当然,还有它的诗句构建与锤炼,以及整部长诗的结构,都是有惊艳之处的。一个诗人,在庞大幽深的故朝宫殿之中的游走与摩挲,思考与思想,其中的沉重、血腥、幽暗、深邃、庞大和深远等等,都通过诗句,那么沉雄、丰沛地表达和呈现出来,我觉得是非常了不起的。当时,我就对龚学敏说,《紫禁城》一诗是可以给他的诗歌创作加一个"满分"的,也是他中年及之前诗歌创作中最为出类拔萃之作。

几乎从一开始,在诗歌创作上,龚学敏就是非常独特的,一方面是他自己一直有这样的意识,并如此这般不断要求自己。另一方面,他也深刻地认识到,文学创作,特别是在当代诗歌这个神仙云集的行当里,唯有独立和独特是区别于其他同道和同行的基本方式。我也如此认为,即,我可能写不好,更写不到最好,但我可以走自己的路,哪怕笨拙一点,不被人看好,那也无怨无悔。但凡是艺术创作及其成品,都不是什么眼前的事儿、当下的事儿,而是时间的事儿,后人和后人之心的事儿。及至长诗《纸葵》面世,龚学敏又让我看到了他自己的一条新路,这个路子,好像在新诗历史上是没有过的。《纸葵》对于金沙遗址,即古蜀文明的关注和解读,以形而上、铿锵、幽秘和自由的方式建造了纸上的"一座金沙遗址"与古蜀文明。这样的力度和胆量,以及作品的成色、质地,无疑也是非常成功的。更重要的是,龚学敏的诗歌从来都是"独一份",不和任何人雷同的。这一点,使得他诗歌必将赢得更多的尊重。

我说的"成功",首先是令人眼前一亮,有惊艳之感。其次,再进行文本细读,在其中能够感受到一种气质和气象。第三,境界的高下,如开阔和逼仄,超拔与委顿等等。文学是关注人的,也是向内走的,但所有的人和人的内在、内心,却都是通过俗世、现实的表象及其细节来完成的。《纸葵》这部长诗,在文物的蛛丝马迹之中,想象一种消失了的人类文明存在。而古蜀文明,在某种程度上,与诗歌有着天然的契合性。龚学敏在这部长诗中呈现与建构的,正是那一种扑朔迷离与雄浑庄重,以及神异与冥冥之中的灵性和智性。在私下的交流中,龚学敏也一再强调,人必须保持一种敬畏之心。对天地万物,对周边的一切,都应当如此。但是,敬畏不是一味地去神话与"玄之又玄",而应当将之落实到人的内心,尤其是精神和灵魂当中,进而成为一种力量,哪怕是微末之光,也是非常了不起的。

可以说,龚学敏的诗歌创作始终是和他的故乡九寨有着深刻联系,九寨山水的灵气始终贯穿了他的诗歌创作,或者说,他身上和精神轨迹里,就携带了整个九寨山水,进而在暗中左右和成就了龚学敏诗歌的独立性。非常有意思的是,从龚学敏写作《纸葵》开始,我也到了《星星》诗刊,几乎见证了他最近几年的所有诗歌创作。《纸葵》是,《四川在上》《濒临》两个比较大的诗歌系列当然也位列其中。《四川在上》是对整个巴蜀之地的诗歌致敬与文学表达;《濒临》则以全球气候变迁、生态日渐恶化的世界性命题,怀悲悯之心,为诸多消失的生命书写的深沉挽歌。在如此的年代,龚学敏自觉履行了一个诗人的天职,即关注我们同在的世界正在发生的厄难,从其他生灵的现状,窥探人类的命运,以艺术的方式,给予关注与呼喊,警醒和告诫。在他的具体指导下,我参与编辑了半年的《星星》原创版和散文诗并理论版。闲暇之余,和龚学敏聊天,我们的很多观点往往不谋而合。作为文学刊物,其重要的使命,我觉得有两个根本点:一个是不断发现人,推出人,以更新鲜的力量来推动刊物不断上升;另一个则是需要采取多种方式来促进刊物的品牌打造与影响力提升。我们还经常提到周昌义、田瑛、朱燕玲、贾梦玮、宗仁发、王雁翎、葛一敏、汪惠仁、范晓波等很好的前辈和同辈。

龚学敏也说,他自己首先是一个编辑,而且是一家久负盛名的专业诗歌刊物的当家人和守门人。与其他著名文学期刊一样,《星星》诗刊是几代人努力的结果,也是几代星星人秉持文学初心,始终坚持和坚守的结果。在全国文学期刊之中，《星星》诗刊的从业人员可能是最敬业的了。全体人员朝九晚五。作为社长和主编，龚学敏经常出现在办公室，大致也是文学期刊当家人中上班时间最长的了。他诸多的诗歌作品，都是在周末和晚上写作和完成的。这可能和他的出身，特别是工作经验有关。据说，龚学敏曾经做过教师、警察、县委办公室主任、宣传部长和报社老总，在这些单位待久了，形成习惯，也使得他即便到了要求不甚严格的文化单位，也还是一如既往。

在很多时候和很多地方，朋友和作者都说，《星星》诗刊一直办得很好，多年来，极少被人诟病。我深为赞同。据我所知，"星星人"历来都是敬业的，尽管每一个人都必定成为过客。龚学敏常说："只要在'星星'一天，谁都有责任和义务，把这个来之不易的刊物办好。"《星星》诗刊之所以受到广泛的肯定和尊重，我觉得和每一个"星星人"的责任感是有直接关系的，"星星人"对于文学的"信仰"，特别是对当代诗歌艺术创作所保持的那种敬畏和虔诚素来一脉相承。有心的朋友，可以到成都的红星路二段85号进行观察，只要你看一个个子高高，脸庞方圆，眼睛亮亮，头发有些蓬松还有些花白的中年人，大步流星地走过来了，上去直接叫他龚学敏一定没错。说不定，他还会请你到门口的星星诗刊发行部，免费喝一杯咖啡或者一杯清茶，当然，最重要的是现场阅读《星星》诗刊，以及诸多的中国文学名刊。

杨献平，主要作品有长篇小说《匈奴秘史》《冒顿之书》及中短篇小说多部，散文集《生死故乡》《沙漠里的细水微光》《南太行纪事》

《作为故乡的南太行》《自然村列记》《丝路上的月光马蹄》《历史的乡愁》，诗集《命中》等。曾获朱自清文学奖、全军优秀文艺作品奖、三毛散文奖等奖项。

龚学敏，《星星》诗刊主编，四川省作家协会副主席。出版诗集《九寨蓝》《紫禁城》《钢的城》《纸葵》《四川在上》《濒临》等。曾获闻一多诗歌奖、谢灵运诗歌奖杰出诗人奖等。

程永新的风

□ 苏　童

《风之影》是程永新青年时期的习作，我应该读过，但确实没有多少印象了。三十多年后，《风之影》被程永新重写了一遍，更名为《风的形状》。《小说选刊》主编徐坤大概是从中发现了某种沧桑感，嘱我一定要为其写一篇配文，言明是那种"印象记+作品评论似的小文"。我并不知道这样的文章该如何入手，但我毫不犹豫地回复她，好的。这几乎是条件反射，无须思考，不容思考，因为程永新，思考即背叛。

然而现在我开始思考了。写程永新印象记，与《风的形状》有什么关系？如果《风的形状》是对《风之影》的再次发掘，那发掘的是一颗遗珠，还是一颗历久弥新的小说之心？我的答案似是而非。或者，这两件貌似不同的事，其实拥有同一个主题，在我还没有能够表达清楚这个主题之前，我预先感受到了某种巨大的温暖。

还是与文学有关。概括地说，这个主题是一堂文学课，伴随了我们一生。无论是程永新还是我自己，又或者是程永新的其他文坛好友余华、格非、马原、李洱等人，我们不知不觉闯入这课堂，从来听不到下课的铃声，不知何时毕业，我们因此一生厮守于此，成了永远的同学。那些年与这些年，时间在流淌，文学的境遇在改变，我们在变老，但无论是端坐、疾走还是平躺，身体疲惫而厌倦，而灵魂始终保持运动，甚至会在一声呵欠中激荡起来——必须感激文学，使我们免于沉沦。无论我们瞌睡、聆听还是思考，都是在这堂文学课的课堂上，它很狭小，但很辽阔，足以供养我们的灵魂。

文学圈的朋友们都熟知程永新的名字，过去是作为著名的《收获》的编辑、副主编、主编，现在是作为一个著名的"新人"作家了。这些年来他交出了很多作品，看起来是拖欠的课堂作业，为自己过往的静默作出解释，或者补偿，但我以为这很像酿酒，一种愿望常年封存，开坛之时会有醇厚的香气，他因此也完成了一份延宕的协议，合作方其实是他自己的内心。

程永新的文学生涯与绝大多数作家有所不同，在他漫长的编辑生涯里，每天面对着《收获》这块金黄色的文学殿堂的牌匾，但他心里的田野总是处于耕耘之中，即使眼见绿色，也是别人生长的颜色，从这个意义上说，他是佃农，他春耕，别人秋收。但我以为这不是单纯的遗憾，都说编辑这份职业为他人作嫁衣，但有一套嫁衣，可以属于他们自己。几十年来潮起潮落的文学现场，程永新始终在场，在前沿听浪观涛，经年累月地审视他人，让他能更加敏捷地发现自己。如果说每个人心中都有一张文学的航海图，程永新的航海图，应该是很早就在他心里开始绘制了，去到何处，他定有目标，船也是造好了的，只是没有足够的精力与时间远航,那船锚就怀着歉意,暂时沉在魔都的巨鹿路上了。

二十世纪八十年代的某一天,夏末时节,程永新来南京探访圈内朋友,到我居住的小阁楼来做客。一群好友谈天说地到夜深人静,忽然想到没有人为这位贵客预定过旅馆,我非常热情地留宿程永新,程永新也愿意赏光,之后我们都意识到有种热情是荒唐,这个阁楼其实是没有资格留宿朋友的。程永新环顾四周,目光省略了我的唯一一张床垫,坚定地选择了地板。我至今记得我在内疚中入睡,隔天清晨睁开眼睛,一眼看见地板上的客人沐浴在晨光里,程永新和衣侧卧,身体略微地蜷缩,衣着与白天一样,从我的角度看,他像是站立在那里,与白天一样挺拔。在阁楼主人满含歉意的目光里,这个客人睡得无怨无悔。阁楼的地板很少擦洗,不一定干净,但程永新那么洁净,我因此感到了某种安宁,甚至温暖。

当年的阁楼一夜,现在他可能已经忘了。我们当时谈论了什么,现在我也想不起来了。但可以确定的是,我们一定谈论了创作,我的,或者他人的。他不谈他自己。沪宁线很短,三十多年来我与程永新经常能够见面,这些年来我从未听见他谈论自己的创作。现在当程永新的创作喷薄而出,我们才知道他的航海图一直在暗处闪光,早就造好的船,现在启航了。我们看见那船急速地穿越暗黑的洋面,也穿越了时光,留下一路银色的水花。我们听见某种海浪般的声音,那个声音时而澎湃,时而宁静,说的是时间的故事,也是探险的故事。

好的,就说时间,就说探险。《风的形状》从故事层面上看是个探险故事，实则就是时间的故事。米林这个叙事者形象，让人联想起青年时代的程永新自己。他在一个酷热的下午敲开图书馆的铁门，也叩开了一座大都市幽闭的内心，这内心很不情愿地向这个青年开放，连褶皱处都结满了时间的青苔，它是绿的还是黑的，与光线有关，也与米林的视觉有关。米林是一座神秘图书馆的闯入者，是都市之心的闯入者，也是时间的闯入者。从米林看见看门老头那张古怪面孔的瞬间，凝固的时间便开始骚动，随着老头手里的一串钥匙发出响声，引导米林进入，一曲时光交响乐响起了前奏。米林是这乐曲的听众。从某种意义上说，他并不一定是去图书馆工作的，他是去听音乐会的。看门老头以某种大提琴低沉甚至狰狞的音色，怨诉时间的荒凉，都一敏过往的坎坷身世，现时的平静生活，以及其女儿正在进行中的恋爱，很像钢琴与小提琴的交互表现，那正是对时间流逝最平缓的铺陈，都一敏之死，是小提琴琴弦的断弦之时，也是时间发出尖叫之时，在这一声尖叫中，乐曲抵达高潮，而听众受到惊吓，这惊吓来自时间本身。

小说多处描绘了图书馆的建筑、花园以及藏书，用笔细致，娓娓道来，令人印象深刻。当然，故事的核心细节是花园里的爱神雕像。那雕像偏离鱼池的中轴线，给米林们的探险以足够的动机，但我想，那种偏离，同时也可能是一种隐喻。不知道是什么事物，什么引力，让我们在本该工整匀称的世界，偏离了中轴线。那爱神雕像是我们大家的写照，我们很多人找不到中轴线，不知是什么时候，偏离成了某种宿命，我们就这样被甩出去，心里还在嘀咕，这应该是怪风，还是怪别的什么?

苏童,北京师范大学教授。先后创作发表了《妻妾成群》《红粉》《我的帝王生涯》《米》《河岸》《黄雀记》等长、中、短篇小说。短篇小说《茨菰》获第五届鲁迅文学奖,长篇小说《河岸》获第三届英仕曼亚洲文学奖,长篇小说《黄雀记》获第九届茅盾文学奖。

远与近

□ 张　楚

很多年之前,一个夏日傍晚,我去镇上安装税控装置,回来后心神俱疲,坐在国税局的办公室里,看着桌子上的一堆报表发呆。那时我写了很多小说,可没有发表过。说实话,我渴望到外面走走,看看,至于想去哪里,又想看什么,却并不自知。那时我最佩服的人是霍桑小说《威克菲尔德》里的主人公:他毫无征兆地离家出走,住到隔壁街道租来的房子里,二十年没有回家。二十年后,他面无表情地踏进家门,仿佛才离开一天似的。

那个晚上,我给一位未曾谋面、同样是镇上的小说家打了个电话。可以想象,电话里的交谈未免尴尬,如此唐突的拜访让彼此都觉得不自在,就在我想礼貌地挂掉电话时,小说家忽问道:你喜欢哪些作家?他的问题犹如清淤工人终将泉眼上的淤泥清理干净,磅礴的喷泉猛地蹿到半空——我们滔滔不绝地谈论着那些熠熠闪光的名字,听筒里的声音都有些颤抖。

那你知道程永新吗?他说,他是我们这个时代的铂金斯。我说,我知道。我没好意思跟他说，其实我还上网搜索过关于程永新的报道和照片。

一些人的名字只能是名字，还有些人的名字更像是时代的标识符。程永新这三个字跟那些我喜欢的小说家名字宛若夜空星斗互为映衬照耀，当然，他的名字更与中国先锋文学及当代文学史紧密相连。我知道这些，是那时我订阅了十多种文学杂志——犹如乡村拳师苦研拳谱，幻想有朝一日即便练不成《九阳真经》或六脉神剑，好歹也能习得黯然销魂掌或兰花佛穴手。

若干年后和朋友小聚，席间有人提到"程永新"这个名字。友人说，他是个君子之交淡如水的人。然后举了个例子，说，一位常在《收获》发作品的作家去拜访他，他们坐在那里，悠闲地喝着茶，却总共说了不到五句话。友人的话让我这个有社交恐惧症的人对程老师多了份敬畏。翌年，第一次去《收获》编辑部，路过他的办公室，犹豫良久，我始终没有胆量去敲门。

又过了些年，河北作协组织作家去上海拜访金宇澄老师。晚宴未始，我在窗口偷着吸烟，忽听有人喊"永新老师来了！"扭头逡巡，见到个貌似相熟的人踱进了房间。恍惚相识，却又陌生。才晓得，这目似朗星的人就是只见过照片没见过本尊的程永新老师。那晚喝了很多酒，像我这样的镇上人，没见过世面，表达情感的朴素方式就是频频敬酒。那晚敬了他多少杯酒？记不得了。反正每次敬酒他都豪爽地一饮而尽，丝毫没有我想象中的名人的矜持，相反，他笑起来时目光如少年般清澈，让你忘记了他的名声和身份。散场时德公拽着我和程老师去吃宵夜。他们是多年老友，灯下说着闲话、品着小菜、酌着小酒，我坐在一旁想，这个上海滩的丘比特，巨鹿路的阿波罗，是个多么热爱尘世欢愉又平凡普通的人啊。跟他一起喝酒，与跟我那帮狐朋狗友喝酒没什么两样，自由，自在，真实，性情。挺好。

有段时日，我们都在《文学港》的微信群里聊天玩耍。那时甫流行发红包，犹如新赌徒一般，我手气爆棚，有天竟抢了八九百之多。往外发红包时却只能发两百。我老觉得自己占了便宜，便跑到工商银行办了张卡绑上微信，如此便能随心所欲地发红包了。程老师在群里问，咦，你咋能发这么大的红包了？我便说了缘由。程老师说，你这孩子，真老实啊。被程老师表扬当然觉得快活，难免又多发了些。那时便觉得，程老师心细如发，连这般小事都能察觉。有次我去上海宣传新小说集，晚间邀请朋友们小聚。程老师很早就出发，却到的最晚。等他气喘吁吁入席，才说：我拿了两瓶酒，打了出租车走到一半，老觉得酒不够喝，只好再折返回去，又取了两瓶，这才晚了。说实话，他这番话让我既感动又羞愧。当然让我羞愧的事不止于此，我很快喝得迷迷糊糊，等跟跄着去买单，服务员说，程先生已结过了。

跟永新老师相见机会不多，却隔三差五能碰到，每次相逢，无忌惮无块垒，可谓逍遥快活。有次因了某事，我仗着酒意说，你这事不该这么办，应该怎么怎么样⋯⋯他想了想，拍着我的肩膀目视着我说，张楚，你说得没错，确实如此。他说话的语气真诚温和，未因我的口无遮拦有所埋怨或不快，说实话，倒让我心虚起来。后来我想，我这样的小字辈没深没浅地讲话，也只有永新老师这般坦诚直率的人不曾介怀吧?当然,永新老师也有较真的时候,我记得有次在平遥,朋友们小酌夜谈到凌晨,大家都有些困顿,聊到某位外国作家时,我打着呵欠说他的小说很好。永新老师说,我觉得他根本不会写小说。我说他的语言很好啊。程老师盯着我问,你觉得余华语言好吗?我说,那当然。他说,如果余华的语言是好的语言,那么,这个作家的语言肯定是坏的语言。你看,在事关文学的话题上,永新老师是容不得丝毫马虎的。

一年年过去,少年白了头,颈椎增了生,膝盖痛了风,有些朋友也走散了。人间的情分,有时会让人徒生虚无。然而总会有些人,想到时内心若艳阳映照。永新老师便是这样的人吧?他的内心对小说、对美和正义抱有一种赤子情怀,对这浊浑尘世,也始终抱有柔情蜜意。行文至此,夜已至深,走到阳台抽了支香烟,望着朦胧夜色想,很久不见永新老师了。

张楚,出版小说集《七根孔雀羽毛》《夜是怎样黑下来的》《野象小姐》《中年妇女恋爱史》等,曾获鲁迅文学奖、郁达夫小说奖、孙犁文学奖等。

程永新,《收获》主编。著有长篇小说《穿旗袍的姨妈》《气味》,中短篇小说集《到处都在下雪》,散文集《八三年出发》,以及《一个人的文学史》。责编的贾平凹的长篇小说《秦腔》、苏童的《黄雀记》、李洱的《应物兄》曾获茅盾文学奖。

我和葛一敏

□ 甘以雯

每个人的一生,都会结识很多人。很多人走着走着就散了;即使都在文坛,很多人走着走着也散了,很少的人相处越久,感情越深。我和一敏应该属于后者。

按理说,两个有着竞争关系的刊物女主编(她是正儿八经的主编,独立法人;我是执行主编,干活儿的),都是职场中的女人,自然都会要强,关系很难融洽,可我俩,居然就是相亲相近,很多事情都能想到一起,一点隔阂也没有。

记得有一年《美文》杂志在陕西组织散文期刊主编联谊会,我俩都去了。联谊会往往比较轻松,第一天晚上,四个女编辑凑到一起打"升级"。我和一敏一拨,是第一次合作,却是紧密配合,打得顺风顺水,有说有笑,痛快地"过了一把瘾";对方一直输牌,输得一塌糊涂,就相互埋怨,败兴得很。偏偏其中一位女编辑很是"较真",气得夜间睡不着觉,早晨起来非要"复盘",向我们俩要个说法儿,拽着一敏不让去吃早餐。结果晚上又连续"战斗",还是我俩赢,我俩笑得更加阳光,更加灿烂、更加痛快淋漓了。

这可能也带有某种"预示",以后每每到了一起,先是嬉笑,述说道不尽的话,说到开心处,常常开怀大笑。由打牌的合作始,我俩的关系和友情也"升级"了。

2010年夏,我俩参加了第五届鲁迅文学奖评奖工作,住在北京市内的一个招待所,挺安静的,可以静心读书、交流,尽管很是繁忙,但也真是享受。我俩都在散文(杂文)组,一般白天读书讨论、开会交流,晚上有时集中讨论,有时自由活动,常常一起散步,一起谈书稿,或者居于房间里喝茶聊天。担心睡不好觉,晚上我不敢喝茶,一敏爱茶懂茶,晚上也要泡上一杯碧绿的清茶,越聊越兴奋,总有讲不完的话题。有时一聊就到半夜了。一两天过后,我是打不起精气神儿了,她却依然故我待在我房间里不走。我实在熬不过她这"夜猫子"了,到了晚上十点多就下"逐客令",一再地说:你走吧,你走吧!她总是嘻嘻笑着离开。

而早晨我一般六点醒来就起床,洗漱后到外面散步,待我回来,一敏常常还没有起床,我就得意洋洋地"叫醒服务"。

岁月匆匆,自从我退休,和文坛的许多人,走着走着就散了,文坛的一些人在逐渐地疏离我,我也在逐渐地疏离文坛。我慢慢地觉察出,与内地文坛的联系一点点地少了,我已经不在一些"文友"的朋友圈了,文坛不少人是更重时效的。这我一点也不在乎,以我的个性,我从来也不喜欢在圈子里"混"。何况奔"七"的人了,该随心所欲,只和感到愉快的人和事打交道了。一敏是我退休后,与我联系最多、聊天最多的一位文友了，而且联系比以往更多了。十二年了，我每个月都能收到她主编的《散文选刊》，她邀我出席了他们杂志在山西、在河南信阳"最美乡村"郝堂举办的年度散文颁奖会，在孙犁先生故乡河北安平举行的孙犁散文奖（双年奖）颁奖会，邀我担任过好几次他们的评委……我也把我一些重要的文友介绍给她，几次邀她到香港澳门参加活动。一敏矜持、大方、待人有度，不像有些人见了可能于己有利的人和事就急渴渴地往上拥。我对事业上升的一敏，也从来没有嫉妒，只有羡慕和暗自助力。

我翻看了电脑和手机中收藏的照片，我俩合影的照片最多、表情最自然，有些真是精彩瞬间的留影。

2011年第四届"我心中的澳门"颁奖礼在澳门举行，就在澳门渔人码头的莱斯酒店。酒店是一座葡萄牙式建筑，位于著名的风景区澳门渔人码头，濒临大海，环境优美，风光迷人，数十栋风格各异的建筑充满着异国情调，在大海的映衬下更是浪漫如画，散发着浓浓的艺术气息，是我特意请求主办方安排的，除了获奖作家、编辑，还邀请了一些嘉宾"捧场"，一敏也出席了。就在那次，一敏和我一样爱上了小城澳门，留下了不少美丽的"倩影"。

2016年7月24日香港书展间，我们受邀到了香港，出席"我与金庸——世界华文散文征文奖"颁奖礼。我俩再一次相会在"从世界阅读金庸""金庸与散文创作"交流讲座的嘉宾台。感触特别深刻的是，时值盛夏，据说是几年来香港最热的几天，一点也没有暑热难耐的感觉，倒是感受到香港人读书的热度。参加书展的观众早早地在展厅外排起了长队，展馆人头攒动，大人孩子抢购书籍；我们颁奖活动现场开放，市民学生早早到场，气氛热烈，交流讲座厅坐满了听众。这次评选，《明报月刊》总编辑潘耀明先生将初审工作委托给一敏，面对上万份征文稿，为避免遗漏佳作，他们不是采取单个评委淘汰制，而是交叉审读，最终推选出20篇送交给评委会。一敏深有感触地说：征文作者中，有专业作家，有青年学生，有公务员，有工人农民，有企业老板，金庸先生的"粉丝"遍及海内外，足见金庸武侠精神的影响是跨越地域，跨越年龄，跨越性别，也跨越了时代……

2017年11月底，我们又到了香港，出席世界华文旅游文学学会为庆祝香港回归20周年举办的"丝路之旅"研讨会。会议间隙，我们游走于香港中文大学和澳门大学美丽的校园，边走边聊边拍照，好生快乐。12月1日晚饭前，我俩在澳门大学横琴校园散步，一敏穿着新买的米色的长风衣，我为她抓拍了两张照片，显得既年轻，又文雅大方，很是想找她"索要"版权费。

2017年9月16日，我出席了《散文选刊》与孙犁的故乡河北省安平县共同举办的"孙犁散文奖"（双年奖）颁奖活动。孙犁在我的心目中，是令人敬仰的人格与作品高度统一的文人，我曾经受谢晋导演委托，带着他去孙犁家拜访，亲眼目睹两位心灵相通的大师的手紧紧握在了一起。能够到孙犁家乡参加孙犁文学奖的颁奖活动，我很是兴奋。

在孙犁的故居，在院子里的枣树下，枣子还是青青的，我和一敏有一帧合影照片。两个人都很快乐，一敏穿着她那件漂亮的黄色花衬衣，嘴角微微上翘，显得很妩媚。

尽管我参加了评选,看到获奖名单、见到获奖作家时,还是蛮兴奋的,在诸多的获奖作家中看到了多张"生脸"。十位获奖作家,我有五位不认识,似乎都不是散文圈子里的人,这从一个侧面表明了评奖的公正性,表明了刊物的关注点不仅仅是名家和圈子里的人和事。我暗自为一敏点赞。其中,来自深圳的农民工程鹏的散文《诗意的栖居》很有代表性。散文描述了他刚到深圳时在晒透的铁皮房子中群居的艰苦日子。他的文笔既描述了幽微浸骨的艰辛体悟,也恣意辐射出强韧的生命亮色,是一种心灵的书写。

第二届孙犁文学奖我依然是评委,但没有出席在安平举办的颁奖活动。当我看到《父亲跟我去打工》获了奖,也是暗自高兴。二十年前,因为文学梦的驱使,作者从山西省一个封闭、落后的小山村来到冀中平原。"伴随这场远行,我的笔触却一再回归,在乡间往事与人们生活现状之间探索着、描绘着。故乡人身上的坚韧品格,他们的命运、他们在新时代面前的苦与乐……如此种种都滋养着我的文字,也是这种种遇见催生了我记录、倾诉的欲望,让我不由自主走在了散文创作这条路上。"

我想,如果孙犁先生在世,在他那素朴的书架书桌旁,也会为这种不重圈子、公平地对待每一个写作者的办刊风格颔首微笑的。

2020年,得知能够参加中国作协组织的"我们向着小康走——中国作家新疆行"主题采访采风活动,我十分高兴。一天,接到一敏电话,说是采访团要分三路,一路疆北,一路疆东,一路疆南。一敏讲:一定要去疆南线,机会很难得。她多次去新疆,我相信她,也很愿意与她同行,就申请到疆南线采风。

盼啊盼,原本七月的行程,因北京疫情延迟至八月,又因乌鲁木齐市的疫情拖延了,从夏到秋,待到疫情控制住了,在美丽的金秋十月,终于来到了久别的新疆。

我是下午五点多到达乌鲁木齐宾馆的,等了一会儿,去大巴扎采风的代表们也回到了宾馆。我迫不及待地到了一敏的房间,只见床上平放着两个盘子,两个似乎波斯风格的瓷盘子,一个墨绿色底,一个宝石蓝底,很是别致,这是她下午在大巴扎的"收获"。这时,学明也进来了,调侃她说:"只有傻子才买!还在那儿高兴呢!"一敏嘻嘻笑着。

晚餐是在宾馆里吃自助餐,先开会后吃饭。没有酒水,大约有十几种饭菜供自选。食品盘子中,一个彩绘的陶壶引起我的注意,但肚腹空空的,我急切地朝着能够直观的美食下手,什么哈密瓜、烤包子、羊肉串、西兰花等,一样吃了一点;再次走向了餐台时,看到不锈钢托盘中刚刚端来的几把彩壶,试着拿了一壶,很烫,小心翼翼地打开看,原来是清炖羊排汤,乳白色的汤水下面,有好几块肥瘦相间的羊排,上面漂浮着几片碧绿的香菜叶,热气腾腾、香气扑面。喝了一勺羊汤,一股特别的鲜香由口直接入腹,那羊排肥而不腻,入口即化。几块羊排、一小壶羊汤,一会儿就被我吃得干干净净,感觉肚腹那个舒坦,人也似乎飘飘欲仙了。这时,坐在邻桌的一敏过来看见了,忙去拿,已经没有了。好遗憾啊!喝了这碗羊汤。这晚,我是睡得极为安稳,不知一敏睡得可还踏实?睡梦中是否还惦记着羊汤?

第二天上午在乌市参观，下午出发去和田。一敏坐在我身边，抱着一个袋子，里面是那两个瓷盘，大家这个笑啊，这一路，又是汽车、飞机，还要穿越沙漠，哈哈，一敏啊，你就一直抱着两个盘子吧。

我们一行，从乌市到和田，又到喀什，行程2 000多公里，很多时候在车上，苍茫辽阔、大美雄奇的壮阔美景，令人心怀激荡；沿途在各个市、县，虽没有吃过一餐奢华盛宴，然所见所食的多种生态美食，各具特色，那独特的风味吃了永远也忘不了；稳定的社会治安现状，多家当地和内地投资的农场、工厂、奶牛厂、苹果园、葡萄园、稻田、防风固沙生态林，以及成群的牛、羊，丰丰满满，大家开心快乐，一路欢歌笑语。

这一行，尤其在喀什一望无际的沙漠中，我们乘着敞篷吉普车，纵情驰骋，游目骋怀，热情地拥抱自然，感受大漠自然物象的神奇性灵……

在漫漫沙漠中，在胡杨树下，在葡萄园中，在牛群羊群中，我们留下了多幅珍贵的照片。每每想起，都会唤起我们共同的记忆，想到我们长长久久的友谊……那两个波斯盘子也安然无恙地被一敏带回了郑州，挂在了她的书柜上，它们也是我们愉快的大漠之行的见证……

甘以雯，曾任《散文·海外版》执行主编，第四届、第五届鲁迅文学奖评委。最新散文集《那双美丽的眼睛》由中国文史出版社出版，散文《那双美丽的眼睛》收入《新中国70周年文学丛书·散文卷》、

《2012年中国散文精选》、华语文坛10年散文精选《所见微尘，皆因有光》。

葛一敏，《散文选刊》主编。主编有《最散文》《建国六十年历史文化散文选》《新世纪散文选：一本杂志与一个时代的表情》等。曾担任鲁迅文学奖等多种文学奖项的评委。

熊焱的三把火

□ 宋　尾

跟熊焱认识快二十年，数下来，好像也是天长日久了，但要写一篇关于他的印象记，倒犯了难。某些方面，我们很熟，真的熟，熟透了；这之外的生活内容又十分陌生。毕竟，隔着三百多公里呢。他在成都，我在重庆，难得见个面，似乎也没发生什么特别的事故，既没酒后打过锤，也没一起犯过罪，连口角这样的龃龉都没有，相反，见面总是高高兴兴，尤其是他，热情之余还有点客气，像个远方的亲戚。对，就是这感觉，很远又很近的亲戚。那么，就从这点开始吧，我很少叫他熊焱，而是"盛荣"。因为我们刚认识那会，他是"熊盛荣"，"八零后"的首倡者和积极推动者，他操持的论坛是最蓬勃的八零后诗人根据地，他和田荞做的《八十年代》也是国内第一个以此命名的民间诗刊。老实说，我都不知道他是何时成了熊焱的，因而这么多年未曾改口，现在想来，可能是一种潜意识的惯性，感觉这个称呼更加亲近。可能也有距离的原因，这种距离将某些记忆隔离在某个时空，然后，那个越来越透明的地方就成了一种共有的情感晶体——让我们，当时的那些朋友，总是一再回顾。

很多人不知道，我还在成都生活过一段。2004年夏，女友（现在是妻子）到成都一家报馆工作，我给诗人马嘶发去邮件，请予关照。2002年我跟马嘶一块参加了《星星》在都江堰的诗会。女友抵蓉后，租房、谈价、搬家等，都是马嘶帮忙，她就暂居在肖家河了，小区跟马嘶的小区相邻。后来，我从报社离职，也到了成都。那时我的心情是惝惶的，庞大陌生的城市，兜里余粮无多，看不到前景又无事可干，每日在肖家河转来转去的，除了扒手就是我了。当时难熬的这段经历，回头看对我尤其重要。虽然在成都仅滞留一个月左右，但那期间我结交的朋友，都实实在在成了一生的挚友。他们首先是马嘶的朋友，又被转嫁成我的朋友，经过近二十年，我们这几个人不经意就构成了一种牢固的友谊——哪怕其中有些人已经不再写诗了。对，我正是那时认识了他们才知道，成都不单单只有橡皮、莽汉、非非之类醒目的流派，还有一些隐蔽的、苦苦熬着但不被关注的年轻诗人群落，不属任何流派，各有各的风格，将他们连接起来的单纯只是对诗的热爱。关于这段经历，被我写在一篇叫作《肖家河诗稿》的小说里。

肖家河寄居时我最盼望的就是黄昏，因为女友回家了，马嘶也下班了。后者兴许更重要，那意味着酒的可能性，朋友和酒精是失意者的百忧解。由于我，马嘶在家开伙的频次大大提高，两人不成席，就呼朋引友。我成了一种约酒的理由。有时他也窘迫，打电话被我听到，说别人都来这么久，你们还是主动点，请个客嘛。田荞，就是这样被逼营业的，要是没记错，我正是那回第一次见到了盛荣。

关于那晚的记忆并不完整，因为后面我又喝多了，往往如此。我记得马嘶带我坐公交走了许久，找到餐馆时，天已擦黑，田荞和盛荣怏怏地对着一桌菜，等得快睡着了。当时田荞初进电视台干编导，盛荣刚到《星星》做编辑，都还青涩得很，尤其是盛荣，要说印象，这就是头一件：瘦。快二十年过去，我们浑如打满了气，浑身肿胀，他还跟那会一样清瘦，不同之处是现在他更为沉稳，君子之风更加显明，长期游走在酒局之间但不油腻，就像他的清瘦，多少体现了某种内在的东西，比如顽固，比如韧性，比如执拗。或者也跟肠胃有什么关联，但对一个诗人来说，肠胃从来不单是生理问题，还是精神性的隐喻，在心里某一块，他刻意保持一种水土不服。在盛荣身上，有一种让都市长大的人难以理解的浓重的怀乡情结，以及眷念。当你理解这点，可能就理解了他的很多作品，他的那种向度始终顽强地驻留在某个地方。还有一点让我印象深刻的是他那种强烈的自省，但这属于作品范畴，在此不谈。

回头再说那晚，返回重庆许久后，有天翻日记，发现我补记过那次聚会，仅有一句——"昨晚马嘶带我去喝酒，见到了熊盛荣，见他第一眼我就知道，他同样是心性敏感而又偏执的家伙。"很难猜想当时我为什么记下这一笔。但我只能尽量作此推演：也许作为一名观察者的我注意到了另一个隐蔽的观察者，他。很难理解但不难解释，就像吸血鬼一眼就能从万千面孔里辨认出藏匿其中的同类。其实那晚，盛荣的言语并不多，事实上如今他依旧是沉默者的姿态。他是个好的倾听者，但习惯了将很多事情独自咀嚼和消化。所以在作品里他常常呈现一个更趋真实的自我形象：月光下低吟的孤独者。当时我隐隐觉得，我们在内在有许多相似，迟早会成为朋友，仅仅出于直觉。那晚，盛荣酒喝了不少，但也不超量。这是第二个印象：他有很好的距离感。距离提供了一种视角，往往在这种看似平静的时刻他就能辨认出一些什么。而这正是敏感者的特质。尽管，抒情性是盛荣诗歌的显征，实际他骨子里仍是个理性主义者，哪怕很感性的时候。第一次喝酒，我察觉他有一种根深蒂固的审慎意识，或说平衡感，他习惯将自己置于一个相对安全可控的空间。而这是出于某种强烈的自尊感。也许盛荣并不赞同，但这是我的真实感受：这样的人，很难迅速接纳一个新朋友，但只要认定的人或事，他会付诸感情和热忱。事实也是如此，一起写诗的人已散落如星辰，他仍在赶路；对真诚的朋友，他依然回报以纯真。说起来，有两个词是盛荣常提的：一个是梦想；一个是真诚。这两者，应该都是他判断的标尺。他这个人哪，守真，所以更信赖和看重的是这个：长久。

我没问过盛荣，为什么改为熊焱。熊焱这个焱，有三把火，但印象中我没见过他发火。那这三把火应当是勤奋了。朋友中，数他更勤奋，他的会多，活动多，每个月收成也是最多的。尤其是现在他不光写诗，还操弄中短篇小说。在创作上他有点像个老农民。他要搞讲座的话，我估计绝对少不了"勤奋"这个关键词。我常想，盛荣大概是属酒的，兴许还是属茅台的，温和，醇厚，绵长。每次到成都，他只要在场，就总要陪我们到最后。那次马嘶结婚，婚宴后，我们打车去搞下一场，盛荣远远冲我说了句，我醉醺醺没听清，他拉着老婆走了。

后来在宽窄巷子，他兀然闯进来。我说还以为你不来呢。他说，瞎说，怎么可能，我送老婆回家，好陪你们喝个尽兴哇。那晚整到凌晨三四点，他一直陪着，这是他的一种表达方式。

固执的人往往真诚，但也不失尖锐，可以削平，但不会磨圆，更不会滑。只说跟我有关的小事，盛荣在《星星》诗刊期间，我没发过一首诗。倒是投过一组，2005年整理诗稿，有一组《肖家河诗稿》，我觉得若在《星星》刊发似乎更具意义。他看了后说，不合适。我没说什么，心里还是略有点不安逸。过了段，有个要得好的哥们想给《星星》投稿，让我帮忙递一下。我是个散漫的人，随手就发给盛荣，说看能不能发两首。但是，没想到啊，他第一次对我"出言语"了，原话我不记得了，很严厉，大意是，你可以推荐，但要推荐确实好的作品；另外，以后不要直接在QQ上递稿子，应发到收稿邮箱；还有格式……诸如等等。老实说，我还记得那种脸红心跳的羞耻感。那一刻我意识到，写作和投稿，都是很严肃的事情。这件事对我产生了极深影响。包括现在，我也绝不通过微信等投递，必须要一再检查文档和格式，用邮件发给编辑。他教会我的是：投稿是一种契约关系，你对刊物和你自己所做的事要有一种起码的尊重。好事，但也留下一个后遗症，我自此再也不想给他投稿了。反过来，他倒开始找我要稿子了。2016年，我开始正儿八经写小说，到下半年也发了几篇，必须说，我很幸运，其中一个短篇《相亲相爱》被《小说月报》选载，这是我第一次被该刊选载，且是短篇头题，可以想象那种激动。这对我意义再重大不过——给我刚刚起步的这份虚弱的事业注入了一剂强心针，起码说明，我是能干好这个活儿的。但是，实在地承认，结出了个好果子这件事，盛荣是主因。事情是这样的，春节后我从杂志社辞职写小说，盛荣知道了，就说，嘿，你给《青年作家》来一个呗。当然，他也是出于朋友的好意和支持，我顿时就想到这篇——写完投了两家刊物都没被采用，正好给他啊。由于前车之鉴，我多问了一句，稿子是直接发给你还是？他说，肯定是先给编辑噻，规矩还是要有的。编辑说稿子没问题才没问题。我就按规矩发给编辑，然后送审，某个黄昏，我在阳台上发呆，他电话来了，没任何铺垫，上来就说，你的小说我看了，我觉得有点问题……然后他就开始讲一些细节。重点是结尾，他直说，我觉得你现在这样的处理不是很好。我很不服气啊，但毕竟他是主编我是作者，也不能表露嘛。只有嗯嗯嗯。最后他说你再好好想想，改出来兴许是个好小说。过几天，我把稿子重新打开，他说得还真有道理，事实上他指出的一些问题我也意识到了，就是不愿改，牵一发而动全身，怕麻烦，想这样算了。但既然熊老师提了，只有强打精神修改，综合他的意见做了一系列调整，完稿后，忽然一阵轻松，莫名很高兴。不是得到了一个好的成品，而是懂得了一个可贵的事实：修改，是创作中很重要的不可省略的一部分。说起来，盛荣也算我的贵人啊。当然，有些作者不一定这样想。我也问过他，你老这样顶直了说，让别人改，改了还不一定用，会不会得罪人啊？他慈祥地笑笑，说，得罪人也是我这个工作的一部分嘛。

现在，盛荣已荣升为熊老师了。作为作者，我从这位编辑那里获益良多，这种益处不单单只在稿件层面。有些事情我还是清楚的，作为老朋友，他对我半路出家全职写作这事吧，也是有担忧的。毕竟，作为文学刊物的主编，他比更多人更为理解这条路的不易，也更能理解存在于我身上的困境。这里就不展开了。这么说吧，咱们的编作关系是反着来的，我这作者不光从不送礼，还常常从他那蹭些好处。

说起来，真是怀念兄弟们每一次欢聚的时光，就像一群疲累不堪又热气腾腾的郊狼，恶狠狠抱拥在一起，拼命拿酒取暖。每从成都回来，我都要写几首诗，作为一种纪念。他也这样，就像一种默契。前不久他发了一组诗，其中一首名为《夜宴》。那首诗是写给我们这些老友的，也几乎概括了我们全部的相聚：往事，火焰，梦想，微光，友谊，尘世，当然。必不可少的是这个意象：曲终人散后始终有一盏微弱的路灯在迎接我们。

我们渴望这种越来越珍稀的夜宴，"孤独地照耀，仿佛命运的抚慰"。就像我们永远都不会丧失那盏连接彼此和幽暗世界的路灯：那就是诗。

宋尾，著有长篇小说《完美的七天》《相遇》，小说集《奇妙故事集》《到世界里去》等。曾获第七届红岩文学奖，第七届、第九届重庆文学奖，巴蜀青年文学奖等。

熊焱，《青年作家》《草堂》执行主编，成都市作家协会主席。著有诗集《爱无尽》《闪电的回音》《时间终于让我明白》，长篇小说《白水谣》《血路》。曾获华文青年诗人奖、陈子昂诗歌奖、海子诗歌奖等。

豪爽又豪迈的潘灵

□ 段爱松

早些年,听闻潘灵这个名字时,我还没有见过他。在不同的人口里,潘灵有着截然不同的样子,这让我颇觉神秘。

后来,在一次文学聚会上,一位方头阔耳粗犷豪迈,戴一副黑框眼镜的中年人,带着有点不期而遇的笑容径直问我:"你就是段爱松吗?'帅锅'啊!"

我一惊,眼前人不正像二十世纪九十年代,靠一曲"妹妹你坐船头,哥哥在岸上走"而红遍大江南北的著名歌星"尹相杰"吗?我们相互匆匆寒暄打趣,算是从此相识。

在最初不多的接触里,他留给我的印象是,大大咧咧,坐在哪里哪里就有由他带来的开怀大笑,而他滔滔不绝的语速,简直可以让火车在嘴上奔跑,故事一旦从他的嘴巴里出来,也有了不一样的效果,其口才之好,说是云南文学第一嘴,大概也不为过。

再后来,由于文学和工作关系,我们来往越来越多,渐渐成为了无话不谈的忘年交。他比我年长,我们亦师亦友一路过来很多年。当笼罩在我最初印象中的神秘面纱，被时间一层层掀开后，他真正的模样才显露了出来，原来这个名叫潘灵的人，一定程度上，用口才欺骗了我，也欺骗了他身边绝大多数人，在他身上，还隐藏着太多比口才更牛、更可贵的东西。

潘灵平时为人乐呵呵，万事皆如酒肴穿肠而过，这当然是一种肚量和格局。对待无关紧要的人和事，他从来都不是睁一只眼闭一只眼，而是把双眼都闭着。他外圆内方，做人行事皆有准则，表面上看似随意，实则很严谨，嫉恶如仇，对待亲近的人总是横挑竖看不时提点。

他身上也长着刺，随时也会张开刺让人不得靠近。他的故事都是娱己娱人的，虽有调侃却不吹牛、不攀附、不伤害，倘有伤害那绝不是他的本意，他天性本善。我很少看到他翻脸，即便是翻脸他也是笑呵呵地露出锋芒，让人觉得他很大气。

当然，他也有翻脸的时候，那就是有人在他面前瞎"牛哄哄"，"牛哄哄"没有问题，小人物内心虚空没底气拉大旗做虎皮，在潘灵久经沙场的眼睛里都是正常的，但是间接诋毁，就显现出人性的恶来。他认为恶就是人品问题了，不经意间的恶比有意识的恶更可怕。一次有个人吹嘘说他跟北京的某"大佬"关系如何如何好，下一句就是"大佬"不满主人家用来招待的酒，而让那个人去车上拿两瓶更好的酒来。

这不是在高级黑此"大佬"吗？要知道"大佬"可是潘灵十分敬重的人，所以，当时潘灵立马变脸了，他本来是圆滚滚的黑脸，瞬间猛地翻转成了长拉拉的红脸。他就那样杵在此人面前，让此人无法再"牛哄哄"下去。

潘灵总是有一个故事的不同版本。故事本身也许之前有那么一点影子，后来被他反复加工后已经不再是故事，而是小说了。每一次他和我们讲起来，版本都会发生变化，但不管他讲过多少遍，我们仍会捧腹大笑，因为较之前一次，他的细节经过加工，语气也在不一样的节点上改变了方向。这就是能讲故事的潘灵，在驾驭故事上有着绝对呼风唤雨的才华。

常有人不失时机地调侃他说，你讲的故事远比你的小说精彩。乍听上去是有些道理，其实未必，一个能通过嘴巴驾驭故事，让故事弯曲盘绕改变风格的人，也一定在不断地思考突破先前的自我。这一点，在他近年的小说创作上表现得尤为明显。

在潘灵的经典故事中，总会有他们去做客，主人家在大腿上揉面丢进锅里，煮好后盛上来，别的人都碍于面子不得不吃的"腿面"，而他抬着碗听到门外狗叫，灵机一动跑了出去，将"腿面"倒给了饥肠辘辘的狗。他却假装吃了，吹着口哨返回屋里还咂巴着嘴。主人一看，来了劲，高兴地招呼道："来来来，再来一碗……"

这故事潘灵翻来覆去，每次从他嘴里出来，不仅绘声绘色还有了变形发展，等到下次重讲时，那碗面，不知又落入哪只鸡、哪只鸭的嘴巴里了，慢吞吞吃"腿面"的人，又变成了别的样子。总之，颇耐人寻味的是，究竟是讲故事的潘灵落入故事的圈套，还是故事落入了他的圈套？

而我总觉得，这第二碗面他是吃了的，而且吃得比第一碗从容。

作家一身多技自古有之，潘灵除了讲故事，牌技胜人几筹也在其中。牌在某种意义上应该属于智能游戏，我不会玩牌，自然不识其中乐趣，更难体会潘灵游刃有余，将对手杀得片甲不留的快感。

据潘灵说，有一次文学活动，吃过晚饭后，他和一位朋友路过一个房间，忽地有人大喝一声"潘灵"。他往房间里一看，里面的人正在弄腾扑克牌，稀里唰啦的洗牌声显示出这人身手不凡。

"怎么样，进来玩几把？"这人有些得意，声调故意拖带后鼻音。

"玩，不咋个会玩，怕是玩不过你们吧。"潘灵故作犹豫。

"怕啥，进来玩，不咋个会么看我教教你。"此人语调越发得意。

潘灵看了看和自己走路的朋友，那朋友微微一笑，两人便跨进了房门。

"怎么样，我们来玩双扣，戴帽，看看你们今晚要被戴多少顶帽。"此人头也不抬，两只手麻利地洗着两副新扑克。

"我们不是太熟，能玩小点？"潘灵试探性地问。

"等下你们可以好好学学，扑克是咋个玩滴，哈哈哈哈……"此人一阵狂笑，就像那些"帽"已经高高落到了潘灵头上。

虽然只是娱乐性质的双扣，但潘灵还是很不舒服，他和自己的搭档暗暗使了几个眼色，对方自然会意。

牌局进行得不利，开始让那位叫嚣的老兄有些不爽，不过，他还以为是运气问题。等到被戴了快二十顶帽后，此人骂骂咧咧开始掼牌。等到三十多顶帽被戴上后，此人开始责怪自己的对家。等到五十多顶帽扣在头上时，此人额头已不断冒汗。

待最终六十四顶帽加冕后，此人用怀疑人生的眼光看了看桌上凌乱的扑克牌，又用怀疑人生的眼光看了看潘灵，再用怀疑人生的眼光看了看自己的双手，就像这双手不知何时被潘灵莫名其妙调换过一般。

而潘灵，站起来甩甩手，仰天大笑便出了门。

潘灵生性豪爽不拘小节，为人处事却心细如发。他经常约我蹭他的饭局，颇让我感到过意不去，总想找机会也请他"撮几台"。

潘灵喜好美食，对一些地方特色菜尤为倾心，比如晋城的"耙猪脚"，他吃起来就有点"亡命天涯"的感觉，那味道如同他讲的故事一样，只有到了他的嘴里才产生真正的味道。

有几次我们约好吃饭，并说好今天我买单，他笑呵呵满口答应。这样我就相信了他的话，沉浸在他边吃边讲故事的笑声里。席间，他总会接上几个电话也让我们习以为常。席毕，我走出来结账，他也不说结过了，看着我屁颠颠跑到柜台前结账，依然走他的。

"谁结的？"我有些郁闷地质问道。

服务员指了指说："前面那个胖子。"

我走上去说，潘老师，不是说好了我买单吗？他就笑着说，下次你再买。

潘灵生性善良，敏锐明澈藏在他略显憨厚的外表下面，隐而不露绝非有意而为，这恰是他天性高妙之处。他外圆内方事事洞悉，但他的柔软更会在不经意间打动我。

有一次，一个单位请他去讲课。单位不大，听课的不到十个人，他坐在台上跟往常一样，将他讲的能力发挥到极致，下面的人自然听得很入迷，不知不觉，时间也就讲长了。等到结束时，他的烟瘾犯了，在身上摸来摸去，只摸到一个一次性打火机，估计是出门匆忙，忘了带香烟，而其他在场的人都不抽烟。

看着潘灵难受的样子，这个单位的负责人使了个眼色，负责接待的办公室主任马上小跑着下了楼。不大一会儿，两包云烟摆到了桌子上。潘灵还在一边热火朝天地说着话，一边自然地抽着刚买来的烟。大家都忘了烟的事，他却突然问烟是谁买的，并一定要给钱。对方诚恳地说他们会处理的，不过是两包烟的小事情。潘灵还是执意要给烟钱，他深知小单位经费的不易，更不愿让哪个私人为他掏腰包。

请老师讲课，人家是真心要招待好老师，本人掏个腰包买两包烟给老师也是情理之中的事情，而潘灵却不忍心让他们破费，原本推来让去的尴尬，在他的笑声里渐渐有了另一番意味。

作为总编辑，潘灵看过的稿子数也数不过来，不过，一位年轻小说家有一天发来了一篇让他惊异的小说。他感觉这篇小说，怎么就那么熟悉呢，好像是在哪里见过，但更像是在哪里发生过。

"不对呀，这不正是我在酝酿着准备要写的小说吗？"潘灵大惊，越发感到奇怪。这时，发这篇小说的年轻人又发来一段话，大致是说，谢谢潘老师，你给我讲的故事，我已经写成了小说，并已经发表啦。

"哈哈……"潘灵看到这段话后，不由得会心大笑。他想起来了，他是给这位年轻小说家讲过这个故事。

还有一次，潘灵的一位好友，也将他讲述的另外一个故事写成了小说，不但发表了，而且重要选刊也选载了。而麻烦的是，恰好潘灵自己根据这个故事写的小说，已经在一家杂志社排版了。

为此，我有点为他担心，就说："潘老师，这样的话，不明事由的人会不会认为你有抄袭之嫌？"潘灵一脸镇定地说："没事的，没事的，故事虽然是那个故事，但我相信各人讲述的方式不一样。"

"今后你怕是得注意点，身边都是小说家，你那么多故事，随便讲讲可能都是好素材呀。"我还是有些为他着急。

"你说得对，是得注意点了。"潘灵若有所思，笑着轻轻吐了一口烟。

但他说归说，此后，我也没见他在朋友面前有所拘束。他依然我行我素，想起什么好玩的事、好笑的人，照样滔滔不绝。仿佛前面发生的事情，与他毫无关系；仿佛我好心提醒他的话，根本就没有进过他的耳朵。

然而，我也仔细琢磨了一下，潘灵能够如此坦荡面对这些事情，并不是他比别人惹，而是在他的精神层面，总是有一种对别人的关照。他会为他曾经尽力帮了忙但没有成功的事情一直内疚，当他知道帮忙的人反而责怪怨恨他时，他才说他终于可以放下；他也会为有时误开的一句玩笑，导致一对夫妻矛盾而愧疚得一夜自责难眠……

此外，作为一位优秀的小说家，潘灵总是十分低调，在云南文学圈，很少人会认真谈他的作品，而更多的是说他讲故事时飞扬的激情。但要知道他不仅仅是《大家》杂志的创始人之一，还责编过诺贝尔文学奖得主莫言的《丰乳肥臀》。他的小说《一个人和村庄》曾入围第六届鲁迅文学奖中篇小说奖十强，还有他的长篇小说《泥太阳》《翡暖翠寒》等一大批有着异域风情的力作，有的获得了全国少数民族文学骏马奖，有的被改编成电视剧广受好评。特别是近年来，他不断超越自己，给出《叫了一声》《奔跑的木头》《太平有象》等小说，带来了不小的冲击。

潘灵常开玩笑，说自己是现实主义作家，说我是写先锋文学的。可谁也说不清楚，曾经我们怎么会在无数个夜晚长谈文学，畅聊人世。大概也是由于在这个纷乱的世界，有人看清一切，了然于心，却不动声色，而潘灵不仅了然于心，还要绘声绘色，最终哈哈一笑，大事小事一一化了。

写下这篇印象记时，北京已进入寒冬，因为要到北师大上课，我常常会走过霓虹闪烁的街边，那时，总会想起潘灵小说中的那句"小子，当……"我当然不可能是小说中那个抢夺玉佛的少年，但小说中发出这声亲切叫唤的老母亲，似乎成为了远在云南的潘灵在我心里注入的一股莫名暖流……

段爱松，云南昆明晋宁人，在《人民文学》《中国作家》《诗刊》《花城》《作家》等发表作品二百余万字，曾被《新华文摘》《小说选刊》等转载，著有长篇小说《金缕曲》等多部。

潘灵，《边疆文学》杂志社社长兼总编辑，云南省作家协会副主席。出版有长篇小说《泥太阳》《翡暖翠寒》《血恋》《情逝》《红风筝》《香格里拉》《市信访局长》《半路上的青春》等八部，结集出版中篇小说集《风吹雪》《奔跑的木头》等两部。曾获第十届全国少数民族文学创作骏马奖等。

三说穆涛

□ 贾平凹

一 次 出 行

  我在《美文》杂志当主编,副主编是从河北石家庄调来的穆涛,他是个蛮有智慧又有一肚子谑趣的人。一天,我们驱车到外县去,经过秦岭北麓,他发感慨:你们陕西人谦虚,这么大的山竟不称山,叫个岭。我知道他又要"作贱"陕西了,就说:说谦虚那比不上你们河北,那么大个省会不称城,叫个庄!车到一个山弯,忽然公路上奔跑着一只野兔,车一鸣喇叭,它就窜向路右边的半崖上,双耳翘起,小脑袋左右扭动,又跑下公路,竟在车前疾奔。车一加速,又一转身窜到左边的坡下,没想到跌了跟斗,一疙瘩毛肉滚将下去。穆涛就笑着野兔的机警和躁急,却也就说到老虎,说,老虎之所以是老虎,它是没这份机警的,它总是慵懒地卧在那里,似乎在打盹,可一旦猎物出现，它一下子就捕获了，然后又卧在那里安安静静地什么也不理会。老虎强大，走到哪里，哪里就是家。说狡兔三窟，是兔子弱小，那种狡猾不是性格本身，是生活逼出来的。家兔多可爱，机灵又憨憨的。我说穆涛你说得好，我回去给你画张虎。穆涛说：这可是你主动说的，你是君子！我说我当然是君子。穆涛就快乐了，话也多得很，全说老虎的王者之气，最后说道：你瞧瞧这汉语，词下得多准，给虎之前就加一个"老"字！我说：是吗，鼠之前也加一个"老"字哩。

从外县返回，我真的画了一张虎，画好了却舍不得再给穆涛。穆涛骂我画虎者有鼠气，我说，正因为有鼠气才把虎画留下要补虎气啊。

一本书

因为喜欢了穆涛的文，也就喜欢了穆涛的人。人是小眼睛的，看着就生急，话又慢，仿佛在肚里酝酿了又酝酿，一点点地滴洒。

穆涛就占了个从容。

时下的国人依然浮躁着，但浮躁的文章人已经厌了。超越激愤，面对了永恒和没有永恒的局面，许多弄文的人忽然觉得从容就好，于是就从容，要么去写了鸡零狗碎的东西，要么如那些也要从容的书法家一样，偏把字写得松歪丑懒，其实一派造作。做人和做文，不是要从容就能从容的，它需要一种定力，定力又来自大的境界。穆涛的文有点像黄宾虹的画，以世界的角度来审视和重铸民族的传统，又借传统的伸展或转移来确立自身的价值。

我并不太知道穆涛的出身和经历——鬼知道他来自仙界还是魔方——难以了解到如此从容的原因，但在研读了他许多文章后，发现他的从容呈现出了他的一种文气和智慧。人是有聪明和智慧之分的。聪明的人到处都有，但聪明常常害人，要沦落到一个"小"字里边去；智慧却是难得，有智慧的人，特有一种艺术的感觉，平凡的事物里他会觉悟出非凡，话有三说，他巧说得有态有度，该肥就肥，该瘦就瘦，如美妇人。

文坛如社会一样，好人和坏人到处在平均分配着，尤其在当今，天才和小丑常常无法分清，闲人多多，投机者充斥，穆涛可惜没混出个著名来，他实在是写得太少。静观穆涛，他似乎并不与人争一时短长，多于思考，依赖体证，博览群书，广泛吸收，他的心态十分健康。现在很年轻的一批作家，比以前的作家老熟得多，这使我又敬又畏。我知道穆涛会有好作品出来的，却没想到出品的竟是长长的《原罪》，读着这本书，想他眼小言慢，善于蓄力，就体会到了一句古语：口锐者天钝之，目空者鬼障之。

穆涛从石家庄到西安，我们从作者与编辑的关系过渡到一个办公室的同事，开始了行立坐卧都很适意的生活。有茶清待客，无事乱翻书。人是有气味的，或许我们气味相投。

这么长的一部作品说了这么短一个序，如一个胖子头上的小帽，这帽子可以摘下不戴，权当是一本大戏开场前的几点锣鼓。

一 次 获 奖

穆涛获鲁迅文学奖确实是西安市文联的一件喜事、大事，是西安市的喜事、大事，当然也是咱们省上的喜事、大事。报社记者采访时我说，穆涛获奖的意义，不仅仅是《先前的风气》这一本书，当然首先是这一本书；而且通过这一次获奖传达了两个信息，一个是这本书本身就写得好，再一个对《美文》来讲也是很好的，是对《美文》对于当今的散文长期以来做了导向的一种褒奖。鲁迅文学奖评出来以后网上也有非议，这些非议都不涉及穆涛。穆涛获奖了，我觉得是实至名归。

《先前的风气》里面大多文章以前在刊物上都发表过。这一本书说散文也是散文，说杂文也是杂文，在我心目中，它是散文的一种，从我个人来讲，我欣赏这一种。就拿现在对散文杂文的界定来讲，可以说是散文也是杂文，就是杂说的这一类文章。穆涛的这些文章里有他的观念，有他的智慧，同时也有对具体问题的思考。一般人认为穆涛是个编辑，但除了是一个编辑，他同时也是一个特别优秀的作家。

最初把穆涛从河北挖过来，完全是看上他的写作才能，觉得这个人文章写得好，就把这个人挖过来了，《美文》创刊的前几期上都有他的散文。组建《美文》编辑部的时候，编辑部的人都是以这种方式挖来的，都是看写得好才挖过来的，只是挖穆涛的时候费的周折比较大，是从外省挖过来的。如果不挖来，这些人在国内早就成了有名的作家了。当然来了以后主要的任务是当编辑，但同时也在写东西，当年的《美文》编辑部就是一拨作家组成的。穆涛之所以后来能当执行主编，是挚爱编辑工作。严格讲他写的文学作品并不多，但他对作品的鉴赏能力，还有组织能力，我觉得是很杰出、很出众的，再加上他的文学趣味、鉴赏能力以及编辑方面的能力，说是执行主编，实际上这些年比主编还主编，他老给主编派活呢。穆涛是主编，我是封面上的主编。

文坛这些年，比如说小说界，革命成分特别多。从二十世纪八十年代开始，你两三年再不发表东西，再不写东西，人家就把你忘了。散文界常有有名的散文家，但很少有知道代表作的，几十年前有名，几十年后仍有名，这是散文界的革命成分少。当时《美文》提出"大散文"，就是想在散文界革命。提出来的时候众说纷纭，意见不同，但是几十年过去以后基本上统一了，而且到处都在用这个理念。

穆涛这一本《先前的风气》，大多数文章是围绕着编《美文》来谈的，是面对着全国散文界来发言的，他的出发点基本是这样的。就我了解也不是他为出一本书才写这些文章，是以工作出发来写的，围绕着散文创作的一些具体问题，以及怎么编好《美文》，以实用的东西来写的文章。

散文实际上是一种实用性的东西，有实用性才能写得更好。但文章里面又确实有他的观点、知识、才华。现在散文那么多，但穆涛的作品今天看有意思，明天看有意思，后天看还会有意思。散文有个传统,春秋战国时期的诸子百家,包括老子、孔子,包括后来佛教方面的经典都是用短东西说出来的,这些东西特别有意思。一直到后面明清时候的那些散文,归有光、张岱、钱谦益这一批人写的文章,都是谈天说地。一直到现在的钱锺书、张中行、董桥,这些人也是善于写短文这种杂说体。

我觉得杂说是境界最高的,只不过我刚才提到的那些人到晚年的时候写的文章都是谈天说地,但是里面充满了智慧,不是抒情性的。当然穆涛这一本书,也不能和历史上那些人相比,但是穆涛写的文章不是谈天说地,里面也有谈天说地,说人生,但他更多地限制在文史上,在目前的文坛上发表一些自己的看法。但这个已经够了,在现在这个年代,在现在这个散文界,我觉得已经够了,而且出这么一个人是不容易的。

可能有人对穆涛还有意见,我觉得这个人个性确实强,但是确实有才。从爱护人才这方面我再说一点,要放开叫他弄,因为听话的人一时好,长远下去其实对用的人来说是不好的。穆涛获奖以后,我跟他讲,获不获奖对穆涛都无所谓,散文界都知道穆涛有才,有水平,文章写得好。获奖这件事对于他如同是同居多年的对象,五十多岁了,补办了个结婚证。

贾平凹,陕西省作家协会主席,著有长篇小说《浮躁》《废都》《秦腔》等十八部,曾获第三届鲁迅文学奖、第七届茅盾文学奖。

穆涛，《美文》常务副主编，中国散文学会副会长。著有散文集《俯仰由他》、《看左手》（贾平凹作画，穆涛行文）、《先前的风气》、《中国人的大局观》等，随笔集《肉眼看文坛》《放心集》《散文观察》，文学访谈《平凹之路》等。曾获第六届鲁迅文学奖。

不薄旧雨魏建国

□ 何启治

2012年夏天,我到西安看望陈忠实。忠实劝我到延安去走走。于是有延安之行,并由此认识了《延安文学》年轻的社长魏建国。

建国受忠实之托,亲自陪我到鲁迅艺术文学院去参观,又和我一道去了黄河壶口瀑布,领略了黄河水的咆哮和横扫千军的气势。其间,谈到办好文学期刊的理念和宗旨,建国说,我们是1979年和《当代》几乎同时创办的刊物。作为一份基层刊物,我们的作家队伍堪称豪华,丁玲、艾青、萧军、胡风、贺敬之、秦兆阳、魏巍、胡采、杜鹏程、史铁生、路遥、陈忠实、贾平凹、高洪波、叶延滨、雷抒雁、阎纲、北岛、顾城等众多作家,都在《延安文学》刊发过作品。不薄旧雨重新人,立足陕西,面向全国就是我们的办刊的宗旨和理念。何老师,你那里如果有文学新人的新作,尽管推荐给我。

我记住了魏建国的话。

2020年冬,听工人出版社的刘岚说,有个叫星晨的作者,有部中篇小说处女作,给了北京某刊一年了,都没有消息,问我可否推荐给别的刊物。我立马推荐给了《延安文学》的魏建国。

颇有点意外的是，2021年第2期《延安文学》"小说工场"二题便是星晨的处女作《亚姝》，而且先后被《中篇小说选刊》第3期和《中篇小说月报》第5期转载。

后来建国告诉我，收到稿子后，他们先后有四个编辑看了，都一致叫好，建国便亲自做了《亚姝》的责任编辑。

据《延安日报》报道："中篇小说《亚姝》以一个女留学生的异国经历为素材，反映了以亚姝为代表的那个特殊女性群体的情感和生活状况。著名文艺评论家曾镇南评论：这个小说写得很成功，语言新颖、准确、洗练，结构完整，跌宕起伏，气韵流转，一气呵成，充分显示了作者刻画人物的非凡能力，把异国他乡的特殊经历下，两个女性的相遇，写得层层深入，一直写到骨子里头，非常精彩。亚姝这个形象，既有《聊斋志异》中婴宁的那种灿烂的笑，又有郁达夫笔下那些风尘女子的生存能力。这是真正的现实主义，同时又充满了人性的希望，满怀着祝福人类的潜在热情。《延安文学》这样一个偏远地区的刊物，能够发现并刊发这样的作品，非常值得称道。"

据作者自述，这个小说的主人公是几年前与她在异国他乡相遇的，有一些人生的交集，小说经过六年沉淀，而于两天完成。名字也只是在真人真名上加了一撇，成了"亚姝"，而相关情节早已烂熟于心。作者原在南京大学读社会学，后去香港中文大学读人类学研究生。毕业后并不是从事所学专业的研究，而是回到北京自己开淘宝店，自食其力。可见，对主人公的一切，包括生活细节，作者早已了如指掌，可以说小说是在纪实基础上写成的,其成功并非偶然。

此前,我还向建国他们推荐过北京许文郁教授的小说《毡匠》,以及安徽丁梦远的中篇小说《腰斩》。丁梦远执着于文学创作多年,作为只身到北京的文学打工者(为某刊聘用编辑),《腰斩》的发表,使他有了在创作这条孤独的小道上坚持走下去的重要动力。

当然,我推荐而得以在《延安文学》上刊载的作品,只是很小的一部分。魏建国他们关注文学新人的事例可谓不胜枚举。下面,我们就简单举几个重要的例子吧:

其一是刘国欣,陕北府谷人,"80后",2012年秋,魏建国在成都认识她。当时,她是西南民族大学硕士在读生(研三)。在建国他们的鼓励帮助下,写作水平不断提高。2013年考入南京大学文学院,成为院长丁帆的博士。2016年毕业后,回到陕西担任陕西师范大学文学院写作老师。其作品已在《芳草》《钟山》《花城》《清明》《延河》《广西文学》等刊物上发表,出版小说集、散文集六部。

其二,王哲珠,广东东莞"80后"女作家。2015年《延安文学》编辑从自然来稿中发现了她的中篇小说《死亡记号》,就在当年第3期《延安文学》刊发了这篇小说,之后立刻被《小说月报》第5期增刊转载。作者由此受到国内文学界关注,上了鲁院,加入了中国作协,成为广东省作协理事。王哲珠成名后,每年都会给《延安文学》留一个中篇。《延安文学》刊出后经常被转载。如2017年中篇《参与者》即被《中篇小说选刊》2017年第3期和《新华文摘》(电子版)2017年第17期全文转载。2020年第6期刊出的中篇《杨士承的戏》,被《中篇小说月报》2021年第1期转载。

其三，叶灵，本名郑毅，河南灵宝的中学老师。2011年，她试着给《延安文学》公共邮箱里发去自己的历史文化散文处女作《秦淮水骨》，因为从来没有和《延安文学》有过任何联系，也没有抱多大希望。魏建国从邮箱里看到后，感觉很不错，但有历史知识方面的硬伤。建国给作者打电话，提出了修改意见，让作者大为感动。《秦淮水骨》发表在2011年第5期《延安文学》上，当年即被选入李敬泽、王兆胜主编，江苏文艺出版社出版的《2011年散文年选》；2013年又被选入葛一敏、乔叶主编，漓江出版社出版的散文集《抚摸汉朝》中。2015年，百花文艺出版社出版了叶灵的散文集《秦淮水骨》，当年获河南省最高文学奖第二届杜甫文学奖散文奖，为仅有的两部获奖散文集之一。

其四，湖南作者唐国明，用心写了20多万字的《续红楼梦》。《延安文学》2011年第2期按长篇选载发了2万多字，受到《华商报》《西安晚报》以及新浪、搜狐、网易等媒体的高度关注，都进行了报道与讨论。小说在国内红学界也引起了较大反响，红学泰斗冯其庸老先生也对之称赞有加。

好了，这些都说明魏建国和他们的《延安文学》编辑团队"不薄旧雨重新人"的办刊方针是正确的，也是卓有成绩的。其他还有些相关事例就不一一列举了。

书比人长寿，纸笔千年会说话。文学是神圣的，也往往是谋生手段之一。刊物报纸往往是每个文学爱好者最初发表文字的地方。我们要敬畏文字。

衷心祝愿魏建国和他的《延安文学》编辑团队百尺竿头更进一步，作出更大的成绩来。

祝《延安文学》在文学百花园里更灿烂地绽放。

何启治，《白鹿原》责任编辑。历任人民文学出版社副总编辑、《中华文学选刊》主编、《当代》主编。著有《梦·菩萨·十五的月亮》《何启治散文》《朝内166：我亲历的当代文学》《永远的白鹿原》等。

如果没有那个秋天

□ 刘国欣

我与魏建国老师相识于2012年秋,我正读研三,在成都。我当时正在考虑,应该找个工作或考博,使自己安稳下来,在闲聊里就说了这点,我没有想到他很鼓励我考博。

那时我在成都,与老家几乎毫无联系,却忽然有这么两个人来,和我谈起陕北,谈论起文学,谈起未来,很觉得新鲜。我感觉魏老师是个热衷于推介陕北文化的人。他和我谈论我的写作内容,认为作为一个土生土长的陕北人,我应该写写我的家乡,毕竟,"一方水土养一方人"。

从那时认识到现在已经十年,不能不说,如果没有那个秋天与魏老师相遇,也许我根本不会触及老家的这片土地,我未必真能读个博,至于读博之后回西安工作,更是几近没有想过的事情。所以,不得不说,除我导师外,魏老师指点了我的人生。此外,最让我感激的,是魏老师对陕北文化的指引,他向我指出故土的闪光之处。最近五六年,我博士毕业后回西安工作,与魏老师接触多了起来,才更明白他的一些理念。他在《文化陕北的版图》等文章中均不同程度地表达了自己的理念和希冀，那就是陕北人应该自己来书写陕北，书写陕北自身的传统文化和现代文化，书写陕北这些年来的变化。这是我们的共识，虽然一些具象的理念有时会有所不同，但整体来说，经过我们很多次的讨论，我们都明白，陕北文化是被遮蔽的文化，而这种被遮蔽一定程度上是因为对陕北的介绍多来自外界的眼光，缺乏这块土地上生活的人的自身言说。

魏建国老师和我一致认为，这块土地在成为展览园的同时，势不可免地流失了一些东西。而生活在这里的人，应该以自己的口，以自己的手言说自身。这块土地在地貌方面千沟万壑，但也可能象征了一种心灵纹理，呈现了一种心灵的地貌特征。很多人感受到了这点，却未必写出了这点。而这方面的体验，生活在这块土地的人应该更有感觉，更有言说的理由。这方面于文学是缺乏的，相对来说，陕北民歌和说书得到了很好的展示。这不是狭隘的文化或地域划界。

魏建国老师学历史出身，有着专业的深邃眼光，他能从历史的眼光出发，观照这块地方在外来者笔下的表达。这种参差对照的眼光给了我，相信也给了很多写作者和研究这一片土地文化的人一些灵感和思考。用他的话说，某种程度上可以概括为"传统文化，现代表达"。这其实也是时代的一个大命题，对于对现下乃至全球人类境遇与万物生存状况有所思考者而言，这确实是一个大课题，它既是一种方法策略，也是一个问题，是"是什么"与"怎么办"的问题，关涉文学，也关涉社会学、人类学，关涉人类认知与命运。他在这方面的很多表达是素朴的，但明显可以看得出连接地气的思考。"地气"是一个近些年来近乎被用滥了的词，但大地关乎永恒，一个人关注脚下的土地进而关注人类的命运，这不是无根之木，而是确实息息相关。土地载着我们每个人，所以我们才可能飞翔在云朵之上。

魏建国老师所提倡的"接地气"既是传统的，也是现代的，它并不是确切的地理划界，不是狭隘的地域主义或本土主义，而关乎对脚下土地的认识，进而绵延到对人性人情的基本认识。"接地气"既指向过去，也指向未来。对一些人来说，这是简单的划界，但实际并不简单，超越界限意识之后我们会发现，地气是指连通整个的生活，它既指此地又指彼地，既指现实又指理想，不是对抗，而是融合。接地气既可能接受一种本质性的脆弱，也可能接受一种简朴的原始美学。

翻阅最近十年的《延安文学》，发现一个选文原则，就是"接地气"，这也是一种美学原则。相比其他杂志的先锋，这本杂志一直都是传统而"保守"的，乡土文学多于城市文学的篇幅。即使如此，城市文学也多选择的是城市化进程中人的境遇题材，这与这块土地以及土地上的人天然远离城市的灯红酒绿有关系吧。品味保守，但并不"陈腐"，没有多少花样和花招，却尽多黎民众生悲欢哀乐，既有过去源头，又有当下变化，竭力推介新人，关注未来。总之，这份杂志既有鲜明的共性特征，又有极其鲜明独特的地域特征，是一本既追求文学表达又推介地方文化的特色杂志。这方面特征的形成，与作为文学社长的魏建国的理念有直接的关系。

此外，由于魏建国老师个人的历史专业背景，使他有极强的历史意识，坚定不移地从文化和文学的角度不断挖掘这一片土地的历史资料，进行文献整合和书写。这方面被误解和曲解自然是难免的。因为一些人狭隘地局限于文学的描写领域，对文史不分家缺乏认识。他能持之以恒地坚持，殊为不易。

刘国欣，陕西师范大学文学院教师，出版有小说集《城客》《供词》《夜茫茫》，散文随笔集《次第生活》《黑白：永恒的沙漠之渴》等。

魏建国，《延安文学》杂志社社长。著作有《陕北早期党史资料》《民族英雄谢子长》《焦维炽》《史唯然》《瓦窑堡时期中央文献选编》《子长革命斗争史》《陕北世事》等。